中華文化促進會主持編纂

國家"十一五"～"十四五"重點圖書出版規劃項目

中國社會科學院哲學社會科學創新工程學術出版資助項目

出品人　王石　段先念

今注本二十四史

後漢書

四

紀〔四〕

南朝宋 范曄 撰　唐 李賢等 注

卜憲群　周天游　主持校注

中国社会科学出版社

後漢書　卷八

帝紀第八

孝靈皇帝

孝靈皇帝諱宏，[1]肅宗玄孫也。[2]曾祖河閒孝王開。[3]祖淑，父萇，[4]世封解瀆亭侯。[5]帝襲侯爵。母董夫人。[6]桓帝崩，[7]無子，皇太后與父城門校尉竇武定策禁中，[8]使守光禄大夫劉儵持節，[9]將左右羽林至河閒奉迎。[10]

［1］【李賢注】《謚法》曰："亂而不損曰靈。"伏侯《古今注》曰："宏之字曰大。"（王先謙《後漢書集解》引沈宇曰："據《伏湛傳》注，章懷親見伏侯《古今注》，其書終於質帝，不及桓帝，今《桓》《獻》二紀注俱無'伏侯古今注曰'六字，獨此紀有之，蓋傳寫者妄增耳。"中華本據此將"伏侯古今注曰"六字删去）

［2］【今注】肅宗：東漢章帝劉炟，公元 75 年至 88 年在位。紀見本書卷三。　玄孫：指孫之孫，即四世孫。

［3］【今注】河閒孝王開：劉開，漢章帝子。傳見本書卷

五五。

［4］【今注】淑：劉淑，河間孝王劉開子，封解瀆亭侯。詳見本書卷五五《章帝八王傳》。　萇：劉萇，亦作“劉長”，劉淑子，嗣父爵爲解瀆亭侯。詳見本書《章帝八王傳》。案，王先謙《後漢書集解》引錢大昕曰：“按《董皇后紀》亦稱‘解瀆亭侯萇’，獨《河間王開傳》作‘長’，古書萇、長多通用。”

［5］【李賢注】淑以河閒王子封爲解瀆亭侯，萇襲父封，故言世封也。解瀆亭在今定州義豐縣東北也。

［6］【今注】董夫人：孝仁董皇后，河間人，本爲解瀆亭侯劉萇夫人，生靈帝。靈帝即位後，尊號孝仁皇后。靈帝崩後與何太后爭權失敗，憂病而死。紀見本書卷一〇下。

［7］【今注】桓帝：東漢桓帝劉志，公元146年至167年在位。紀見本書卷七。　崩：古稱天子死爲崩，秦漢用於皇帝、太后等死亡的代稱。《禮記·曲禮下》：“天子死曰崩，諸侯死曰薨，大夫曰卒，士曰不禄，庶人曰死。”《説文》：“崩，山壞也。”段玉裁注：“引申之，天子死曰崩。”

［8］【今注】皇太后：竇皇后，名竇妙，扶風平陵（今陝西咸陽市西北）人。漢桓帝第三任皇后，大將軍竇武長女。紀見本書卷一〇下。　城門校尉：官名。西漢武帝征和二年（前91）始置，秩二千石。掌京城長安諸城門警衛，領城門屯兵，屬官有司馬一員及十二城門候。職顯任重，每以重臣監領。《漢書·百官公卿表上》：“城門校尉掌京師城門屯兵，有司馬、十二城門候。”東漢時秩比二千石。當時洛陽十二城門，唯北宫門屬衛尉，其餘十一門各設門候，隸城門校尉。多以外戚重臣領之。（參見林甘泉主編《中國歷史大辭典·秦漢史》，上海辭書出版社1990年版，第308頁）本書《百官志四》：“城門校尉一人，比二千石。本注曰：掌雒陽城門十二所。司馬一人，千石。本注曰：主兵。城門每門候一人，六百石。本注曰：雒陽城十二門，其正南一門曰平城門，北宫門屬衛

尉。其餘上西門，雍門，廣陽門，津門，小苑門，開陽門，秏門，中東門，上東門，穀門，夏門，凡十二門。” 竇武：字游平，扶風平陵人。竇融玄孫，竇皇后之父。傳見本書卷六九。 定策：漢代皇帝不能按正常程序承繼時，由大臣參與議立，將此事寫在簡策上，告於宗廟，即稱定策（參見林甘泉主編《中國歷史大辭典·秦漢史》，第287頁）。 禁中：漢代皇宮中的特定區域，一般指帝王所居的深宮、中宮，有“禁門”出入。蔡邕《獨斷》卷上：“禁中者，門户有禁，非侍御者不得入，故曰禁中。”陳蘇鎮認爲，東漢的“禁中”是“殿中”深處禁衛等級更高的另一個區域，衹有極少的侍從類宦官纔能進入禁中。蔡邕《獨斷》卷上：“漢天子正號曰皇帝……所居曰禁中，後曰省中。”然陳蘇鎮認爲“省中”與“禁中”是皇宮中的不同區域。（參見陳蘇鎮《東漢的“殿中”和“禁中”》，《中華文史論叢》2018年第1期）

［9］【今注】守：有多種含義。第一種爲試守，即類似於今之“試用”，一般是試守一歲，即試用期一年，稱職者即可爲“真”。文獻中有“入守某官，滿歲稱職爲真”的記載（參見安作璋、熊鐵基《秦漢官制史稿》，齊魯書社2007年版，第854—855頁）。第二種是代理，即代理某官。由於本官不在而代理之，代理者是一人兼自身所任本官以及所代理之官二官〔參見［日］大庭脩著，徐世虹等譯《漢代官吏的兼任》，載《秦漢法制史研究》，中西書局2017年版，第371—385頁〕。第三種是守官。睡虎地秦簡《秦律十八種·置吏律》：“官嗇夫節（即）不存，令君子毋（無）害者若令史守官，毋令官佐、史守。”《内史雜》：“苑嗇夫不存，縣爲置守，如厩律。”（參見睡虎地秦墓竹簡整理小組《睡虎地秦墓竹簡》，文物出版社1990年版，第56、62頁）學者認爲，“守官”之“守”的含義是居守，守官是某機構長官在職不在署時，臨時居守於某機構〔參見王偉《秦守官、假官制度綜考——以秦漢簡牘資料爲中心》，《簡帛研究（二〇一六秋冬卷）》〕。里耶秦簡9—50簡有：“廿四年二月丙辰朔乙亥，貳春鄉守平敢言之：廷令平代鄉兹，

守貳春鄉……今兹徭使未知遠近。”〔陳偉主編：《里耶秦簡牘校釋》(第二卷)，武漢大學出版社 2018 年版，第 54 頁〕説明“守”是指某機構長吏因出差等原因不在官署時，由他吏臨時代理其居守於官府，處理其相關事務。　光禄大夫：官名。“大夫”類職官之一。西漢武帝太初元年（前 104）改中大夫置，屬光禄勳，秩比二千石。掌論議，在大夫中地位最爲尊顯，武帝時霍光、金日磾皆曾任此職。西漢晚期，多作爲貴戚重臣的加官。無員限。東漢時，因權臣不復冠此號，漸成閑散之職，雖仍掌顧問應對，但多用以拜假賵贈之使，及監護諸國嗣喪事。(參見林甘泉主編《中國歷史大辭典·秦漢史》，第 162 頁）　節：皇帝的使者執行皇帝命令時所持的信物。《史記》卷八《高祖本紀》：“秦王子嬰，素車白馬，繫頸以組，封皇帝璽、符、節，降軹道旁。”《索隱》引韋昭曰：“節，使者所擁也。”節長七八尺，上裝飾旄牛尾，旄尾共有三重。節代表皇帝意志，持節者帶有較大的權限，甚至可以對人進行斬殺。西漢時期，郎中令領導下的皇帝近側侍官，包括中郎將、大夫、謁者等，多充當皇帝使者，故此類職官持節較多，司隸校尉亦可以持節，九卿亦偶爾充當使者持節。東漢的三公和將軍亦可以持節。〔參見［日］大庭脩著，徐世虹等譯《東漢的將軍與將軍假節》，載《秦漢法制史研究》，第 290—326 頁；楊鴻年《節》，載《漢魏制度叢考》，武漢大學出版社 2005 年版，第 277—283 頁〕

［10］【李賢注】《續漢志》曰：“桓帝之初，京都童謡曰：‘城上烏，尾畢逋，公爲吏（公，紹興本作“父”），子爲徒。一徒死，百乘車。車班班，入河閒。河閒姹女工數錢，以錢爲室金爲堂，石上慊慊舂黄粱（粱，大德本作“梁”）。梁下有懸鼓（梁，殿本作“粱”），我欲擊之丞卿怒。’‘城上烏’者，處高獨食，不與下共，謂人主多聚斂也。‘公爲吏（公，紹興本作“父”），子爲徒’者，言蠻夷叛逆，父既爲軍吏，子弟又爲卒徒往擊之也。‘一徒死，百乘車’者（百，大德本作‘有’），言前

一人討胡既死矣，後又遣百乘車往也。‘車班班’者，言乘輿班班入河閒迎靈帝也。‘奼女數錢’，言帝既立，其母永樂太后好聚金以爲堂室也。‘石上慊慊’者，言大后雖積金錢（大，紹興本、殿本作‘太’），猶慊慊常若不足，使人舂黄梁而食之也（梁，紹興本、殿本作“粱”）。‘我欲擊之’者，言大后教帝使賣官受錢（大，大德本、殿本作‘太’），天下忠篤之士怨望，欲擊鼓求見卿，懸鼓者復怒而止我也（中華本據《續志》補改爲‘欲擊鼓求見丞卿，主鼓者復怒而止我也’）。”【今注】將：率領。羽林：漢代皇帝的警衛部隊。“羽林”的含義，《漢書·百官公卿表上》顏師古注：“羽林亦宿衛之官，言其如羽之疾，如林之多也。一説，羽，所以爲王者羽翼也。”西漢武帝太初元年設置，又名“巖郎”。羽林多從隴西六郡良家子善騎射者中選取，又有取自從軍死者之子孫（羽林孤兒）和其他來源。羽林的職掌與虎賁近似，均擔任宿衛，但是殿上差使和奉使外出，不見羽林參與，説明羽林與君主關係相較虎賁爲疏遠。（參見楊鴻年《虎賁羽林》，載《漢魏制度叢考》，第152—170頁）《漢書·百官公卿表上》：“羽林掌送從，次期門，武帝太初元年初置，名曰建章營騎，後更名羽林騎。又取從軍死事之子孫養羽林，官教以五兵，號曰羽林孤兒。羽林有令丞。宣帝令中郎將、騎都尉監羽林。”本書《百官志五》：“羽林中郎將，比二千石。本注曰：主羽林郎。羽林郎，比三百石。本注曰：無員（限）。掌宿衛侍從。常選漢陽、隴西、安定、北地、上郡、西河凡六郡良家補。本武帝以便馬從獵，還宿殿陛岩下室中，故號巖郎。” 河閒：國名。治樂成縣（今河北獻縣東南）。

建寧元年春正月壬午，[1]城門校尉竇武爲大將軍。[2]己亥，帝到夏門亭，[3]使竇武持節，以王青蓋車迎入殿中。[4]庚子，即皇帝位，年十二。[5]改元建寧。以前太尉陳蕃爲太傅，[6]與竇武及司徒胡廣參録尚書事。[7]

［1］【今注】建寧：東漢靈帝劉宏年號（168—172）。

［2］【今注】大將軍：將軍名。在諸將軍中地位最高。秦及漢初即有此職，其地位甚高，與丞相相當，實際的優寵和權力都在丞相之上。西漢武帝以後，大將軍常冠大司馬之號，秩萬石，領尚書事，執掌朝政，成爲中朝官最高領袖。東漢復置一員，秩萬石，不冠大司馬，成爲獨立官職，多授予貴戚，常兼録尚書事，與太傅、太尉等共同主持政務。（參見安作璋、熊鐵基《秦漢官制史稿》，第235—240頁）本書《百官志一》："將軍，不常置。本注曰：掌征伐背叛。比公者四：第一大將軍，次驃騎將軍，次車騎將軍，次衛將軍。又有前、後、左、右將軍。"

［3］【李賢注】《東觀記》曰："到夏門外萬壽亭，群臣謁見。"【今注】夏門：東漢洛陽十二座城門之一，爲北門之西門。

［4］【今注】青蓋車：東漢皇太子、皇子所乘之車。本書《輿服志上》："皇太子、皇子皆安車，朱班輪，青蓋，金華蚤，黑櫨文，畫轓文輈，金塗五末。皇子爲王，錫以乘之，故曰王青蓋車。"

［5］【今注】案，王先謙《後漢書集解》引惠棟曰："《考異》云，《袁紀》初立爲嗣詔書云，'年十有二'，建寧二年誅黨人時，云年十四。《袁紀》是也。棟案，魚豢《典略》云建寧二年，帝時年十三歲，宦官用事，排疾士人。與《范書》合。"曹金華《後漢書稽疑》謂，"年十二"當作"年十三"（中華書局2014年版，第154頁）。

［6］【今注】太尉：官名。秦漢最高軍政長官，《漢書·百官公卿表上》："太尉，秦官，金印紫綬，掌武事。"西漢太尉是武將的榮譽職務，並無多少實權。不過是皇帝的軍事顧問，很少參與實際軍務。武帝改太尉爲大司馬。東漢光武帝復改大司馬爲太尉，此後太尉的軍權逐漸加重，於軍事顧問之外，並綜理軍政。（參見安

作璋、熊鐵基《秦漢官制史稿》，第74—78頁）　陳蕃：字仲舉，汝南平輿（今河南平輿縣北）人。傳見本書卷六六。　太傅：官名。西周始置，爲輔弼君王的大臣。《漢書·百官公卿表上》載太傅與太師、太保並號三公，但實際上西周並無此三公之制。西漢太傅位在三公之上，號稱上公，不常置，地位尊崇，但實際上並沒有什麼作用。東漢不置太師、太保，唯太傅一人，號稱"上公"，位在三公之上。掌善導天子，以授元老重臣，位尊而無常職。常加録尚書事，主持朝政。〔參見吕宗力主編《中國歷代官制大辭典》（修訂版），商務印書館2015年版，第139頁〕本書《百官志一》："太傅，上公一人。本注曰：掌以善導，無常職。世祖以卓茂爲太傅，薨，因省。其後每帝初即位，輒置太傅録尚書事，薨，輒省。"

［7］【今注】司徒：官名。三公之一。秦及漢初爲丞相，掌人民事，助天子掌管行政，總理萬機。西漢哀帝時改稱大司徒。《漢書·百官公卿表上》："相國、丞相，皆秦官，金印紫綬，掌丞天子助理萬機……哀帝元壽二年更名大司徒。"東漢光武帝建武二十七年（51）去"大"字，改名司徒。　胡廣：字伯始，南郡華容（今湖北潜江市西南）人。傳見本書卷四四。　録尚書事：西漢時稱"領尚書事""平尚書事""視尚書事"等，即中央高級官吏兼管或主持尚書臺的工作。昭帝初立，大將軍霍光柄政，與金日磾、上官傑共領尚書事，是爲此官之始。東漢明帝永平十八年（75），章帝初即位，以太傅趙熹、太尉牟融並録尚書事，用"録"代"領"始此。後東漢每帝即位，常以三公、大將軍、太傅録尚書事。當時政令、政務總於尚書臺，尚書臺成爲中央政府總樞。太傅、太尉、大將軍等加此名義始得參與樞密，總知國事，綜理政務，成爲真宰相。（參見安作璋、熊鐵基《秦漢官制史稿》，第278—282頁）

使護羌校尉段熲討先零羌。[1]

［1］【今注】護羌校尉：官名。西漢武帝置，持節統領羌族事務。東漢初罷。光武帝建武九年（33），復以牛邯爲護羌校尉。後或省或置。章帝以後遂爲常制。秩比二千石，有長史、司馬二人，多以邊郡太守、都尉轉任。除監護内附羌人各部落外，亦常將羌兵協同作戰，戍衛邊塞。（參見林甘泉主編《中國歷史大辭典·秦漢史》，第216頁）　段熲：字紀明，武威姑臧（今甘肅武威市涼州區）人。傳見本書卷六五。　先零羌：古族名。西羌的一支。西漢初分布於湟水及浩門水流域。武帝開金城（今甘肅蘭州市）、令居（今甘肅永登縣），西逐諸羌。先零羌與封養羌、牢姐羌合兵十餘萬攻令居、安故（今甘肅臨洮縣南），圍枹罕（今甘肅臨夏回族自治州境），被漢擊敗，其部落遂徙居湟水上游、青海湖周圍和貴德等地。宣帝時，趙充國再擊之，遂繼續向西遷徙至青海湖西鹽池等地。王莽末，先零復據湟水流域，並占領金城。東漢初，被馬援等擊平，徙於隴西（今甘肅臨洮縣）、天水（今陝西通渭縣西北）、右扶風（今陝西興平市東南）等地，餘部遷往塞外。安帝永初元年（107）別部首領滇零領導諸羌起義，建立政權，在北地郡稱天子。

二月辛酉，葬孝桓皇帝于宣陵，[1]廟曰威宗。

［1］【李賢注】在洛陽東南三十里，高十二丈，周三百步。【今注】宣陵：東漢桓帝劉志陵。在今河南洛陽市東北漢魏故城南。

庚午，謁高廟。[1]辛未，謁世祖廟。[2]大赦天下。賜民爵及帛各有差。[3]

［1］【今注】高廟：漢代祭祀高祖劉邦的宗廟。

［2］【今注】世祖廟：東漢祭祀光武帝劉秀的宗廟。光武帝駕崩後，明帝緬懷其中興漢室之功，爲光武帝建立起宗廟，命名爲世

祖廟。明帝駕崩時，依其遺詔，不立寢廟，而將明帝的神主納入世祖廟的更衣别室之中。章帝之後，各皇帝仿效明帝，不立寢廟而將神主納入世祖廟的更衣别室之中。〔參見［日］金子脩一著，肖聖中等譯《古代中國與皇帝祭祀》，復旦大學出版社 2017 年版，第 85 頁〕

［3］【今注】差：等次、等級。

段熲大破先零羌於逢義山。[1]

［1］【李賢注】山在今原州高平縣。“逢”一作“途”。【今注】案，王先謙《後漢書集解》引惠棟曰：“漢之高平，唐之平高縣，當作平高。”中華本據改李賢注。　逢義山：山名。在今甘肅鎮原縣北。本書卷六五《段熲傳》：靈帝建寧元年（168）春，“熲將兵萬餘人，齎十五日糧，從彭陽直指高平，與先零諸種戰於逢義山”。

閏月甲午，追尊皇祖爲孝元皇，[1]夫人夏氏爲孝元皇后，考爲孝仁皇，[2]夫人董氏爲慎園貴人。[3]

［1］【今注】案，曹金華《後漢書稽疑》謂，《後漢紀》卷二三作“夏四月甲午，追尊解瀆亭侯淑爲孝元皇帝”。而建寧元年（168）閏三月戊申朔，是月無“甲午”，四月戊寅朔，“甲午”十七日，本紀當誤。（第 155 頁）　皇祖：對已故祖父的敬稱。

［2］【今注】考：對亡父的尊稱。

［3］【李賢注】慎園在今瀛州樂壽縣東南，俗呼爲二皇陵。

夏四月戊辰，太尉周景薨。[1]司空宣酆免，[2]長樂衛尉王暢爲司空。[3]

［1］【今注】案，王先謙《後漢書集解》："錢大昕曰：《史晨後碑》建寧元年四月十一日戊子到宫，據此則是月爲戊寅朔，不得有戊辰，《本紀》誤。今案下文五月朔爲丁未，逆推四月小盡恰爲戊寅朔，其不當有戊辰日甚明。但查《袁紀》亦書夏四月戊辰以王暢爲司空，則誤不自《范書》始。" 周景：字仲饗，周榮孫，周興子。傳見本書卷四五。 薨：古稱諸侯或有爵的高官死去爲"薨"。《禮記·曲禮下》："天子死曰崩，諸侯死曰薨，大夫曰卒，士曰不禄，庶人曰死。"《説文》："薨，公侯卒也。"

［2］【今注】司空：官名。三公之一。西漢時稱大司空，成帝改御史大夫置。東漢光武帝建武二十七年（51）去"大"字，改名司空。西漢武帝後，由於中朝尚書的權力逐漸發展，御史大夫的職權和丞相一樣，也轉移於尚書。御史大夫改爲大司空之後，雖號稱三公，但已成虚位。東漢司空的職務，已與御史大夫的性質大不相同，本書《百官志一》："司空，公一人。本注曰：掌水土事。"這時的司空成爲專管水土之官了。（參見安作璋、熊鐵基《秦漢官制史稿》，第52—53頁） 宣酆：字伯應，汝南人。初爲光禄勳。東漢桓帝延熹九年（166）任司空，靈帝建寧元年（168）罷。封東陽亭侯。

［3］【今注】長樂衛尉：官名。漢朝置衛尉，主宫門警衛，皇太后宫、别宫、離宫如長樂宫、建章宫、甘泉宫亦置。長樂宫衛尉即稱長樂衛尉，不常置，西漢武帝時名將程不識曾任此職。屬官有長樂司馬、長樂屯衛司馬等。東漢沿置，秩二千石。《漢書·百官公卿表上》："衛尉，秦官，掌宫門衛屯兵，有丞……長樂、建章、甘泉衛尉皆掌其宫，職略同，不常置。"本書《百官志四》："帝祖母稱長信宫，故有長信少府、長樂少府……長樂又有衛尉，僕爲太僕，皆二千石，在少府上，其崩則省，不常置。"〔參見吕宗力主編

《中國歷代官制大辭典》（修訂版），第185頁〕　王暢：字叔茂，山陽高平（今山東鄒城市西南）人。傳見本書卷五六。

五月丁未朔，[1]日有食之。詔公卿以下各上封事，[2]及郡國守相舉有道之士各一人；[3]又故刺史、二千石清高有遺惠，[4]爲衆所歸者，皆詣公車。[5]

［1］【今注】朔：指每月初一日。

［2］【今注】封事：上呈皇帝的秘密奏章。漢代的普通奏章，先經尚書之文書作業，再送呈皇帝。封事則直接上呈皇帝，由皇帝本人或皇帝所指定的人開閱。（參見廖伯源《漢"封事"雜考》，載《秦漢史論叢》，中華書局2008年版，第195頁）

［3］【今注】守相：郡太守和諸侯國相。太守，即郡守。秦漢郡級行政長官，職掌一郡之政事。《漢書·百官公卿表上》："郡守，秦官，秩二千石，景帝更名太守。"從秦簡材料可知，秦代郡守即稱太守。諸侯國相，西漢初名相國，惠帝元年（前194）更名丞相，景帝中元五年（前145）復更名爲相，此後至東漢皆稱相。秩二千石，爲諸侯國中最高行政長官，統領王國衆官，職如郡守。由天子代置，對諸侯王有監督之則，屬吏有長史等。本書《百官志五》："皇子封王，其郡爲國，每置傅一人，相一人，皆二千石。本注曰：傅主導王以善，禮如師，不臣也。相如太守。有長史，如郡丞。"

［4］【今注】刺史：官名。秦設監御史，監督各郡。西漢武帝元封五年（前106）在全國十三部（州）設刺史，以六條監督郡國。秩六百石，屬官有從事史、假佐等。成帝綏和元年（前8）改爲州牧，秩二千石。哀帝建平二年（前5）又改爲刺史，元壽二年（前1）又改爲州牧。東漢光武帝建武十八年（42）又改爲刺史。二千石：漢代官吏秩級之一，低於中二千石，高於比二千石。月

俸爲一百二十斛。由於漢代郡守、諸侯國相一般爲二千石，故史籍中的“二千石”一般指郡守和諸侯國相。　清高：純潔高尚，不同流合污。

［5］【今注】公車：官署名。公車司馬之省稱，以令主之，屬衛尉。掌管宫中司馬門警衛，並接待臣民上書及徵召。本書《百官志二》：“公車司馬令一人，六百石。本注曰：掌宫南闕門，凡吏民上章，四方貢獻，及征詣公車者。”

太中大夫劉矩爲太尉。[1]

［1］【今注】太中大夫：官名。“大夫”類職官之一。西漢時秩比千石，東漢時秩千石，無員額。侍從皇帝左右，掌顧問應對，參謀議政，奉詔出使，多以寵臣貴戚充任。名義上隸屬郎中令（光禄勳）。〔參見吕宗力主編《中國歷代官制大辭典》（修訂版），第124頁〕《漢書・百官公卿表上》：“大夫掌論議，有太中大夫、中大夫、諫大夫，皆無員，多至數十人。武帝元狩五年初置諫大夫，秩比八百石，太初元年更名中大夫爲光禄大夫，秩比二千石，太中大夫秩比千石如故。”　劉矩：字叔方，沛國蕭（今安徽蕭縣西北）人。叔父劉光，東漢順帝時爲司徒。傳見本書卷七六。

六月，京師雨水。[1]

［1］【今注】京師：國都。蔡邕《獨斷》卷上：“天子所都曰京師。”

秋七月，破羌將軍段熲復破先零羌於涇陽。[1]

[1]【李賢注】涇陽，縣名，屬安定，故城在今原州平涼縣南也（在今原州，殿本作“在原州”；平涼縣，大德本、殿本作“涼縣”）。【今注】破羌將軍：雜號將軍名。漢置，掌征伐。 涇陽：縣名。治所在今甘肅平涼市西北。

八月，司空王暢免，宗正劉寵爲司空。[1]

[1]【今注】宗正：官名。西周至戰國已置，掌君主宗室親族事務。秦、漢列位諸卿，秩中二千石，例由宗室擔任，管理皇族外戚事務，掌其名籍，分别嫡庶親疏，編纂世系譜牒，參與審理諸侯王犯法案件。凡宗室親貴有罪，須向其先請，方得處治。有丞，屬官有都司空令丞、内官長丞及諸公主官屬。平帝元始四年（4）改名宗伯，新莽時併入秩宗（太常），東漢復舊。（参見林甘泉主編《中國歷史大辭典·秦漢史》，第289頁）《漢書·百官公卿表》：“宗正，秦官，掌親屬，有丞。平帝元始四年更名宗伯。屬官有都司空令丞，内官長丞。又諸公主家令、門尉皆屬焉。王莽並其官於秩宗。”本書《百官志三》：“宗正，卿一人，中二千石。本注曰：掌序録王國嫡庶之次及諸宗室親屬遠近，郡國歲因計上宗室名籍。若有犯法當髡以上，先上諸宗正，宗正以聞，乃報決。丞一人，比千石。” 劉寵：字祖榮，東萊牟平（今山東烟臺市西北）人。傳見本書卷七六。

九月丁亥，[1]中常侍曹節矯詔誅大傅陳蕃、大將軍竇武及尚書令尹勳、侍中劉瑜、屯騎校尉馮述，[2]皆夷其族。[3]皇太后遷于南宫。[4]司徒胡廣爲太傅，[5]録尚書事。司空劉寵爲司徒，大鴻臚許栩爲司空。[6]

［1］【今注】案，王先謙《後漢書集解》引惠棟曰："《考異》云：按長曆，是年九月乙巳朔，無丁亥，當從《袁紀》作'辛亥'。"中華本據此將"丁亥"改作"辛亥"。

［2］【今注】中常侍：官名。秦和西漢時爲加官，有此加官，就能入禁中。東漢時由宦者擔任，初秩千石，後增至比二千石，掌侍從左右，從入内宫，贊導内衆事，皇上提出問題時，負責解答，或受差遣辦事。《漢書·百官公卿表上》："侍中、左右曹諸吏、散騎、中常侍，皆加官，所加或列侯、將軍、卿大夫、將、都尉、尚書、太醫、太官令至郎中，亡員，多至數十人。侍中、中常侍得入禁中，諸曹受尚書事，諸吏得舉法，散騎騎並乘輿車。"本書《百官志三》："中常侍，千石。本注曰：宦者，無員。後增秩比二千石。掌侍左右，從入内宫，贊導内衆事，顧問應對給事。"　曹節：字漢豐，南陽新野（今河南新野縣）人。宦官。傳見本書卷七八。　矯詔：罪名。又稱"矯制"，指假託、冒稱皇帝（或太后）之命的行爲，類似於後世的"假託聖旨"。《吕氏春秋·悔過篇》高誘注："擅稱君命曰矯。"《漢書》卷五〇《汲黯傳》顔師古注："矯，託也。託奉制詔而行之。"根據文獻記載，秦漢矯制罪分爲三等，《漢書·景武昭宣元成功臣表》如淳注："律：矯詔大害，要斬，矯詔害，有矯詔不害。"即矯制大害、害、不害。張家山漢簡《二年律令》有"撟（矯）制害者，棄市；不害，罰金四兩"，僅分矯制害、不害兩等。〔參見彭浩、陳偉、［日］工藤元男主編《二年律令與奏讞書——張家山二四七號漢墓出土法律文書釋讀》，上海古籍出版社2007年版，第94頁〕孫家洲認爲，漢代的矯制仍當爲大害、害、不害三等，它們的量刑分别爲腰斬、棄市和罰金四兩。（參見沈家本《歷代刑法考》，中華書局2006年版，第1449—1450頁；孫家洲《再論"矯制"》，《南都學壇》2003年第4期）　案，大傅，紹興本、大德本、殿本作"太傅"。　尚書令：官名。秦、西漢時爲尚書署長官，掌收發文書，隸屬少府。初秩六百石，武帝以後，職權稍重，爲宫廷機要官員，掌傳達記録詔命章奏，並有權

審閲宣讀裁決章奏，升秩千石。常以中朝官領、平、視尚書事，居其上。東漢時爲尚書臺長官，兼具宮官、朝官職能，掌決策出令、綜理政務，秩位雖低，實際上總領朝政，無所不統。名義上仍隸少府。朝會時，與御史中丞、司隸校尉皆專席坐，時號“三獨坐”。其上常置録尚書事，以太傅、太尉、大將軍等重臣兼領。〔參見吕宗力主編《中國歷代官制大辭典》（修訂版），第522頁〕　尹勳：字伯元，河南鞏（今河南鞏義市西南）人。爲名士“八顧”之一。傳見本書卷六七。　侍中：官名。爲省内之官。秦時爲丞相屬官，因往來殿中，入侍天子，故稱侍中。漢時爲列侯至郎中的加官，無員限，多至數十人；侍皇帝左右，出入宫廷，皇帝有事令侍中外宣，百官有事由侍中傳達，爲溝通君主與百官的橋梁，地位日顯，權重於宰相。（參見楊鴻年《漢魏制度叢考》，第49—73頁）《漢書·百官公卿表上》：“侍中、左右曹諸吏、散騎、中常侍，皆加官，所加或列侯、將軍、卿大夫、將、都尉、尚書、太醫、太官令至郎中，亡員，多至數十人。侍中、中常侍得入禁中，諸曹受尚書事，諸吏得舉法，散騎騎並乘輿車。”本書《百官志三》：“侍中，比二千石。本注曰：無員。掌侍左右，贊導衆事，顧問應對。法駕出，則多識者一人參乘，餘皆騎在乘輿車後。本有僕射一人，中興轉爲祭酒，或置或否。”　劉瑜：字季節，廣陵（今江蘇揚州市）人。傳見本書卷五七。　屯騎校尉：官名。西漢武帝時始置，爲北軍八校尉之一，秩二千石，位次列卿。掌騎士，戍衛京師，兼任征伐。東漢初改名驍騎校尉，光武帝建武十五年（39）復故，隸北軍中候，爲北軍五校尉之一，秩比二千石。掌宿衛禁兵。〔參見吕宗力主編《中國歷代官制大辭典》（修訂版），第108頁〕本書《百官志四》：“屯騎校尉一人，比二千石。本注曰：掌宿衛兵。司馬一人，千石。”　馮述：與竇武善，東漢靈帝立，武輔朝政，述任屯騎校尉。武與述等謀誅宦官曹節等，事泄，述亦被害。

［3］【今注】夷：滅。

［4］【李賢注】太后與竇武密謀欲誅曹節，今武等既誅，故

太后被遷。【今注】南宮：洛陽城宮殿名。西漢時洛陽已存在南宮，東漢光武帝對南宮進行了擴建，在宮中修建了前殿等建築，又在洛陽南郊興建了郊兆、太學、明堂等設施，還在洛陽城南墻上開闢了平城門，爲從南宮前往南郊提供了通道。（參見陳蘇鎮《東漢的南宮和北宮》，《文史》2018 年第 1 輯）

［5］【今注】案，曹金華《後漢書稽疑》謂，此承前文似作“九月辛亥”之事，而《後漢紀》卷二三作“丙辰，司徒胡廣爲太傅”。是年九月乙巳朔，“辛亥”爲初七，“丙辰”十二日，紀前疑脱“丙辰”二字。（第 155 頁）

［6］【今注】大鴻臚：官名。列卿之一。秦時稱典客，西漢景帝改名大行令，武帝太初元年（前 104）改爲大鴻臚。秩中二千石，掌賓客之事。凡諸侯王、列侯和各屬國的君長，以及外國君主或使臣，都被視爲皇帝的賓客，所以與此有關的事務多由大鴻臚掌管。本書《百官志二》：“大鴻臚，卿一人，中二千石。本注曰：掌諸侯及四方歸義蠻夷。”　許栩：字季闕，潁川郾（今河南漯河市郾城區）人。東漢桓帝、靈帝時期官員，歷任衛尉、司徒、大鴻臚、司空。

冬十月甲辰晦，[1]日有食之。令天下繫囚罪未決入縑贖，[2]各有差。

［1］【今注】晦：每月最後一天。

［2］【今注】繫囚：羈押的罪犯。　決：判決。　縑：一種雙絲的細絹。《説文》：“縑，並絲繒也。”《漢書》卷九七上《外戚傳上》：“媪爲翁須作縑單衣，送仲卿家。”顔師古注：“縑即今之絹也。”

十一月，太尉劉矩免，太僕沛國聞人襲爲太尉。[1]

[1]【李賢注】姓聞人，名襲，字定卿。《風俗通》曰："少正卯，魯之聞人，其後氏焉。"【今注】太僕：官名。秩中二千石，列位九卿，掌皇帝專用車馬，有時親自爲皇帝駕車，地位親近重要，兼管官府畜牧業。〔參見吕宗力主編《中國歷代官制大辭典》（修訂版），第124頁〕本書《百官志二》："太僕，卿一人，中二千石。本注曰：掌車馬。天子每出，奏駕上鹵簿，用大駕則執馭。丞一人，比千石。" 沛國：治相縣（今安徽濉溪縣西北）。

十二月，鮮卑及濊貊寇幽并二州。[1]

[1]【今注】鮮卑：古族名。東胡的一支。秦漢時，游牧於今内蒙古西拉木倫河及洮兒河之間，附於匈奴。北匈奴西遷後，進入匈奴故地，併其餘衆，勢力漸盛。東漢桓帝時，首領檀石槐建庭立制，組成軍事行政聯合體。分爲東、中、西三部，各置大人率領。其後聯合體瓦解，步度根、軻比能等首領各擁其衆，附屬漢魏。傳見本書卷九〇。 濊貊：古族名。古代東夷之一種。秦漢時分布於今吉林、遼東及朝鮮之地。 幽：州名。西漢武帝時所置十三刺史部之一。東漢治薊縣（今北京市西南）。 并：州名。西漢武帝時所置十三刺史部之一。東漢時治晉陽縣（今山西太原市西南）。

二年春正月丁丑，大赦天下。[1]

[1]【今注】案，曹金華《後漢書稽疑》指出，據《二十史朔閏表》，建寧二年正月甲辰朔，是月無"丁丑"（第155頁）。

三月乙巳，尊慎園董貴人爲孝仁皇后。[1]

［1］【李賢注】《續漢志》曰："置永樂宫，儀如桓帝尊匽貴人之禮。"（曹金華《後漢書稽疑》謂，本書無此文，疑"志"係"書"之訛）

夏四月癸巳，大風，雨雹。詔公卿以下各上封事。

五月，太尉聞人襲罷，司空許栩免。六月，司徒劉寵爲太尉，太常許訓爲司徒，[1]大僕長沙劉囂爲司空。[2]

［1］【李賢注】訓字季師，平輿人。【今注】太常：官名。列卿之一。秦及漢初名奉常，景帝中元六年（前144）改名太常。主要職掌宗廟祭祀禮儀，兼管選試博士等文化教育活動。秩中二千石。《漢書·百官公卿表上》："奉常，秦官，掌宗廟禮儀，有丞。景帝中六年更名太常。"漢景帝陽陵出土封泥有"太常之印"，學者考證爲景帝中元六年奉常更名後之物（參見楊武站《漢陽陵出土封泥考》，《考古與文物》2011年第4期）。　許訓：字季師，汝南平輿（今河南平輿縣北）人，許相之父。官至太常，東漢靈帝建寧二年（169）六月代劉寵爲司徒。建寧四年三月因瘟疫卸任。熹平三年（174）十二月，時任永樂少府的許訓代唐珍爲司空，熹平五年五月，代陳耽爲太尉，七月，卸任。

［2］【李賢注】囂字重寧。【今注】案，大，紹興本、大德本、殿本作"太"。　長沙：郡名。治臨湘縣（今湖南長沙市嶽麓區）。　劉囂：字重寧，長沙臨湘（今湖南長沙市嶽麓區）人。東漢桓帝時爲太僕。靈帝建寧二年六月爲司空。次年七月罷官。王先謙《後漢書集解》引惠棟曰："《風俗通》：司隸校尉劉囂，以黨諸常侍，致位公輔。"

秋七月，破羌將軍段熲大破先零羌於射虎塞外谷，[1]東羌悉平。

[1]【今注】射虎塞外谷：谷名。在今甘肅天水市西。本書卷六五《段熲傳》：靈帝建寧二年（169），段熲討叛羌於凡亭山，“羌衆潰，東奔，復聚射虎谷”。

九月，江夏蠻叛，[1]州郡討平之。

[1]【今注】江夏蠻：漢代江夏郡少數民族的總稱。古稱荆蠻。秦滅巴子國後，徙其民於江夏，漢分南郡爲江夏郡，故名。分布在今湖北東部和河南淮河以南地區。東漢光武帝建武二十三年（47），徙潳山蠻七千餘口置江夏界中。和帝永元十三年（101），又徙巫蠻於江夏。靈帝建寧二年（169），舉兵反漢，爲州郡官兵所平。光和三年（180），復起事，與廬江黄穰連結，衆至十餘萬，攻没四縣，累年不散，後爲廬江太守陸康所破。南朝宋宋稱其爲沔中蠻。其後裔與今土家族有淵源關係。詳見本書卷八六《南蠻西南夷傳》。

丹陽山越賊圍太守陳夤，[1]夤擊破之。

[1]【今注】丹陽：郡名。亦作“丹揚郡”，治宛陵縣（今安徽宣城市宣州區）。 山越：古族名。指東漢末、三國時越人。名稱始見於本書卷八《靈帝紀》，《資治通鑑》卷五六《漢紀》孝靈皇帝建寧二年胡三省注：“山越本亦越人，依阻山險，不納王租，故曰山越。”

冬十月丁亥，中常侍侯覽諷有司奏前司空虞放、[1]太僕杜密、[2]長樂少府李膺、[3]司隸校尉朱㝢、[4]潁川太守巴肅、[5]沛相荀翌、[6]河內太守魏朗、[7]山陽太守翟超等皆爲鉤黨，下獄，[8]死者百餘人，妻子徙邊，諸附從者錮及五屬。[9]制詔州郡大舉鉤黨，於是天下豪桀及儒學行義者，一切結爲黨人。[10]

[1]【今注】侯覽：山陽防東（今山東單縣東北）人。宦官。傳見本書卷七八。　諷：造謠、中傷、誹謗。　有司：主管某一具體事務的官吏，負責人。　虞放：字子仲，陳留東昏（今河南蘭考縣）人。虞延從曾孫。少爲太尉楊震門徒，及震被讒自殺，放詣闕爲之申冤。東漢桓帝時爲尚書，以議誅梁冀功封都亭侯，爲司空。性疾惡宦官，遂爲所陷。靈帝初以黨事誅。相關事迹見本書卷三三《虞延傳》。

[2]【今注】杜密：字周甫，潁川陽城（今河南登封市東南）人。東漢名士"八俊"之一，與李膺齊名，稱"李杜"。傳見本書卷六七。

[3]【今注】長樂少府：官名。皇太后宮官。漢代皇太后居長信、長樂宮，故名。西漢平帝元始四年（4）改長信少府置，秩二千石。掌皇太后宮中事務。東漢因之，不常置，皇太后卒即省，位在大長秋上，其職吏皆宦者。〔參見吕宗力主編《中國歷代官制大辭典》（修訂版），第185頁〕《漢書·百官公卿表上》："長信詹事掌皇太后宮，景帝中六年更名長信少府，平帝元始四年更名長樂少府。"本書《百官志四》："長信、長樂宮者，置少府一人，職如長秋，及餘吏皆以宮名爲號，員數秩次如中宮。本注曰：帝祖母稱長信宮，故有長信少府、長樂少府，位在長秋上，及職吏皆宦者，秩次如中宮。長樂又有衞尉，僕爲太僕，皆二千石，在少府上。其崩則省，不常置。"　李膺：字元禮，潁川襄城（今河南襄城縣）

人。傳見本書卷六七。

［4］【今注】司隸校尉：官名。西漢武帝置，執掌京師及其周邊地區的監察，秩二千石。《漢書·百官公卿表上》："司隸校尉，周官，武帝征和四年初置。持節，從中都官徒千二百人，捕巫蠱，督大奸猾。後罷其兵。察三輔、三河、弘農。元帝初元四年去節。成帝元延四年省。綏和二年，哀帝復置，但爲司隸，冠進賢冠，屬大司空，比司直。" 案，王先謙《後漢書集解》引錢大昕曰："按《黨錮》及《竇武傳》皆作'朱寓'，此作'瑀'，誤。同時有長樂五官史朱瑀，乃宦官黨於曹節者（見《竇武傳》），此別是一人。"中華本據此改。

［5］【今注】潁川：郡名。治陽翟縣（今河南禹州市）。 案，太守，紹興本作"大守"。 巴肅：字恭祖，勃海高城（今河北鹽山縣東南）人。東漢名士"八顧"之一。傳見本書卷六七。

［6］【今注】荀翌：字伯條，潁川潁陰（今河南許昌市魏都區）人。荀淑兄子。爲沛相，正身疾惡，志除宦官。後與竇武謀誅宦官，被誣爲鉤黨，與李膺俱死。案，中華本中將"翌"改爲"昱"，其校勘記謂，"洪頤軒《讀書叢録》謂'翌'當作'昱'，《荀淑傳》《黨錮傳序》及《竇武傳》並作'昱'，今據改"。曹金華《後漢書稽疑》謂，"范書點校本《荀淑傳》作'昱'，《黨錮傳》《竇武傳》作'翌'。《後漢紀》卷二三作'昱'，周天游《校注》云：'據《范書·黨錮傳》作"荀翌"，而《荀淑傳》作"荀昱"，與《袁紀》同。按翌乃昱之本字也。'又'洪頤軒'，'軒'當作'煊'，煊字旌賢，號筠軒，著有《讀書叢録》等書"（第156—157頁）。

［7］【今注】河内：郡名。治懷縣（今河南武陟縣西南）。案，太守，紹興本作"大守"。 魏朗：字少英（一作"叔英"），會稽上虞（今浙江紹興市上虞區）人。傳見本書卷六七。

［8］【李賢注】鉤謂相牽引也。事具劉淑、李膺傳（具，大德本、殿本作"見"）。【今注】山陽：郡名。治昌邑縣（今山東

巨野縣東南)。　翟超：東漢名士，官至山陽太守，曾没收中常侍侯覽的財産，舉薦張儉爲東部督郵，與張儉、岑晊、劉表、陳翔、孔昱、苑康、檀敷七人並稱“八及”。　案，殿本無“等”字。　鉤黨：謂相牽引爲同黨。

［9］【李賢注】五屬謂五服内親也。【今注】錮：又稱“禁錮”“廢錮”。有兩種含義，一種衹針對官吏，指禁止官吏及其後人做官和參與政治活動。另一種針對所有人，張家山漢簡《二年律令·賊律》：“賊殺傷父母，牧殺父母，毆詈父母，父母告子不孝，其妻子爲收者，皆錮，令毋得以爵償、免、除及贖。”這裏的“錮”並非禁止做官。學者或認爲指監禁、關押，或認爲指刑具加身，或認爲指“絶不寬貸”，或認爲指固定身份，不得變更。〔參見彭浩、陳偉、［日］工藤元男主編《二年律令與奏讞書——張家山二四七號漢墓出土法律文書釋讀》，第206頁；曹旅寧《釋張家山漢簡〈賊律〉中的“錮”》，載《簡牘學研究》第4輯，甘肅人民出版社2004年版，第27—29頁；王博凱《秦漢“禁錮”問題補論》，載《出土文獻》第14輯，中西書局2019年版，第351—363頁〕　五屬：五服内的親屬。《漢書》卷七三《韋賢傳》：“天序五行，人親五屬。”顔師古注：“五屬謂同族之五服，斬衰、齊衰、大功、小功、緦麻也。”

［10］【李賢注】《續漢志》曰：“建寧中，京都長者皆以葦方笥爲裝具，時有識者竊言，葦笥郡國讞篋也。後黨人禁錮，會赦，有疑者皆讞廷尉，人名悉入方笥中。”【今注】豪桀：指才能、才智出衆之人，亦指官貴、游俠、豪民等社會勢力。案，桀，大德本、殿本作“傑”。

庚子晦，[1]日有食之。

［1］【今注】案，王先謙《後漢書集解》引錢大昕云：“《五行

志》作‘戊戌’，此誤。”中華本據此改“庚子”爲“戊戌”。

十一月，太尉劉寵免，太僕郭禧爲太尉。[1]

[1]【李賢注】字公房，扶溝人也。禧音僖。【今注】郭禧：字公房，潁川陽翟（今河南禹州市）人。郭躬孫輩。少習法律。兼好儒學，有名於時。東漢桓帝延熹時任廷尉。靈帝建寧二年（169）任太尉。《隸續》卷一九載有《太尉郭禧斷碑》（參見洪适《隸續》，第442頁）。

鮮卑寇并州。

是歲，長樂太僕曹節爲車騎將軍，[1]百餘日罷。

[1]【今注】長樂太僕：官名。也稱中太僕，爲太后宫官之一。漢置，掌太后車馬，主馭，秩二千石。本書《百官志四》：“帝祖母稱長信宫，故有長信少府、長樂少府，位在長秋上，及職吏皆宦者，秩次如中宫。長樂又有衛尉，僕爲太僕，皆二千石，在少府上。其崩則省，不常置。”長樂太僕有丞，如《漢吴郡丞武開明碑》有“長樂太僕丞”。　車騎將軍：將軍名。西漢初置，爲軍事統帥，作戰時領車騎士，故名。事訖即罷。武帝後常設，地位僅次於大將軍、驃騎將軍，在衛將軍上，常典京城、皇宫禁衛軍隊，出征時常總領諸將軍。文官輔政者亦或加此銜，領尚書政務，成爲中朝重要官員。東漢時權勢尤重，位比三公，常以貴戚充任，秩萬石。出掌征伐，入參朝政。靈帝時常加授寵信宦官或作贈官。中平元年（184）分置左、右，旋罷。本書《百官志一》：“將軍，不常置。本注曰：掌征伐背叛。比公者四：第一大將軍，次驃騎將軍，次車騎將軍，次衛將軍。又有前、後、左、右將軍。”

三年春正月，河内人婦食夫，河南人夫食婦。[1]

[1]【今注】河南：郡名。一般稱河南尹，治洛陽縣（今河南洛陽市東）。

三月丙寅晦，日有食之。[1]

[1]【今注】案，中華本校勘記謂，推是年四月合朔丁卯晨夜，日食不能見。參閲《續五行志》六校記。

夏四月，太尉郭禧罷，太中大夫聞人襲爲太尉。秋七月，司空劉囂罷。八月，大鴻臚橋玄爲司空。[1]

[1]【今注】案，王先謙《後漢書集解》引惠棟曰："《東鼎銘》云八月丁丑。"曹金華《後漢書稽疑》謂，"八月"，《後漢紀》卷二三作"冬十月"，而據蔡邕《東鼎銘》當作八月，"八月丁丑"爲司空也（第157頁）。　橋玄：一作"喬玄"，字公祖，梁國睢陽（今河南商丘市南）人。傳見本書卷五一。傳世有《太尉喬玄碑》《太尉喬玄碑陰》，爲蔡邕所作。

九月，執金吾董寵下獄死。[1]

[1]【今注】執金吾：官名。西漢武帝太初元年（前104）由中尉改名，秩中二千石。職掌京師治安，督捕盜賊，負責宫廷之外、京城之内的警衛，戒備非常水火之事，管理中央武庫，皇帝出行則掌護衛及儀仗隊。〔參見吕宗力主編《中國歷代官制大辭典》（修訂版），第379頁〕《漢書·百官公卿表上》："中尉，秦官，掌

徼循京師，有兩丞、候、司馬、千人。武帝太初元年更名執金吾。”董寵：董皇后之兄。本書卷一〇下《皇后紀下》：“及竇氏誅，明年，帝使中常侍迎貴人，並徵貴人兄寵到京師，上尊號曰孝仁皇后，居南宫嘉德殿，宫稱永樂。拜寵執金吾。後坐矯稱永樂后屬請，下獄死。”

冬，濟南賊起，[1]攻東平陵。[2]

[1]【今注】濟南：國名。治東平陵縣（今山東濟南市章丘區西北）。

[2]【李賢注】東平陵，縣名，屬濟南國（國，大德本、殿本作“郡”），故城在今濟州東（中華本據錢大昕《廿二史考異》將“濟”改爲“齊”）。【今注】東平陵：縣名。爲濟南國治，在今山東濟南市章丘區西北。

鬱林烏滸民相率内屬。[1]

[1]【李賢注】烏滸，南方夷號也。《廣州記》曰：“其俗食人，以鼻飲水，口中進噉如故（噉，大德本作‘敢’）。”【今注】鬱林：郡名。治布山縣（今廣西貴平市西）。 烏滸：山名。又稱烏蠻山。在今廣西横縣東。烏滸蠻居住地。本書卷八六《南蠻西南夷傳》：東漢靈帝建寧三年（170），鬱林太守谷永以恩信招降烏滸人十餘萬，開置七縣。

四年春正月甲子，帝加元服，[1]大赦天下。賜公卿以下各有差，唯黨人不赦。

[1]【今注】元服：皇帝之冠，“加元服”即行冠禮，表示成年。《漢書》卷七《昭帝紀》顔師古注：“元，首也。冠者，首之所著，故曰元服。”

二月癸卯，地震，海水溢，河水清。
三月辛酉朔，[1]日有食之。

[1]【今注】案，三，大德本作“二”。

太尉聞人襲免，[1]太僕李咸爲太尉。[2]

[1]【今注】案，中華本校勘記：“《集解》引惠棟説，謂案蔡質《漢官典職儀》載建寧四年七月立宋皇后儀，稱太尉襲使持節奉璽綬。襲於三月罷，不應七月尚與立后之事。何焯云蔡氏所載是詔書，不應有誤，當是本紀所書拜罷未審也。按：《校補》謂《袁紀》建寧四年三月，太尉劉寵、司空喬玄以災異免，免太尉者不作聞人襲，其他拜罷亦多與《范書》異，則何説信也。”

[2]【李賢注】字元卓，汝南西平人。【今注】李咸：字元卓，汝南西平（今河南西平縣）人。東漢靈帝初拜太尉。蔡邕作《太尉李咸碑》碑文。

詔公卿至六百石各上封事。[1]

[1]【今注】六百石：官秩等級。秦漢中央政府所屬機構令、長及郡國長吏如郡丞、縣令、長等多爲六百石。銅印黑綬，月俸七十斛。

大疫，使中謁者巡行致醫藥。[1]

［1］【今注】中謁者：官名。西安相家巷秦封泥有“中謁者”“中謁者府”印，《漢書》卷四一《灌嬰傳》：“沛公爲漢王，拜嬰爲郎中，從入漢中，十月，拜爲中謁者。”張家山漢簡《秩律》有“中謁者”，可見秦及漢初即有“中謁者”。《漢書·百官公卿表上》載“少府”屬官有“中書謁者令”，並謂“成帝建始四年更名中書謁者令爲中謁者令”。學者認爲武帝改“中謁者令”爲“中書謁者令”，成帝恢復“中謁者令”。古“謁者”爲傳達通報的僕人，“中謁者”掌“通書，出納君命”，即接受臣下奏疏，上達天子，又接受天子之詔，下達臣僚，傳達王命。“中謁者”的秩級爲“六百石”。（參見李正周、殷昭魯《西漢“中謁者”考》，《唐都學刊》2014 年第 4 期）

司徒許訓免，司空橋玄爲司徒。[1]夏四月，太常來豔爲司空。[2]

［1］【今注】案，王先謙《後漢書集解》引惠棟曰：“《中鼎銘》云‘三月丁丑’。”

［2］【李賢注】豔字季德，南陽新野人。【今注】來豔：字季德，南陽新野（今河南新野縣）人。來歷子。好學下士，開館養徒。少歷顯位，東漢靈帝時再遷司空。

五月，河東地裂，[1]雨雹，山水暴出。

［1］【今注】河東：郡名。治安邑縣（今山西夏縣西北）。

秋七月，司空來豔免。

癸丑，立貴人宋氏爲皇后。[1]

［1］【李賢注】執金吾宋酆女，前年入掖庭爲貴人。【今注】案，中華本校勘記："《集解》引何焯説，謂《禮儀志》載蔡質所記立后儀，下詔之日非癸丑，乃乙未。奉璽綬者乃聞人襲，非李咸，疑范氏誤。今按：此云七月癸丑，蔡質所記則云七月乙未。建寧四年七月己未朔，無癸丑，亦無乙未。疑此'癸丑'上脱'八月'二字，而蔡質所記之七月乙未，亦八月乙未之誤也。"　貴人：後宫名號。始於東漢，位僅次皇后。本書卷一〇上《皇后紀上》："及光武中興，斲彫爲朴，六宫稱號，唯皇后、貴人。貴人金印紫綬，俸不過粟數十斛。又置美人、宫人、采女三等，並無爵秩，歲時賞賜充給而已。"　宋氏：扶風平陵（今陝西咸陽市西北）人。東漢靈帝劉宏第一任皇后。紀見本書卷一〇下。

司徒橋玄免。太常宗俱爲司空，前司空許相爲司徒。[1]

［1］【李賢注】俱字伯儷（儷，大德本作"灑"），南陽安衆人（衆，大德本、殿本作"定"）。【今注】宗俱：字伯儷，南陽安衆（今河南鄧州市東北）人。東漢靈帝時先後擔任太常、司空。王先謙《後漢書集解》引惠棟曰："《姓苑》載'南陽安衆宗氏'云：後漢五官中郎將伯，伯子司隸校尉、河内太守均，均族兄遼東太守京，京子司隸校尉意，意孫司空俱。《司空俱碑》云，祖父司隸校尉，父長沙太守，公以察孝爲城門候，歷郎中、議郎、五官中郎將、越騎校尉、汝南太守、少府令、僕、太常，遂拜司空。"傳世有《司空宗俱碑》，載《隸釋》卷一八（參見洪适《隸釋》，中華書局 1986 年版，第 180—181 頁）。　案，許相，紹興本、大德

本、殿本作“許栩”。

冬，鮮卑寇并州。

熹平元年春三月壬戌，[1]太傅胡廣薨。

[1]【今注】熹平：東漢靈帝劉宏年號（172—178）。

夏五月己巳，大赦天下，改元熹平。[1]

[1]【今注】案，曹金華《後漢書稽疑》謂，“己巳”，《後漢紀》卷二三作“己未”，而熹平元年（172）五月甲寅朔，“己未”爲初六，“己巳”十六日，未知孰是（第159頁）。

長樂太僕侯覽有罪，自殺。

六月，京師雨水。

癸巳，皇太后竇氏崩。秋七月甲寅，葬桓思皇后。

宦官諷司隸校尉段熲捕繫太學諸生千餘人。[1]冬十月，渤海王悝被誣謀反，[2]丁亥，悝及妻子皆自殺。

[1]【李賢注】時有人書朱雀闕云“天下大亂，公卿皆尸禄”故捕之。事見《宦者傳》（者，大德本、殿本作“官”）。【今注】太學：中國古代國立最高學府。商代甲骨文即記載“大學”，西周亦有“大學”，是爲後世太學之濫觴。西漢武帝時采納董仲舒建議設立太學。王莽時太學零落。東漢建武五年（29）十月，光武帝起營太學，訪雅儒，采求經典闕文，四方學士雲會京師洛陽，於是立五經博士。太學與郊兆、明堂、辟雍等均位於東漢洛陽城南郊。

[2]【今注】渤海王悝：劉悝。東漢桓帝弟，封蠡吾侯。渤海

孝王劉鴻薨，無子，太后立劉悝爲渤海王。桓帝延熹八年（165）坐謀不道貶廮陶王。後因宦官王甫求復國，許謝錢五千萬，事後不肯還謝錢，被王甫等誣告謀反，自殺。詳見本書卷五五《章帝八王傳》。案，渤，大德本、殿本作“勃”。　謀反：罪名。古代重罪之一，指圖謀推翻皇帝統治的行爲，後世歸入“十惡”。謀反者皆處以腰斬和夷三族之刑。長沙尚德街東漢簡牘第254簡正面有“謀反者，要斬”的律文（參見長沙市文物考古研究所編《長沙尚德街東漢簡牘》，岳麓書社2016年版，第224頁）。沈家本認爲，“謀反、大逆本是一事，一則已謀，一則已行耳”（參見沈家本《歷代刑法考》，第1414頁）。即謀反是謀議行爲，大逆是實行行爲。但兩者在量刑上似乎並無差别。

十一月，會稽人許生自稱“越王”，寇郡縣，[1]遣楊州刺史臧旻、丹陽太守陳夤討破之。[2]

［1］【李賢注】《東觀記》曰：“會稽許昭聚衆自稱大將軍，立父生爲越王，攻破郡縣。”【今注】會稽：郡名。治吴縣（今江蘇蘇州市）。　許生：名一作“昌”。會稽人。東漢靈帝熹平元年（172）與其子許昭（一作“許韶”）聚衆起事，自稱越王（一説自稱陽明皇帝）。衆以萬計，震動郡縣。孫堅以郡司馬募兵助揚州刺史臧旻攻殺之。案，王先謙《後漢書集解》引何焯曰：“許生，《吴志》作‘許昌’，‘許昭’作‘許韶’。”惠棟曰：“《天文志》《臧洪傳》皆作許生，晉諱昭，故作韶，當從《本紀》。”

［2］【今注】楊州：西漢武帝時所置十三刺史部之一。東漢時治歷陽縣（今安徽和縣），末年移治壽春縣（今安徽壽縣）、合肥縣（今安徽合肥市西北）。楊，殿本作“揚”。　臧旻：廣陵射陽（今江蘇寶應縣東北）人。臧洪父。歷官揚州刺史、丹陽太守、匈奴中郎將、長水校尉、太原太守。有才幹，爲東漢良吏。對西域情

況尤其熟悉。　案，太守，紹興本作“大守”。王先謙《後漢書集解》引惠棟曰：“‘夤’《天文志》作‘寅’，《通鑑》同。”中華本校勘記謂，前建寧二年（169）作“陳夤”，下熹平三年又作“陳寅”，紀前後亦不一律也。

十二月，司徒許栩罷，大鴻臚袁隗爲司徒。[1]

[1]【今注】袁隗：字次陽，汝南汝陽（今河南商水西北）人。袁紹叔父。出身世家大族。東漢靈帝時任大鴻臚、司徒等職。獻帝初爲太傅。從子袁紹、袁術等起兵討董卓，卓遂殺隗。

鮮卑寇并州。

是歲，甘陵王恢薨。[1]

[1]【今注】甘陵王恢：或當爲甘陵王理，即劉理，安平孝王劉德之子。本爲經侯，後被改立爲甘陵王，在位二十五年薨，謚號“威”。子劉定嗣位。王先謙《後漢書集解》引錢大昕曰：“《清河王慶傳》梁太后立安平孝王子經侯理爲甘陵王，是爲威王，理立二十五年薨，子貞王定嗣，定立四年薨，子獻王忠嗣。别無名恢者。考理以桓帝建和二年封，至熹平元年恰二十五年，則恢與理實一人也。”

二年春正月，大疫，使使者巡行致醫藥。

丁丑，司空宗俱薨。

二月壬午，天赦天下。[1]

[1]【今注】案，第一個“天”，紹興本、大德本、殿本作

"大"，底本誤。

以光禄勳楊賜爲司空。[1]

［1］【今注】案，曹金華《後漢書稽疑》謂，《後漢紀》卷二四作"十一月，太常楊賜爲司徒"，然《楊賜傳》作"光禄勳"，未云何月爲之（第164頁）。　光禄勳：官名。西漢武帝太初元年（前104）改郎中令置。秩中二千石，位列諸卿。職掌宫殿門户宿衛，兼侍從皇帝左右，宫中宿衛、侍從、傳達諸官如大夫、郎官、謁者等皆屬之。兼典期門（虎賁）、羽林諸禁衛軍。新莽改名司中。東漢復舊，職司機構有所變動，以掌宫殿門户宿衛爲主，罷郎中三將，五官、左、右三中郎將署，分領中郎、侍郎、郎中，名義上備宿衛，實爲後備官員儲備之所。虎賁、羽林中郎將、羽林左右監仍領禁軍，掌宿衛侍從。職掌顧問參議的大夫、掌傳達招待的謁者及騎、奉車、駙馬三都尉名義上隸屬之。兩漢郎官爲選拔人才的重要途徑，故光禄勳對簡選官吏負有重要責任。〔參見吕宗力主編《中國歷代官制大辭典》（修訂版），第385頁〕　楊賜：字伯獻，弘農華陰（今陝西華陰市東）人。楊震孫。傳見本書卷五四。傳世有《太尉楊賜碑》，爲蔡邕所作。

三月，大尉李咸免。[1]夏五月，以司隸校尉段熲爲太尉。[2]

［1］【今注】案，大尉，紹興本、大德本、殿本作"太尉"。王先謙《後漢書集解》引惠棟曰："《李公碑》：公遷台司，位太尉，功遂身退，以疾自遜，求歸田里，告老致仕。七十有六，熹平四年薨。"

［2］【今注】案，曹金華《後漢書稽疑》謂，"夏五月"，《後

漢紀》卷二三作“夏四月”（第159頁）。

沛相師遷坐誣罔國王，下獄死。[1]

［1］【李賢注】國王，陳愍王寵也。臣賢案：《陳敬王傳》云“國相師遷”。又《東觀記》云（云，大德本、殿本作“曰”）“陳行相師遷奏，沛相魏愔，前爲陳相，與陳王寵交通”。明魏愔爲沛相，此言師遷爲沛相，蓋誤也。【今注】師遷：東漢末年陳國國相，任期在魏愔之後、駱俊之前。在任期間上書控告陳王劉寵犯有不道罪，下獄死。本書卷五〇《孝明八王傳》：“熹平二年，國相師遷追奏前相魏愔與寵共祭天神，希幸非冀，罪至不道。有司奏遣使者案驗。是時，新誅勃海王悝，靈帝不忍復加法，詔檻車傳送愔、遷詣北寺詔獄，使中常侍王酺與尚書令、侍御史雜考。愔辭與王共祭黄老君，求長生福而已，無它冀幸。酺等奏愔職在匡正，而所爲不端，遷誣告其王，罔以不道，皆誅死。有詔赦寵不案。”誣罔：罪名。又稱“罔上”“附下罔上”等，指欺騙、迷惑君主，妨礙朝政的行爲。誣罔爲違背君臣之倫的犯罪，屬於“不道”的罪名之一。其行爲表現多様，定義較爲模糊，類似“口袋罪”。但是處刑較重，多爲腰斬或棄市之死刑。〔参見沈家本《歷代刑法考》，第1437—1438頁；［日］大庭脩著，徐世虹等譯《秦漢法制史研究》，第70—79頁〕

六月，北海地震。[1]東萊、北海海水溢。[2]

［1］【今注】北海：國名。治劇縣（今山東昌樂縣西北）。

［2］【李賢注】《續漢志》曰：“時出大魚二枚，各長八九丈，高二丈餘。”【今注】東萊：郡名。治掖縣（今山東萊州市）。

秋七月，司空楊賜免，太常潁川唐珍爲司空。[1]

[1]【今注】唐珍：字惠伯，潁川人。中常侍唐衡之弟。幼時，聞人讀書，即能記誦，稱神童。及長，恬淡寡欲，荆州刺史度尚甚稱重之，東漢靈帝時，累官太常、司空。

冬十二月，日南徼外國重譯貢獻。[1]

[1]【今注】日南：郡名。治西捲縣（今越南廣治省東河市）。徼：邊塞。　重譯：輾轉翻譯。《漢書》卷一二《平帝紀》："元始元年春正月，越裳氏重譯獻白雉一，黑雉二，詔使三公以薦宗廟。"顔師古注："譯謂傳言也。道路絶遠，風俗殊隔，故累譯而後乃通。"

太尉段熲罷。

鮮卑寇幽并二州。

癸酉晦，日有食之。[1]

[1]【今注】案，中華本校勘記謂，"熹平二年十二月乙巳朔，三年正月乙亥朔，則晦爲甲戌而非癸酉。今推熹平三年正月合朔甲戌，日食可見，紀書月日有誤。參閲《續五行志》六校記"。

三年春正月，大餘國遣使貢獻。[1]

[1]【今注】大餘國：大，紹興本、大德本、殿本作"夫"，是。夫餘國，古國名。亦作"扶餘""鳧餘""不與""符婁"。在今松花江中游平原上，以今吉林農安縣爲中心，南至遼寧北境，北

達松花江中游，東至吉林市，西與鮮卑接。西漢時隸玄菟郡，東漢末改屬遼東郡。詳見本書卷八五《東夷傳》。

二月己巳，大赦天下。

太常陳耽爲太尉。[1]

[1]【李賢注】耽字漢公，東海人也。【今注】陳耽：字漢公，東海人。以忠正稱，歷位三司。東漢靈帝光和五年（182），詔公卿舉刺史、二千石爲民蠹害者。時太尉許馘、司空張濟受貨賂，於宦者子弟賓客雖貪濁而不問，耽直言上陳，爲宦官誣陷，死獄中。

三月，中山王暢薨，無子，國除。[1]

[1]【今注】中山王暢：劉暢，中山孝王劉弘子，嗣王位，立三十四年薨，謚號"穆"。子節王稚嗣，無子，國除。詳見本書卷四二《光武十王傳》。王先謙《後漢書集解》引錢大昕曰："按《中山王焉傳》，穆王暢立三十四年薨，子節王稚嗣，無子，國除。是暢本有子，而國亦未即除也。"案，暢，大德本作"陽"。

夏六月，封河間王利子康爲濟南王，[1]奉孝仁皇祀。

[1]【今注】河間王利：劉利，河間貞王建子，嗣王位，立二十八薨，子陔嗣。詳見本書卷五五《章帝八王傳》。　康：劉康。河間安王劉利子。東漢靈帝熹平三年（174）六月，靈帝封劉康爲濟南王，奉解瀆亭侯劉萇嗣。獻帝時，劉康薨，子劉贇嗣。

秋，洛水溢。[1]

［1］【今注】洛水：一作“雒水”。即今河南洛河。黄河支流。《尚書·禹貢》：“導洛自熊耳，東北會于澗、瀍，又東會于伊，又東北入于河。”

冬十月癸丑，令天下繫囚罪未決，入縑贖。

十一月，楊州刺史臧旻率丹陽太守陳寅，[1]大破許生於會稽，斬之。

［1］【今注】案，楊，殿本作“揚”；太，紹興本作“大”。

任城王博薨。[1]

［1］【今注】任城王博：劉博，河間孝王劉參子。本爲户亭侯，東漢桓帝延熹四年（161）晉封任城王，以奉劉崇之祀。在位十三年薨，無子，國絶。詳見本書卷四二《光武十王傳》。

十二月，鮮卑寇北地，[1]北地太守夏育追擊破之。[2]鮮卑又寇并州。

［1］【今注】北地：郡名。治馬領縣（今甘肅慶陽市西北）。

［2］【今注】夏育：東漢人，驍勇善戰。桓帝、靈帝之際屬段熲，爲軍吏。隨熲鎮壓諸羌之起事者。屢遷假司馬、北地太守、護羌校尉、護烏桓校尉等職。

司空唐珍罷，永樂少府許訓爲司空。[1]

［1］【今注】永樂少府：官名。原爲長樂少府，漢代太后宫官，俸中二千石，掌太后服御諸物及衣服寶貨珍膳之屬，由宦官擔任。東漢桓帝曾改稱太后宫曰永樂。靈帝亦將其母孝仁董皇后所居之宫稱爲永樂宫，故長樂少府改稱永樂少府。本書卷一〇下《皇后紀下》："（孝仁皇后）居南宫嘉德殿，宫稱永樂。"《百官志四》："長信、長樂宫者，置少府一人，職如長秋，及餘吏皆以宫名爲號，員數秩次如中宫。本注曰：帝祖母稱長信宫，故有長信少府、長樂少府，位在長秋上，及職吏皆宦者，秩次如中宫。"王先謙《後漢書集解》引李祖楙曰："桓帝和平元年，立孝崇皇后。宫曰永樂，置少府、太僕以下，皆如長樂故事。後有司奏，太后所居之宫，皆以永樂爲稱。"

四年春三月，詔諸儒正《五經》文字，[1]刻石立于大學門外。[2]

［1］【今注】五經：漢代對《詩》《書》《禮》《易》《春秋》五部經典的通稱。

［2］【今注】刻石：熹平石經，又稱"漢石經""一體石經"，爲中國古代最早的石刻儒經。由蔡邕等人爲正定六經文字而奏請刻立。自東漢靈帝熹平四年（175）至光和六年（183），歷時九年告成。共刻《魯詩》《尚書》《周易》《春秋》《公羊傳》《儀禮》《論語》七經（王國維考證），皆爲隸書。石經共有石碑四十六塊，九十二面，計二十餘萬字。石經刻成，被立於太學門前，"其觀視及摹寫者，車乘日千餘輛，填塞街陌"。後因戰亂毀壞。唐貞觀時已"十不存一"。自宋代以來偶有石經殘石出土，歷代總共發掘和收集了近九千字，共四十六石。其中20世紀70年代初，中國社會科學院考古研究所在太學遺址發掘漢石經殘石六百六十一塊，其中有字殘石九十六塊，共存三百六十六字。目前熹平石經殘石主要分藏西

安碑林博物館、中國國家博物館、上海博物館、河南博物院及臺北歷史博物館等單位。在《金石録》《隸釋》等書籍中有著録。案，大，紹興本、大德本、殿本作“太”。

封河間王建孫佗爲任城王。[1]

[1]【李賢注】建，桓帝弟也（殿本無“也”字）。【今注】河間王建：劉建，河間惠王劉政子。襲爵河間王，立十年薨，謚號“貞”。子劉利嗣位。詳見本書卷五五《章帝八王傳》。　佗：劉佗，河間王劉建之子。本爲新昌侯，熹平四年（175），靈帝將劉佗立爲任城王，以奉祀劉尚。立四十六年，曹魏建立後，降爲崇德侯。詳見本書卷四二《光武十王傳》。案，王先謙《後漢書集解》引錢大昕曰：“《光武十王傳》佗爲建子，非建孫。”中華本據此將“孫”改爲“子”。

夏四月，[1]郡國七大水。[2]

[1]【今注】案，夏四月，大德本作“四月”。

[2]【今注】案，中華本校勘記：“《校補》謂《續志》但云‘郡國三水’。”

五月丁卯，大赦天下。

延陵園災，[1]遣使者持節告祠延陵。

[1]【李賢注】成帝陵也，在今咸陽縣西（咸，大德本、殿本作“武”）。【今注】案，延陵園，殿本作“延園陵”。延陵，西漢成帝劉驁的陵墓。在今陝西咸陽市北馬家窑附近。

鮮卑寇幽州。

六月，弘農、三輔螟。[1]

[1]【今注】弘農：郡名。治弘農縣（今河南靈寶市東北）。　三輔：西漢武帝至東漢末年治理長安京畿地區的三位官員，即京兆尹、左馮翊、右扶風，亦指三位官員管轄的三個地區。秦設“内史”，掌管京畿地區。西漢景帝二年（前155）分内史爲左、右内史，與主爵中尉（不久改爲主爵都尉）同治長安城中，所轄皆京畿之地，故合稱“三輔”。武帝太初元年（前104）改左、右内史，主爵都尉爲左馮翊、京兆尹、右扶風。東漢沿置。　螟：昆蟲。《説文》：“螟，蟲食穀心者，吏冥冥犯法即生螟。”今一般認爲即螟蛾的幼蟲，危害農作物。

遣守宫令之鹽監，穿渠爲民興利。[1]

[1]【李賢注】《前書·地理志》及《續漢·郡國志》並無鹽（鹽，紹興本作“監”），今蒲州安邑縣西南有鹽城監也（鹽城監也，紹興本、大德本作“鹽池”，殿本作“鹽城”。案，王先謙《後漢書集解》引劉攽曰：“注‘鹽城’當作‘鹽池’耳，及‘無鹽’字下當有一‘監’字。《説文》監字訓爲鹽池，然則注家案《地志》求監所在則無之，二《漢志》不謂池爲監也，而據今所見則有池云”）【今注】守宫令：官名。東漢置，屬少府，俸六百石，掌御用筆墨紙硯、尚書財用諸物及封泥。有丞一人，俸二百石；吏員六十九人。靈帝時曾令其監修渠道。原任用士人，桓帝永壽三年（157）初以小黄門爲之，東漢末仍用士人。本書《百官志三》：“守宫令一人，六百石。本注曰：主御紙筆墨及尚書財用諸物及封泥。丞一人。”　之：往。

令郡國遇災者，[1]減田租之半；其傷害十四以上，[2]勿收責。[3]

［1］【今注】案，令，大德本作“今”。

［2］【今注】案，十，大德本、殿本作“什”。

［3］【今注】責：通“債”。

冬十月丁巳，令天下繫囚罪未決，入縑贖。

拜沖帝母虞美人爲憲園貴人，[1]質帝母陳夫人爲渤海孝王妃。[2]

［1］【李賢注】順帝虞美人也。憲園在洛陽東北。【今注】沖帝：東漢沖帝劉炳，公元144年至145年在位。紀見本書卷六。　虞美人：順帝美人，沖帝之母。順帝時以良家子年十三選入掖庭，生沖帝，又生女舞陽長公主。順帝時既未加美人爵號，而沖帝早夭，梁冀專政，受到壓抑，未有爵號，祇稱“大家”。詳見本書卷一〇下《皇后紀下》。美人，後宫名號。本書《皇后紀上》：“及光武中興，斲彫爲朴，六宫稱號，唯皇后、貴人……又置美人、宫人、采女三等，並無爵秩，歲時賞賜充給而已。”　案，曹金華《後漢書稽疑》謂，“憲園貴人”，《皇后紀》作“憲陵貴人”（第159頁）。

［2］【李賢注】渤海孝王鴻之夫人也。【今注】質帝：東漢質帝劉纘，公元145年至146年在位。紀見本書卷六。　陳夫人：質帝母，魏郡（今河北臨漳縣）人。少以聲伎入孝王宫，得幸，生質帝，因梁太后、梁冀專政，未有封號。詳見本書《皇后紀下》。

改平準爲中準，[1]使宦者爲令，[2]列於内署。自是諸署悉以閹人爲丞、令。

［1］【李賢注】《漢官儀》曰："平準令一人，秩六百石也。"【今注】平準：官署名。漢置，屬大司農，掌平衡物價。《漢書·百官公卿表上》："（大司農）屬官有太倉、均輸、平准、都内、籍田五令丞。"西漢武帝元封元年（前110），桑弘羊爲治粟都尉，領大農，置大農部丞數十人，分部主郡國，置平準於京師。受天下委輸，盡籠天下之貨物，貴即賣之，賤則買之，使富商大賈無所牟大利，而物價得平。其後，趙廣漢以廉潔舉茂材，爲平準令。東漢置一人，秩六百石，隸大司農，掌知物價，主練染，作采色。和帝時，改中準令。本書《百官志三》："平準令一人，六百石。本注曰：掌知物賈，主練染，作采色。丞一人。"

［2］【今注】案，宦者，大德本作"宦官"。

五年夏四月癸亥，大赦天下。[1]

［1］【今注】案，曹金華《後漢書稽疑》謂，熹平五年（176）四月壬辰朔，是月無"癸亥"。《後漢紀》卷二四作"夏四月癸丑大赦天下"，"癸丑"四月二十二日（第160頁）。

益州郡夷叛，[1]太守李顒討平之。

［1］【今注】益州：郡名。治滇池縣（今雲南昆明市晉寧區東北）。

復崇高山名爲嵩高山。[1]

［1］【李賢注】《前書》武帝祠中嶽，改嵩高爲崇高。《東觀記》曰："使中郎將當谿典請雨（當，紹興本、大德本、殿本作'堂'，底本或誤），因上言改之，名爲嵩高山。"【今注】嵩高山：今河南登封市西北嵩山，古稱中嶽。

大雩。[1]使侍御史行詔獄亭部，[2]理冤枉，原輕繫，[3]休囚徒。

［1］【今注】雩：古代一種爲求雨而舉行的祭祀。《爾雅·釋訓》："舞號雩也。"郭璞注："雩之祭，舞者吁嗟而請雨。"邢昺疏引孫炎云："雩之祭有舞有號。"《禮記·月令》："大雩帝，用盛樂。"鄭玄注："雩，吁嗟求雨之祭也。"説明雩當包括奏樂、跳舞和發出呼號等儀式。甲骨文中即記載"舞雨"等求雨儀式，有學者認爲即雩祭。

［2］【今注】侍御史：官名。簡稱"御史"，西漢時爲御史大夫屬官，由御史中丞統領，入侍禁中蘭臺，給事殿中，故名。員十五人，秩六百石。掌受公卿奏事，舉劾按章，監察文武官員。分令、印、供、尉馬、乘五曹。或供臨時差遣，出監郡國，持節典護大臣喪事，收捕、審訊有罪官吏等。東漢時爲御史臺屬官，於糾彈本職之外，常奉命出使州郡，巡行風俗，督察軍旅，職權頗重。詔獄：秦漢時期皇帝下詔進行審理的案件，亦指審理詔獄案件和羈押詔獄犯人的監獄機構（參見張忠煒《"詔獄"辨名》，《史學月刊》2006年第5期）。詔獄不同於一般案件，其涉及的對象，往往是權貴顯宦或犯有"殊死"類重罪的犯人，和上請密切相關。詔獄往往由皇帝專門派出使者進行審理。秦漢京師設置的監獄多爲詔獄，如"廷尉獄""若盧獄""洛陽獄"等均屬詔獄，詔獄亦關押普通罪犯。嶽麓書院藏秦簡中有多條秦令涉及詔獄問題。　亭部：亭是秦漢時期的地方機構，有"都亭""街亭""市亭""門亭"

"鄉亭""郵亭"等，它們的地理位置與負責的事務各不相同。一般意義上的"亭"主要指"鄉亭"和"郵亭"，鄉亭是主管治安的機構，其設校長、亭長、游徼等職官，以緝捕盜賊。郵亭主管行書。亭與鄉平行，其治安管轄範圍稱爲"亭部"。到了東漢時期，由於在亭的周圍出現諸多脱離鄉里組織的自然聚落，政府以亭對這些聚落進行管理，亭開始演變爲合民事、治安、行書爲一體的組織。此處的"亭部"即亭所管轄地區。（參見王彦輝《聚落與交通視閾下的秦漢亭制變遷》，《歷史研究》2017 年第 1 期）

［3］【今注】原：寬恕。　輕繫：罪輕的囚犯。

五月，太尉陳耽罷，司空許訓爲大尉。[1]

［1］【今注】案，大，紹興本、大德本、殿本作"太"。

閏月，永昌太守曹鸞坐訟黨人，棄市。[1]詔黨人門生故吏父兄子弟在位者，[2]皆免官禁錮。

［1］【李賢注】訟謂申理之也。其言切直，帝怒，檻車送槐里獄掠殺之也。【今注】永昌：郡名。東漢明帝永平十二年（69）哀牢内屬，以其地置哀牢、博南二縣，並割益州西部都尉所領六縣合置。治不韋縣（今雲南保山市東北）。　曹鸞：東漢人。靈帝時爲永昌太守。熹平五年（176），上書爲黨人申辯，請開放黨禁。以此觸怒靈帝，被捕送槐里獄拷掠而死。靈帝隨即下詔州郡，凡黨人門生、故吏、父子、兄弟在位者皆免官禁錮，株連及於五族。（參見林甘泉主編《中國歷史大辭典·秦漢史》，第 388 頁）　訟：申訴。《説文》："争也。"　棄市：秦漢死刑之一種，爲死刑中最輕者。《漢書》卷五《景帝紀》："改磔曰棄市，勿復磔。"顏師古注："棄市，殺之於市也。謂之棄市者，取刑人於市，與衆棄之也。"對

於棄市采用何種行刑方式，學界存在爭議，或認爲指斬首，或認爲指絞殺。近年湖南益陽兔子山九號井第三·二號木牘有："益陽守起、丞章、史完論刑殺尊市，即棄死（尸）市，盈十日，令徒徙棄冢間。"學者指出，"刑殺尊市，即棄尸市"展示了棄市的具體過程，即斬殺頭部並棄尸於市。（參見何有祖《再論秦漢"棄市"的行刑方式》，《社會科學》2018 第 11 期）

［2］【今注】門生故吏：學生和舊日部屬。

六月壬戌，太常南陽劉逸[1]爲司空。

［1］【李賢注】逸字大過（過，大德本、殿本作"迴"），安衆人。【今注】南陽：郡名。治宛縣（今河南南陽市卧龍區）。劉逸：字大過，南陽安衆（今河南鄧州市東北）人。曾爲太常。東漢靈帝熹平五年（176），代許訓爲司空。次年被免職。

秋七月，太尉許訓罷，[1]光禄勳劉寬爲太尉。[2]

［1］【今注】案，大德本無"太尉"二字。

［2］【今注】劉寬：字文饒，弘農華陰（今陝西華陰市東）人。父劉崎曾官至司徒。傳見本書卷二五。傳世有《太尉劉寬碑》《劉寬後碑》，碑文載《隸釋》卷一一（參見洪适《隸釋》，第 124—126 頁）。

冬十月壬午，御殿後槐樹自拔倒豎。

司徒袁隗罷。十一月丙戌，光禄大夫揚賜爲司徒。[1]

[1]【今注】案，揚，紹興本、大德本、殿本作“楊”。曹金華《後漢書稽疑》謂，熹平五年（176）十一月戊子朔，是月無“丙戌”。《後漢紀》卷二四作“十二月丙戌，光禄大夫楊賜爲司徒”，十二月戊午朔，“丙戌”二十九日，其説是也。又本紀下文“十二月，甘陵王定薨”，“十二月”當删去。（第160頁）

十二月，甘陵王定薨。[1]

[1]【今注】甘陵王定：劉定，甘陵威王劉理之子。襲爵甘陵王，在位四年，謚號“忠”。子劉忠嗣位。

試太學生年六十以上百餘人，除郎中、太子舍人至王家郎、郡國文學吏。[1]

[1]【李賢注】《漢官儀》曰：“太子舍人、王家郎中並秩二百石，無員。”【今注】郎中：官名。郎官之一種。春秋戰國時爲郎官通稱，侍從君主左右，參與謀議，執兵宿衛，亦奉命出使。秦時一分爲三，郎中給事禁中者爲中郎，給事宫中者仍爲郎中，給事宫外者爲外郎，形成三郎體制。其中郎中掌執戟殿下，宿衛皇宫。西漢武帝時，郎官組織擴大，郎中一官分爲車郎、户郎、騎郎，分隸郎中令（光禄勳）所轄郎中車、户、騎將。其初多由功臣充任，地位親近尊顯，後稍減，位次中郎、侍郎，秩比三百石。任滿一定期限，選補内外官職。東漢劉秀改組郎制，精簡郎職，省郎中三將，除中郎、侍郎兩官，將郎中分隸五官、左、右中郎將三署，故曰三署郎。名義上備宿衛，實爲後備官吏人材。（參見王克奇《論秦漢郎官制度》，載安作璋、熊鐵基《秦漢官制史稿》，第344—408頁）　太子舍人：官名。漢代太子官之一，掌太子宿衛，類似於皇帝身邊的郎官。《漢書·百官公卿表上》：“太子太傅、少傅，

古官。屬官有太子門大夫、庶子、先馬、舍人。”本書《百官志四》:“太子舍人，二百石。本注曰：無員，更直宿衛，如三署郎中。” 王家郎：又稱王國郎。官名。即諸侯王國之郎官。《漢書·百官公卿表上》:“（諸侯王）有太傅輔王，内史治國民，中尉掌武職，丞相統衆官，群卿大夫都官如漢朝。景帝中五年……省御史大夫、廷尉、少府、宗正、博士官，大夫、謁者、郎諸官長丞皆損其員。”漢朝諸侯國設置職官皆如漢朝廷，故亦設置有“郎”。西漢景帝降省諸侯國職官後，郎官僅損其員，並未省併。根據文獻記載，漢諸侯王國有郎中令，其屬官有郎官或郎吏，和漢朝廷一樣，諸侯王國郎官有郎、郎中、中郎、侍郎等，侍從王之左右，多以文學之士充任。如《漢書》卷五一《枚乘傳》記枚乘“爲吴王濞郎中”，卷四五《伍被傳》載伍被爲“淮南中郎”等。（參見安作璋、熊鐵基《秦漢官制史稿》，第 745—747 頁） 郡國文學史：官名。漢代主管郡國學校的學官。西漢武帝時在郡國設立學校，稱學官、學宫或校官，主要教授儒家經典，有《五經》《論語》《孝經》等科目。郡國學校有文學先生和弟子之分。文學先生即郡國學官，簡稱文學，多由明經的學者擔任。文學的正式官名爲文學掾和文學史，《巴郡太守張納碑陰》有文學主事掾、史各一人，同時還有文學掾二人、文學史一人。《隸釋》卷一《孔廟百石卒史碑》還有文學守助掾、守文學掾等名稱。根據教授科目，文學史又分爲《易》掾、《尚書》掾、《詩》掾、《禮》掾、《春秋》掾、孝掾、孝義掾、文學師、《易》師、《尚書》師等。文學掾、史比郡府其他曹掾、史數量多，其地位亦比其他曹掾、史爲高。文學掾、史的主要職責是管理學校，教授學生，而且郡内凡有關教化、禮儀之事往往也參加。（參見安作璋、熊鐵基《秦漢官制史稿》，第 625—628 頁；嚴耕望《秦漢地方行政制度》，上海古籍出版社 2007 年版，第 252—256 頁）

是歲，鮮卑寇幽州。沛國言黄龍見譙。[1]

[1]【今注】譙：縣名。治所即今安徽亳州市譙城區。

六年春正月辛丑，[1]大赦天下。

[1]【今注】案，辛丑，大德本、殿本作“辛巳”。

二月，[1]南宮平城門及武庫東垣屋自壞。[2]

[1]【今注】案，王先謙《後漢書集解》引惠棟曰：“《謝承書》及《續漢志》皆云光和元年事，疑紀誤也。”

[2]【李賢注】平城門，洛陽城南門也。蔡邕曰：“平城門，正陽之門，與宮連，郊祀法駕所從出，門之最尊者。武庫，禁兵所藏。東垣，庫之外障。《易傳》曰：‘小人在位，厥妖城門自壞。’”【今注】平城門：本名平門，一説指洛陽城南門，一説指洛陽南宮南門。陳蘇鎮認爲，平成門當指洛陽城南門，與南宮南門並非一門，但平成門靠近南宮，故兩門相距不遠，並都由南宮南屯司馬守衛（參見陳蘇鎮《東漢的南宮和北宮》，《文史》2018年第1輯）。　武庫：官署名。漢置，掌兵器，屬執金吾。有武庫令一人，秩六百石。西漢有武庫丞三人，東漢改爲一人。武庫爲精良兵器所聚處。《漢書·百官公卿表上》：“（執金吾）屬官有中壘、寺互、武庫、都船四令丞。都船、武庫有三丞，中壘兩尉。”本書《百官志四》：“武庫令一人，六百石。本注曰：主兵器。丞一人。”《金石索》金索有“武庫中丞印”，中丞當爲三丞之一。學者推斷武庫三丞或爲武庫中丞、武庫左丞、武庫右丞。（參見安作璋、熊鐵基《秦漢官制史稿》，第221頁）　垣：《説文》：“墻也。”

夏四月，大旱，七州蝗。

鮮卑寇三邊。[1]

[1]【李賢注】謂東、西與北邊。

市賈民爲宣陵孝子者數十人，皆除太子舍人。

秋七月，司空劉逸免，衞尉陳球爲司空。[1]

[1]【今注】衞尉：官名。戰國秦始置，漢沿置，秩中二千石，列位諸卿。景帝曾改名中大夫令，後元元年（前143）復故。衞尉、光禄勳與執金吾均執掌宫殿禁衞，執金吾主宫外，光禄勳、衞尉主宫内。衞尉主管宫門屯駐衞士，地位比較重要。（參見楊鴻年《漢魏制度叢考》，第21—33頁）本書《百官志二》："衞尉，卿一人，中二千石。本注曰：掌宫門衞士，宫中徼循事。丞一人，比千石。"案，王先謙《後漢書集解》引錢大昕曰："《球傳》其時爲廷尉，非衞尉。"引惠棟曰："《球後碑》乃遷衞尉，遂作司空。《球傳》不載其由衞尉遷司空也。"　陳球：字伯真，下邳淮浦（今江蘇漣水縣）人。傳見本書卷五六。《隸釋》卷一〇載有《太尉陳球碑》《陳球後碑》等（參見洪适《隸釋》，第110—114頁）。

八月，遣破鮮卑中郎將田晏出雲中，[1]使匈奴中郎將臧旻與南單于出鴈門，[2]護烏桓校尉夏育出高柳，[3]並伐鮮卑，晏等大敗。

[1]【今注】破鮮卑中郎將：官名。東漢末至魏晉南北朝，置諸名號中郎將爲統兵將領，遂成爲次於將軍、高於校尉的統兵武職名稱，品秩高低不等，其東、南、西、北四中郎將職位尤重，高於

一般雜號將軍。　田晏：東漢人，桓帝延熹時爲軍吏，隨段熲鎮壓羌人起事，屢遷騎司馬、護羌校尉。後坐事論刑，被赦。靈帝熹平六年（177），鮮卑擾邊，晏欲立功自效，乃拜爲破鮮卑中郎將，兵敗下獄，贖爲庶人。　雲中：郡名。治雲中縣（今内蒙古托克托縣東北）。

［2］【今注】使匈奴中郎將：官名。西漢時常遣中郎將使匈奴，稱使匈奴中郎將。元帝以後雖遣使頻繁，身份仍爲使節，事迄即罷。東漢光武帝建武二十六年（50）遣中郎將段郴等使南匈奴，授南單于璽綬，令入居雲中，始置使匈奴中郎將以監護之，因設官府、從事、掾史。後徙至西河，又令西河長史歲將騎二千，弛刑五百人，助中郎將衞護單于，冬屯夏罷。自後遂爲常制。本書《百官志五》："使匈奴中郎將一人，比二千石。本注曰：主護南單于。置從事二人，有事隨事增之，掾隨事爲員。"除監護南匈奴諸部落外，也常將南匈奴騎兵征伐烏桓、西羌等。（參見林甘泉主編《中國歷史大辭典·秦漢史》，第278頁）　南單于：單于爲漢時匈奴對其國君的稱謂。《漢書》卷九四上《匈奴傳上》："單于姓攣鞮氏，其國稱之曰'撑犁孤塗單于'。匈奴謂天爲'撑犁'，謂子爲'孤塗'，單于者，廣大之貌也，言其象天單于然也。"東漢光武帝建武二十三年，匈奴發生王位之争。次年，部領匈奴南邊的薁鞬日逐王比自立爲單于，依附東漢稱臣，史稱"南單于"，自此匈奴分爲南北。　鴈門：郡名。治善無縣（今山西右玉縣西北）。

［3］【今注】護烏桓校尉：官名。西漢武帝始置，掌内附烏桓事務。武帝遣驃騎將軍霍去病擊破匈奴左地後，爲防止烏桓與匈奴交通，因徙其部於上谷、漁陽、右北平、遼西、遼東五郡塞外，置烏桓校尉監之，秩二千石，持節統領之。後不常置。東漢光武帝建武二十五年，遼西烏桓朝貢，使居塞内，布於緣邊諸郡，令招來種人，給其衣食，爲漢偵察，助擊鮮卑、匈奴。復置護烏桓校尉，秩比二千石，屯上谷寧城，並領鮮卑。常將烏桓等部兵與度遼將軍、使匈奴中郎將、護羌校尉等協同作戰，戍衞邊塞。本書《百官志

五》："護烏桓校尉一人，比二千石，本注曰：主烏桓胡。"（參見林甘泉主編《中國歷史大辭典·秦漢史》，第216頁） 高柳：縣名。爲代郡治，治所在今山西陽高縣。

冬十月癸丑朔，日有食之。
太尉劉寬免。
帝臨辟雍。[1]

[1]【今注】辟雍：環繞明堂的圓形水池。辟，通"璧"，取四周有水，形如璧環爲名；雍，同"邕"，指水池環繞的高地及其建築。辟雍是較大的水面，並附有苑囿等區域，有魚鳥集居。西周麥尊等金文材料記載有"辟雍"，辟雍中可以行舟，舉行射禮，進行漁獵等。"辟雍"亦承擔教育功能，是最早的學校之一。（參見楊寬《西周史》，上海人民出版社2003年版，第666—674頁）

辛丑，京師地震。[1]

[1]【今注】案，中華本校勘記謂，是年十月癸丑朔，不得有辛丑。《校補》謂《袁紀》於癸丑朔日食下接書地震，不另出日，似兩事同日，"辛丑"或即"癸丑"之誤。

辛亥，令天下繫囚罪未決，入縑贖。[1]

[1]【今注】案，中華本校勘記謂，是年十月癸丑朔，不得有辛亥，辛亥當在下月，疑有誤。

十一月，司空陳球免。十二月甲寅，太常河南孟馘爲太尉。[1]庚辰，司徒楊賜免。太常陳耽爲司空。

[1]【李賢注】馘字叔達，音乙六反。【今注】孟馘：字叔達，河南人。初爲郎，官至太常。東漢靈帝熹平六年（177）十二月初代劉寬爲太尉。熹平七年正月因災異免職。《隸釋》卷一載有《濟陰太守孟郁修堯廟碑》，孟郁或即孟馘。王先謙《後漢書集解》引錢大昕曰："按成陽《堯廟碑》，濟陰太守河南匽師即偃師孟府君，諱郁，字敬達，治《尚書經》，歷典六郡，威教若神。即其人也。馘與郁同。碑立於永康元年，至熹平六年，相距十年矣。注云字叔達，而碑云敬達，叔、敬二文相似。碑已亡失，莫能決其然否。"引何焯曰："《蜀志·孟光傳》注引《續漢書》云：郁，中常侍孟賁之弟。"引惠棟曰："案郁當作馘，郁字敬達，河南偃師人，桓帝永嘉初爲濟陰太守，見《隸釋》。《蜀志》誤以郁爲馘也。"

鮮卑寇遼西。[1]

[1]【今注】遼西：郡名。治陽樂縣（今遼寧義縣西南）。

永安太僕王旻下獄死。[1]

[1]【李賢注】永安宮之大僕也（大僕，大德本、殿本作"太僕"）。【今注】永安太僕：官名。即永安宮之太僕。本書卷九《獻帝紀》："遷皇太后於永安宮。"李賢注引《洛陽宮殿名》曰："永安宮周迴六百九十八丈，故基在洛陽故城中。"永安宮之太僕疑屬宮官太僕。漢代於皇后宮、皇太后宮皆置太僕，前者多稱"中太僕"，後者多稱"長信太僕""長樂太僕""永樂太僕""永安太僕"等，"隨其所在以名官"，即根據皇太后所居宮名命名，以區

别於朝官太僕。太后宫太僕的職能與朝官太僕職能相似，主要掌管太后的出行及宫内車馬，其秩西漢時爲中二千石，東漢則减至二千石。有長御、太僕丞等屬吏。西漢或用宦官，或用士人，東漢時則全部爲宦官。太后宫太僕地位高於皇后宫太僕，亦高於朝官太僕。（參見蔣波、楊爽爽《漢代的宫官太僕》，《南都學壇》2020 年第 1 期）

光和元年春正月，[1]合浦、交阯烏滸蠻叛，[2]招引九真、日南民攻没郡縣。[3]

［1］【今注】光和：東漢靈帝劉宏年號（178—184）。

［2］【今注】合浦：郡名。治合浦縣（今廣西合浦縣東北）。交阯：郡名。治龍編縣（今越南北寧省北寧市）。　烏滸蠻：族名。也作“烏武蠻”“鄔蒲蠻”。越人的一支，漢時分布在嶺南西南部（今廣西合浦縣、南寧市邕寧區、玉林市、横縣等地），因其地有烏滸山，故名。東漢靈帝建寧三年（170），鬱林太守谷永招烏滸人十餘萬内附，開置七縣。（參見林甘泉主編《中國歷史大辭典·秦漢史》，第 79 頁）

［3］【今注】九真：郡名。治胥浦縣（今越南清化省清化市西北）。

太尉孟彧罷。

二月辛亥朔，日有食之。[1]

［1］【今注】案，中華本校勘記謂，今推是年二月合朔辛亥，無日食。參閲《續五行志》六校記。

癸丑，光禄勳陳國袁滂爲司徒。[1]

[1]【李賢注】滂字公喜。【今注】陳國：國名。治陳縣（今河南淮陽縣）。　袁滂：字公熙，一作“公喜”，陳國扶樂（今河南太康縣西北）人。東漢靈帝時位至司徒。純素寡欲，不言人短，獨中立於朝，愛憎不及。

己未，地震。

始置鴻都門學生。[1]

[1]【李賢注】鴻都，門名也，於内置學。時其中諸生，皆敕州、郡、三公舉召能爲尺牘辭賦及工書鳥篆者相課試，至千人焉。【今注】鴻都門：東漢洛陽南宫宫門，靈帝光和元年（178）在此門建立學官，稱鴻都門學。它是中國最早的文學藝術學院。招收學生的對象與教學内容均不同於太學。專門招收没有名望的、爲士族看不起的豪强子弟，畢業以後提拔他們擔任重要的官職，以便與士族對抗。教學的内容則擯棄經學，專門學習辭賦、小説、尺牘、字畫等。

三月辛丑，大赦天下，改元光和。

太常常山張顥爲太尉。[1]

[1]【李賢注】顥字智明。《搜神記》曰：“顥爲梁相，新雨後，有鵲飛翔近地，令人擿之（擿，大德本作‘逼’），墯地化爲圓石，顥命椎破，得一金印，文曰‘忠孝侯印’。”【今注】常山：郡名。治元氏縣（今河北元氏縣西北）。　張顥：字智明，常山人，東漢靈帝時官至太常、太尉。中常侍張奉弟。

夏四月丙辰，地震。

侍中寺雌雞化爲雄。[1]

[1]【今注】寺：官署。《説文》："寺，廷也。有法度者也。從寸之聲。"《漢書》卷九《元帝紀》："（初元二年）乃二月戊午，地震于隴西郡，毁落太上皇廟殿壁木飾，壞敗豲道縣城郭官寺及民室屋，壓殺人衆。"顔師古注："凡府庭所在皆謂之寺。"

司空陳耽免，太常來豔爲司空。

五月壬午，有白衣人入德陽殿門，亡去不獲。[1]六月丁丑，有黑氣墯所御温德殿庭中。[2]秋七月壬子，青虹見御坐玉堂後殿庭中。[3]八月，有星孛于天市。[4]

[1]【李賢注】《東觀記》曰："白衣人言'梁伯夏教我上殿（伯，大德本作"陌"）'，與中黄門桓賢語，因忽不見。"【今注】德陽殿：東漢洛陽北宫宫殿名，是北宫中非常重要的建築，巍峨壯麗，裝飾華貴，"蓋北宫殿之最尊者"。德陽殿規模較大，可容納萬人，每年正月旦日，在其中舉行百官朝會的盛大典禮。有許多附屬殿室，在北宫中形成一個相對獨立的建築群，故又被稱作"德陽宫"。由於德陽殿是這個建築群的主殿，故又稱"德陽前殿"。（參見宋傑《黄門與禁省——漢代皇帝宫内居住區域考辨》，《南都學壇》2020年第5期）

[2]【李賢注】《東觀記》曰："墯所御温明殿庭中，如車蓋隆起，奮迅，五色，有頭，體長十餘丈，形貌似龍。"【今注】御：古稱帝王所在之處及所用之物爲"御"。蔡邕《獨斷》卷上："（天子）所進曰御……御者進也，凡衣服加於身，飲食入於口，妃妾接於寢，皆曰御。"《韻會》："凡天子所止曰御。前曰御前，書曰御

書，服曰御服，皆取統御四海之意。” 案，曹金華《後漢書稽疑》認爲“温德殿”當爲“温明殿”（第 162 頁）。

［3］【李賢注】《洛陽宫殿名》，南宫有玉堂前、後殿。據《楊賜傳》，云墯嘉德殿前。【今注】案，曹金華《後漢書稽疑》謂，是年七月己卯朔，是月無“壬子”，此作“七月壬子”誤矣（第 163 頁）。 玉堂殿：洛陽南宫宫殿名。“玉堂”即以白色玉石爲材料建築的殿堂，西漢未央宫和建章宫中皆有。東漢洛陽南宫玉堂殿分爲前、後兩殿，部門爲玉堂署，設有署長一人，爲宦官。東漢順帝、沖帝、質帝均居住於玉堂殿，玉堂殿爲禁省。（參見宋傑《黄門與禁省——漢代皇帝宫内居住區域考辨》，《南都學壇》2020 年第 5 期）

［4］【今注】星孛：光芒四射的彗星。孛，彗星之别稱。古以彗星爲不祥，預兵戎之災。 天市：星官名。即天市垣。是三垣的下垣，位居紫微垣之下的東南方向。詳見《史記·天官書》。本書《天文志下》：“八月，彗星出亢北，入天市中，長數尺，稍長至五六丈，赤色，經歷十餘宿，八十餘日，乃消於天菀中……彗除天市，天帝將徙，帝將易都。至初平元年，獻帝遷都長安。”

九月，太尉張顥罷，太常陳球爲太尉。司空來豔薨。[1]冬十月，屯騎校尉袁逢爲司空。[2]

［1］【今注】案，王先謙《後漢書集解》引惠棟曰：“《袁宏紀》：豔以久病罷。不言薨也。”

［2］【今注】案，曹金華《後漢書稽疑》謂，《後漢紀》卷二四作“射聲校尉袁逢爲司空”（第 163 頁）。袁逢，字周陽，汝南汝陽（今河南商水縣西北）人。嗣安國亭侯。爲人寬厚篤信，著稱於時。東漢靈帝時爲司空，卒於執金吾。謚宣文。

皇后宋氏廢，后父執金吾酆下獄死。[1]

［1］【今注】酆：宋酆，扶風平陵（今陝西咸陽市西北）人。宋皇后父。宋昌十世孫，東漢章帝宋貴人之從孫，清河孝王劉慶之表侄。靈帝建寧四年（171），拜爲執金吾，封不其鄉侯。光和元年（178），皇后宋氏被廢，宋酆及諸子皆受牽連，下獄死。

丙子晦，日有食之。

十一月，太尉陳球免。十二月丁巳，光禄大夫橋玄爲太尉。

是歲，鮮卑寇酒泉。[1]京師馬生人。[2]初開西邸賣官，自關内侯、虎賁、羽林，入錢各有差。[3]私令左右賣公卿，公千萬，卿五百萬。

［1］【今注】酒泉：郡名。治禄福縣（今甘肅酒泉市肅州區）。

［2］【李賢注】京房《易傳》曰："諸侯相伐，厥妖馬生人。"

［3］【李賢注】《山陽公載記》曰："時賣官，二千石二千萬，四百石四百萬，其以德次應選者半之，或三分之一，於西園立庫以貯之。"【今注】關内侯：爵位名。爲二十等爵之第十九級。關内侯又名倫侯，秦琅邪刻石有"倫侯"，地位在"列侯"之下。里耶秦簡更名方有"關内侯爲倫侯"，説明倫侯即關内侯。關内侯有侯號，居京師，無封土，但享受食邑權，其所食户數在一百户至五千户之間，以三百户、五百户爲主。　虎賁：又稱"虎賁郎"，秦漢時期皇帝的一種警衛部隊。西漢武帝建元三年（前138）設置期門，平帝元始元年（1）王莽改期門爲虎賁郎，並設虎賁中郎將進行管理。"虎賁"是"衛士"，掌"執兵送從"或"宿衛侍從"，供君主於宫中以至殿上宿衛雜役之用，在皇帝出行時亦擔任警衛和從

事雜役。虎賁還兼管省外宫内機關和這些機關工作人員的警衛事務。皇帝常將虎賁賜予諸侯王、大臣，不但賜予活着的諸侯王、大臣，亦賜予死去的諸侯王、大臣。（參見楊鴻年《漢魏制度叢考》，第 152—170 頁）

二年春，大疫，使常侍、中謁者巡行致醫藥。[1]

［1］【今注】常侍：當爲中常侍的省稱。

三月，司徒袁滂免，[1]大鴻臚劉郃爲司徒。[2]乙丑，太尉橋玄罷，太中大夫段熲爲太尉。

［1］【今注】案，王先謙《後漢書集解》引惠棟曰："《袁宏紀》云二月丁巳免。"曹金華《後漢書稽疑》謂，光和二年二月乙亥朔，無"丁巳"，"丁巳"在三月，可補范書之不足（第 163 頁）。

［2］【李賢注】郃字季承（季，大德本作"李"）。【今注】劉郃：字季承，東漢宗室。嘗任濟陰太守、大鴻臚。靈帝光和二年（179）遷司徒。與永樂少府陳球等謀誅宦官張讓、曹節等，事泄，下獄死。

京兆地震。[1]

［1］【今注】京兆：京兆尹，官名，亦爲政區名。西漢武帝太初元年（前 104）改右内史置。分原右内史東半部爲其轄區。職掌相當於郡太守。因地屬畿輔，故不稱郡。爲三輔之一。治長安縣（今陝西西安市西北）。

司空袁逢罷，太常張濟爲司空。[1]

［1］【李賢注】濟字元江，細陽人。【今注】張濟：字元江，汝南細陽（今安徽太和縣東南）人。張酺曾孫。東漢靈帝初得楊賜薦，爲侍講。光和中位司空。病卒。

夏四月甲戌朔，日有食之。

辛巳，中常侍王甫及太尉段熲並下獄死。[1]

［1］【今注】王甫：宦官，東漢靈帝時爲黄門令，與曹節等將兵殺竇武、陳蕃，遷中常侍。又與節誣奏勃海王劉悝謀反，殺之，以功封冠軍侯。操縱朝政，父兄子弟皆爲貴官。後爲司隸校尉陽球奏誅。　案，中華本校勘記謂引李慈銘謂“並”下當增“有罪”二字。

丁酉，大赦天下，諸黨人禁錮小功以下皆除之。[1]

［1］【李賢注】時上禄長和海上言（海，大德本、殿本作“浮”）：“黨人錮及五族，有乖典訓。”帝從之。【今注】小功：古代親屬關係的一種。本義爲喪服，是五服（斬衰、齊衰、大功、小功、緦麻）中的第四等，其服用較細熟麻布製成。服期爲五個月。凡本宗曾祖父母、伯叔祖父母、堂伯叔父母，未出嫁祖姑、堂姑、已嫁堂姊妹、兄弟妻、從堂兄弟、未出嫁從堂姊妹，又外祖父母、母舅、母姨等喪，皆穿此服。後引申用“小功”來指代以上親屬關係。

東平王端薨。[1]

［1］【今注】東平王端：劉端，東平孝王劉敞子，嗣王位，立四十七年薨，謚號“頃”，子凱嗣。詳見本書卷四二《光武十王傳》。

五月，衛尉劉寬爲太尉。

秋七月，使匈奴中郎將張脩有罪，下獄死。[1]

［1］【李賢注】時張脩擅斬單于呼徵（曹金華《後漢書稽疑》謂，“呼徵”，《南匈奴傳》作“呼徵”，章懷注也作“呼徵”，此作“呼徵”疑誤。《後漢紀》卷二四作“呼演”，亦誤），更立羌渠爲單于，故坐死。

冬十月甲申，司徒劉郃、永樂少府陳球、衛尉陽球、步兵校尉劉納謀誅宦者，[1]事泄，皆下獄死。

［1］【今注】陽球：字方正，漁陽泉州（今天津市武清區）人。傳見本書卷七七。　步兵校尉：官名。西漢武帝始置，爲北軍八校尉之一，秩二千石，位次列卿，屬官有丞、司馬等。領上林苑門屯兵，戍衛京師，兼任征伐。東漢時爲北軍五校尉之一，秩比二千石，隸北軍中候。掌宿衛禁兵，有司馬一員。當時五校尉所掌北軍五營爲京師主要的常備禁軍，故地位親要，官顯職閑，府寺寬敞，輿服光麗，伎巧畢給，多以皇室外戚近臣充任。〔參見吕宗力主編《中國歷代官制大辭典》（修訂版），第457頁〕　案，宦者，大德本作“宦官”。

巴郡板楯蠻叛，[1]遣御史中丞蕭瑗督益州刺史討之，[2]不剋。

［1］【今注】巴郡：治江州縣（今重慶市北）。　板楯蠻：族名。巴人的一支。戰國及秦漢時居荆梁間，後在巴郡（今重慶境）繁衍。以使用木製之盾爲防禦武器，故名。楚漢戰争時，劉邦曾徵發夷人平定三秦，復其渠帥羅、樸、督、鄂、度、夕、龔七姓不輸租賦，餘户歲入賨錢，口四十。東漢時郡守常率以征伐羌人。桓帝、靈帝時，多次起兵反抗東漢王朝。詳見本書卷八六《南蠻西南夷傳》。（參見林甘泉主編《中國歷史大辭典·秦漢史》，第260頁）

［2］【今注】御史中丞：官名。西漢始置，爲御史大夫副貳，秩千石。主要職掌監察、執法；掌管蘭臺所藏圖籍秘書、文書檔案；外督諸監郡御史（武帝以後爲諸州刺史），監察考核郡國行政；内領侍御史十五員，監督殿庭、典禮威儀，受公卿奏事，關通中外朝；考核四方文書計簿，劾按公卿章奏，監察、糾劾百官；參治刑獄，收捕罪犯等。漢初百官奏議先呈御史大夫，經由中丞，始得上呈；皇帝詔命經中丞傳達御史大夫，始得轉達丞相執行，故比御史大夫更接近皇帝。武帝以後，章奏詔命出納之職移歸尚書、中書，又增丞相司直、司隸校尉監察京師百官，然仍以中丞爲最尊。成帝改御史大夫爲大司空後，中丞曾改名大司空長史、御史長史，實爲諸御史之長。東漢時獨立爲御史臺長官，秩千石。名義上隸少府，專掌監察、執法，領治書侍御史、侍御史，常受命領兵，出督軍旅。與司隸校尉、尚書令並號“三獨坐”，爲京師顯官，職權甚重。《漢書·百官公卿表上》：“（御史大夫）有兩丞，秩千石。一曰中丞，在殿中蘭臺，掌圖籍秘書，外督部刺史，内領侍御史員十五人，受公卿奏事，舉劾按章。”〔參見吕宗力主編《中國歷代官制大辭典》（修訂版），第858頁〕

十二月，光禄勳揚賜爲司徒。[1]

［1］【今注】案，揚，紹興本、大德本、殿本作“楊”，底

本誤。

鮮卑寇幽、并二州。

是歲，河閒王利薨。洛陽女子生兒，兩頭四臂。[1]

[1]【李賢注】京房《易傳》曰："二首，下不一也，厥妖人生兩頭。"【今注】兩頭四臂：疑即今之連體嬰。

三年春正月癸酉，大赦天下。[1]

[1]【今注】案，曹金華《後漢書稽疑》謂，光和三年（180）正月庚子朔，是月無"癸酉"。《後漢紀》卷二四作"春正月癸丑大赦天下"，"癸丑"正月十四日。(第164頁)

二月，公府駐駕廡自壞。[1]

[1]【李賢注】公府，三公府也。駐駕，停車處也（停，大德本作"亭"）。廡，廊屋也，音無禹反。《續漢志》云："南北四十餘閒壞。"

三月，梁王元薨。[1]

[1]【今注】梁王元：劉元，梁夷王劉成子，嗣王位，在位十六年薨，謚號"敬"，子彌嗣。詳見本書卷五〇《孝明八王傳》。

夏四月，江夏蠻叛。

六月，詔公卿舉能通《尚書》《毛詩》《左氏》

《穀梁春秋》各一人，[1]悉除議郎。[2]

［1］【今注】案，尚書，中華本改爲“古文尚書”，校勘記謂，“殿本《考證》引顧炎武説，謂‘尚書’上脱‘古文’二字。今據補。按：李慈銘謂以《古文尚書》及《毛詩》《左氏》《穀梁春秋》皆不立學官，故詔能通之者得拜議郎也，與《安紀》延光二年所書正同”。《尚書》爲儒家經典之一，分爲典、謨、誥、命、誓等體裁。有今古文之分，西漢伏生口述的二十八篇《尚書》，用漢代通行的隸書寫成，稱《今文尚書》，魯恭王拆除孔子故宅墻壁時發現的另一部《尚書》，用戰國齊魯系文字（漢代稱戰國山東六國文字爲“古文”）寫成，稱《古文尚書》，《古文尚書》與《今文尚書》在篇目、用字、理解上均存在較大差異。今天見到的《古文尚書》並非孔壁古文尚書，而是由東晉梅賾僞造。清華大學藏戰國竹簡中出現多篇“書”，其中數篇見於今文尚書，另有數篇見於古文尚書，但與今天見到的僞古文尚書内容不同。《毛詩》，《詩》古文學派之一。西漢毛公所傳。《漢書》卷八八《儒林傳》稱毛公趙人，爲河間獻王博士。傳其學者有貫長卿、解延年、徐敖等人。同書《藝文志》又著録《毛詩》二十九卷，《毛詩故訓傳》三十卷。《後漢書》始言毛公名萇。鄭玄《詩譜》又稱大毛公、小毛公。三國吴陸璣《毛詩草木鳥獸蟲魚疏》以爲萇乃小毛公，大毛公則名亨，漢初魯人。據傳《毛詩》之學出自孔子弟子子夏，後由荀況傳於毛亨，又由毛亨傳於毛萇。《毛詩》自平帝元始五年（5）置博士，列於學官，至東漢其學大盛，鄭衆、賈逵、馬融、鄭玄等皆治《毛詩》。鄭玄且爲之作《箋》。《左氏》，即《春秋左氏傳》，又稱《左氏春秋》，今一般稱爲《左傳》。《春秋》三傳之一。傳爲春秋末魯太史左丘明所作。按《春秋》編年體記述春秋史事，始自魯隱公元年（前722），迄於魯哀公二十七年（前468），並敘及魯悼公四年（前464）之事。以記事爲主，同時集録許多春秋以前的史事

和傳説。《穀梁春秋》，即《春秋穀梁傳》，《春秋》三傳之一，屬今文經學重要典籍。相傳戰國時魯人穀梁赤（赤或作“俶”“嘉”“喜”“寘”）作。始於魯隱公元年，迄於魯哀公十四年。以問答形式解經，略於史實，重在闡述《春秋》之“義理”，然持論較《公羊傳》爲平正，爲研究戰國至漢初儒家思想的重要資料。漢宣帝時立於學官，設博士。

[2]【今注】議郎：官名。郎官之一種，光禄勳屬官，爲高級郎官，不入直宿衛，職掌顧問應對，參與議政，秩比六百石。東漢更爲顯要，常選任耆儒名士、高級官吏，除議政外，亦或給事宫中近署。〔參見吕宗力主編《中國歷代官制大辭典》（修訂版），第305頁〕《漢書·百官公卿表上》：“郎掌守門户，出充車騎，有議郎、中郎、侍郎、郎中，皆無員，多至千人。議郎、中郎秩比六百石，侍郎比四百石，郎中比三百石。”本書《百官志二》：“凡郎官皆主更直執戟，宿衛諸殿門，出充車騎。唯議郎不在直中。”“凡大夫、議郎皆掌顧問應對，無常事，唯詔令所使。”

秋，表是地震，涌水出。[1]

[1]【李賢注】表是，縣，屬酒泉郡，故城在今甘州張掖縣西北也（殿本無“也”字）。【今注】表是：縣名。亦作“表氏”。治所在今甘肅高臺縣西。

八月，令繫囚罪未決，入縑贖，各有差。

冬閏月，[1]有星孛于狼、弧。[2]

[1]【今注】案，中華本校勘記謂光和三年（180）無閏月，“閏月”二字衍。

[2]【李賢注】二星名也。【今注】案，干，紹興本、大德本、

殿本作“于”，底本誤。　狼：星名。《史記·天官書》：“其東有大星曰狼，狼角變色，多盜賊。”　弧：星名。《禮記·月令》：“仲春之月，日在奎，昏弧中。”《史記·天官書》：“（狼）下有四星曰弧，直狼。”本書《天文志下》：“三年冬，彗星出狼、弧，東行至于張乃去。張爲周地，彗星犯之爲兵亂。後四年，京都大發兵擊黄巾賊。”

鮮卑寇幽、并二州。

十二月己巳，[1]立貴人何氏爲皇后。[2]

［1］【今注】案，王先謙《後漢書集解》引惠棟曰：《袁宏紀》在十一月。

［2］【李賢注】南陽宛人也，車騎將軍何貢女也（殿本無“也”字）。【今注】案，王先謙《後漢書集解》引洪亮吉曰：“貢當作真。”中華本據此改李賢注“何貢”爲“何真”。　何氏：何皇后，史稱漢靈思何皇后，南陽宛（今河南南陽）人，大將軍何進和車騎將軍何苗之妹。紀見本書卷一〇下。

是歲，作罼圭、靈昆苑。[1]

［1］【李賢注】罼圭苑有二，東罼圭苑周一千五百步，中有魚梁臺，西罼圭苑周三千三百步，並在洛陽宣平門外也（殿本無“也”字）。

四年春正月，初置騄驥廄丞，領受郡國調馬。[1]豪右辜搉，馬一匹至二百萬。[2]

［1］【李賢注】騄驥，善馬也。調謂徵發也。【今注】調馬：王先謙《後漢書集解》引何焯曰："調馬爲調良之馬，猶言過馬也。注謂徵發似誤。"

［2］【李賢注】《前書音義》曰："辜，障也。推，專也。謂障餘人賣買而自取其利。"【今注】豪右：又稱"豪富民""豪强""豪大家""大姓""著姓""强宗"等，漢代的一種社會身份，即豪門大族。漢以右爲上，故稱"豪右"。"豪右"的特徵有三：一是"無尺禄之奉"，即司馬遷所謂的"無秩禄之奉，爵邑之人，而樂與之比者"的"素封"。也就是説他們並非官吏或貴族。二是家資巨萬，農、林、牧、副多種經營，屬於"庶人之富者"。三是在社會上活動能量巨大，上可以"交通王侯"，與官府分庭抗禮，下則"武斷鄉曲"，"刺客死士，爲之投命"，即庶民之豪者。（參見王彦輝《漢代豪民與鄉里政權》，《史學月刊》2000 年第 4 期）

辜推：商業用語。又作"辜榷""嫴榷""辜較"，或稱"榷""辜而榷之"，指專賣、專利，即商業壟斷。《漢書》卷八四《翟方進傳》："多辜榷爲姦利者。"顔師古曰："榷，專也。辜榷者，言己自專之，它人取者輒有辜罪。"《一切經音義》卷二〇引《漢書音義》曰："辜，固也，較，專也。謂規固販鬻，以求利也。""辜榷"指强行壟斷某種買賣，排斥他人參與，從而獨占其利。

二月，郡國上芝英草。夏四月庚子，大赦天下。[1]

［1］【今注】案，曹金華《後漢書稽疑》謂，光和四年（181）四月癸丑朔，是月無"庚子"，《後漢紀》卷二四作"四月庚午"，"庚午"四月初八，其説是也（第 164 頁）。

交阯刺史朱儁討交阯、合浦烏滸蠻，[1]破之。

［1］【今注】交阯：州名。亦作“交趾”。西漢武帝所置十三州部之一。無定治。一説治蒼梧郡廣信縣（今廣西梧州市）。辛德勇認爲，東漢建武十八年（42），光武帝在全國設立十二州，但未在嶺南地區設州，而是代之以地位略低於諸州的交趾刺史部，總計十三個大的行政區域（參見辛德勇《兩漢州制新考》，《文史》2007年第1輯）。　朱儁：字公偉，會稽上虞（今浙江紹興市上虞區）人。傳見本書卷七一。

六月庚辰，雨雹。[1]秋七月，河南言鳳皇見新城，[2]群鳥隨之；賜新城令及三老、力田帛，[3]各有差。九月庚寅朔，日有食之。

［1］【李賢注】《續漢書》曰：“雹大如雞子。”

［2］【今注】新城：縣名。亦作“新成”。治所在今河南伊川縣西南。

［3］【今注】三老：官名。掌教化。西漢高祖二年（前205）詔舉民年五十以上，有修行，能帥衆爲善，置以爲三老，鄉一人，擇鄉三老一人爲縣三老。後郡國亦置。三老可免除徭役，就地方政事向縣令丞尉提出各種建議。（參見林甘泉主編《中國歷史大辭典·秦漢史》，第13頁）　力田：漢代官府設置的一類身份，亦爲鄉官之名，常與“孝悌”並稱。本義指努力耕作。《漢書》卷二《惠帝紀》：“（孝惠四年）春正月，舉民孝弟力田者，復其身。”是爲漢廷舉“孝弟力田”之始。吕后時期將“孝弟力田”設置爲鄉官。文帝時開始按照户口設置“孝弟力田”的“常員”。終兩漢之世，舉“孝弟力田”成爲一種固定的制度。被推舉出來的“孝弟力田”，或免除徭役，或厚加賞賜，其作用是使其爲民表率。除個别例外，一般都不是到政府去做官，至多和三老相似，做一個鄉官而已。（參見安作璋、熊鐵基《秦漢官制史稿》，第802頁）

太尉劉寬免，衛尉許馘爲太尉。[1]

［1］【今注】許馘：吴郡陽羡（今江蘇宜興市西南）人。高祖許武，爲長樂少府，祖父許荆，爲桂陽太守。許馘曾擔任司農，後遷衛尉。東漢靈帝光和四年（181）九月，代劉寬任太尉，光和五年十月被免。王先謙《後漢書集解》引惠棟曰："應劭《漢官儀》載三公云，孝靈時有吴郡陽羡許馘、季軼。許劭撰《太尉碑》言馘自司農遷衛尉也。《袁宏紀》作許郁。案，馘，諫議大夫荆之孫也。荆在《循吏傳》。"

閏月辛酉，北宫東掖庭永巷署災。[1]

［1］【李賢注】永巷，宫中署名也。《漢官儀》曰："令一人。宦者爲之（宦者，大德本作'宦官'），秩六百石，掌宫婢侍使（中華本校勘記引《刊誤》謂'使'當作'史'，即尚書郎侍史之類）。"【今注】北宫：東漢洛陽城宫名。西漢時期洛陽城有南宫，"南宫"之稱顯然與"北宫"相對，故西漢洛陽城應已經存在"北宫"。東漢明帝繼位後，又大興土木，對北宫及其他官府進行了修繕和擴建。工程浩大，勞民傷財。明帝移居北宫後，北宫成爲政治中心，南宫降爲附屬設施。此後章帝、和帝、安帝、順帝、桓帝、靈帝、少帝、獻帝等均居住過北宫。（參見陳蘇鎮《東漢的南宫和北宫》，《文史》2018 年第 1 輯）　掖庭：官署名。也寫作"掖廷"。秦和漢初稱永巷，西漢武帝太初元年（前 104）更名掖庭，屬少府。秦漢後宫所在地，居住大量宫女。其長官稱令，另有丞八人，掌後宫宫女及供御雜務，管理宫中詔獄等，由宦者擔任。屬官有掖廷户衛、掖廷獄丞、掖廷牛官令、少内嗇夫、暴室丞、暴室嗇夫等。東漢時仍屬少府，但掖庭、永巷並置。本書《百官志三》："掖庭令一人，六百石。本注曰：宦者。掌後宫貴人采女事。左右

丞、暴室丞各一人。本注曰：宦者。暴室丞主中婦人疾病者，就此室治；其皇后、貴人有罪，亦就此室。"　永巷：官署名。少府、詹事、大長秋皆設此官署。西漢武帝太初元年，改少府所屬之永巷爲掖廷（庭）。其長官稱令，副長官稱丞。掌宫中官婢、後宫事務等，有監獄。東漢掖庭、永巷並置，均屬少府，俸六百石。掖庭掌後宫貴人采女事，永巷掌官婢侍使。諸王國置永巷長，掌宫中婢使。本書《百官志三》："永巷令一人，六百石。本注曰：宦者。典官婢侍使。丞一人。本注曰：宦者。"

司徒揚賜罷。[1]冬十月，太常陳耽爲司徒。

[1]【今注】案，揚，紹興本、大德本、殿本作"楊"，底本誤。

鮮卑寇幽并二州。

是歲帝作列肆於後宫，[1]使諸采女販賣，[2]更相盜竊争鬬。帝著商估服，[3]飲宴爲樂。又於西園弄狗，著進賢冠，帶綬。[4]又駕四驢，帝躬自操轡，驅馳周旋，京師轉相放效。[5]

[1]【今注】列肆：成列的商鋪。

[2]【今注】采女：宫廷女官名。東漢始置，並無爵秩，歲時賞賜充給而已。本書卷一〇上《皇后紀上》："及光武中興，斲彫爲樸，六宫稱號，唯皇后、貴人。貴人金印紫綬，奉不過粟數十斛。又置美人、宫人、采女三等，並無爵秩，歲時賞賜充給而已。"

[3]【今注】商估：商賈、商人。

[4]【李賢注】《三禮圖》曰："進賢冠，文官服之，前高七

寸，後高三寸，長八寸。”《續漢志》曰：“靈帝寵用便嬖子弟，轉相汲引，賣關内侯直五百萬。令長强者貪如豺狼（令，大德本作‘今’），弱者略不類物，實狗而冠也。”昌邑王見狗冠方山冠，龔遂曰：“王之左右皆狗而冠。”【今注】進賢冠：朝見皇帝的一種禮帽，文官和儒者所戴。本書《輿服志下》：“進賢冠，古緇布冠也，文儒者之服也。前高七寸，後高三寸，長八寸。公侯三梁，中二千石以下至博士兩梁，自博士以下至小史私學弟子，皆一梁。”

[5]【李賢注】《續漢志》曰：“驢者乃服重致遠，上下山谷，野人之所用耳，何有帝王君子而驂駕之乎！天意若曰，國且大亂，賢愚倒植，凡執政者皆如驢也。”【今注】轡：駕馭牲口用的嚼子和韁繩。 放效：仿效。

五年春正月辛未，大赦天下。

二月，大疫。

三月，司徒陳耽免。

夏四月，旱。

大常袁隗爲司徒。[1]

[1]【今注】案，大，紹興本、大德本、殿本作“太”。

五月庚申，永樂宫署災。[1]秋七月，有星孛于大微。[2]

[1]【李賢注】《續漢志》曰：“德陽前殿西北入門内永樂大后宫署災（大，紹興本、大德本、殿本作‘太’）。”【今注】永樂宫：皇太后所居宫名。西漢皇帝與太后分居未央宫和長樂宫，東漢沿稱太后所居之宫爲長樂宫。桓帝將其母孝崇皇后所居之宫改稱

永樂宫，靈帝亦將其母孝仁董皇后所居之宫稱爲永樂宫。本書卷一〇《皇后紀下》："（孝崇皇后）宫曰永樂……孝仁皇后居南宫嘉德殿，宫稱永樂。"《五行志二》："德陽前殿西北入門内永樂太后宫署火。"陳蘇鎮認爲，德陽殿在崇德殿東，"德陽前殿西北"就是崇德前殿之後，應是崇德後殿。是永樂太后先居南宫嘉德殿，後遷北宫崇德殿，兩殿都在"西宫"。（參見陳蘇鎮《東漢的"東宫"與"西宫"》，《"中研院"史語所集刊》第89本第3分，2018年）

［2］【今注】大微：太微垣，星座名。爲三垣之一，是三垣的上垣，位於紫微垣之下的東北方、北斗之南。大，紹興本、大德本、殿本作"太"。

巴郡板楯蠻詣太守曹謙降。

癸酉，令繫囚罪未決，入縑贖。

八月，起四百尺觀於阿亭道。[1]

［1］【今注】觀：一種高臺建築。

冬十月，太尉許馘罷，太常楊賜爲太尉。

校獵上林苑，[1]歷函谷關，[2]遂巡狩于廣成苑。[3]十二月，還，幸太學。[4]

［1］【今注】校獵：打獵。《漢書》卷一〇《成帝紀》："冬，行幸長楊宫，從胡客大校獵。"顔師古注："校，謂以木自相貫穿爲闌校耳……校獵者，大爲闌校以遮禽獸而獵取也。"　上林苑：苑名。秦都咸陽時置，在今陜西西安市西渭水以南、終南山以北。秦惠文王時即開始興建。至秦始皇時，先後在上林苑中修建了朝宫和宏偉壯麗的阿房宫前殿，還修建了大量的離宫别館。西漢初荒廢。

武帝時復加拓展，周圍擴至二百餘里。

［2］【今注】函谷關：關名。戰國秦置，在今河南靈寶市東北三十里。西漢武帝元鼎三年（前114）徙函谷關於新安（今河南澠池縣東），以故關爲弘農縣。現僅存關門。

［3］【今注】巡狩：又作“巡守”。古代天子巡察諸侯所守之疆土的一種禮制，秦漢時期指皇帝出行視察郡國。　廣成苑：苑名。亦作“廣城苑”。西漢置。在今河南汝州市西。

［4］【今注】幸：古稱帝王到達某地爲“幸”。蔡邕《獨斷》卷上：“（天子）所至曰‘幸’……幸者，宜幸也，世俗謂幸爲僥倖。車駕所至，臣民被其德澤以僥倖，故曰幸也。”

六年春正月，日南徼外國重譯貢獻。

二月，復長陵縣，[1]比豐、沛。[2]三月辛未，大赦天下。

［1］【今注】復：指免除賦稅、徭役等。　長陵縣：治所在今陝西咸陽市東北。

［2］【今注】豐：縣名。治所在今江蘇豐縣。　沛：縣名。治所在今江蘇沛縣。

夏，大旱。

秋，金城河水溢。[1]五原山岸崩。[2]

［1］【今注】金城：郡名。治允吾縣（今甘肅永靖縣西北）。

［2］【今注】五原：郡名。治九原縣（今内蒙古包頭市西）。

始置圃囿署，以宦者爲令。[1]

[1]【今注】圃囿署：官署名。東漢靈帝時置，以宦者爲令，掌圃囿的種植和管理。

冬，東海、東萊、琅邪井中冰厚尺餘。[1]

[1]【今注】東海：郡名。治郯縣（今山東郯城縣西北）。案，中華本校勘記謂，"《校補》引錢大昭説，謂《續五行志》'東海'作'北海'"。　琅邪：國名。亦作"瑯邪"。治開陽縣（今山東臨沂市北）。

大有年。[1]

[1]【今注】案，王先謙《後漢書集解》引惠棟曰："《考異》云：今年夏大旱，縱使秋成，亦不得爲大有年，雖書之，非實也。"年，穀物成熟。《説文》："穀孰（熟）也。"

中平元年春二月，[1]鉅鹿人張角自稱"黄天"，[2]其部師有三十六萬，皆著黄巾，同日反叛。[3]安平、甘陵人各執其王以應之。[4]

[1]【今注】中平：東漢靈帝劉宏年號（184—189）。

[2]【今注】鉅鹿：郡名。又作"巨鹿"。治巨鹿縣（今河北平鄉縣西南）。　張角：鉅鹿人。奉事黄老，創太平道，自稱"大賢良師"。東漢靈帝時，借治病傳教，十餘年間，徒衆達數十萬人，遍及青、徐、幽、冀、荆、揚、兖、豫八州。中平元年起義，稱天公將軍，提出"蒼天已死，黄天當立"，以頭纏黄巾爲標志，稱"黄巾軍"。與弟張梁率幽、冀兩州黄巾軍，擊破北中郎將盧植、東

中郎將董卓。旋病死。

［3］【李賢注】《續漢書》曰："三十六萬餘人。"【今注】案，王先謙《後漢書集解》引官本《考證》曰："師當作帥，萬當作方。"惠棟曰："萬，《袁宏紀》作坊，今作萬，疑万字之誤。"中華本據此將"師"改爲"帥"，將"萬"改爲"方"。　同日反叛：指黄巾起義。東漢末年張角領導的農民起義。

［4］【李賢注】安平王續、甘陵王忠。【今注】安平：國名。治信都縣（今河北衡水市冀州區）。　甘陵：國名。東漢桓帝建和二年（148）改清河國置，治甘陵縣（今山東臨清市東北）。

三月戊申，以河南尹何進爲大將軍，[1]將兵屯都亭。置八關都尉官。[2]壬子，大赦天下黨人，還諸徙者，[3]唯張角不赦。詔公卿出馬、弩，舉列將子孫及吏民有明戰陣之略者，詣公車。遣北中郎將盧植討張角，[4]左中郎將皇甫嵩、右中郎將朱儁討潁川黄巾。[5]庚子，南陽黄巾張曼成攻殺郡守褚貢。[6]

［1］【今注】河南尹：官名。東漢光武帝建武十五年（39）置，爲京都雒陽所在之河南郡長官，秩二千石，有丞一員，爲其副貳。主掌京都事務。春行屬縣，勸農桑，振乏絶。秋冬案訊囚徒，平其罪法。歲終遣吏上計。並舉孝廉，典禁兵。　何進：字遂高，南陽宛（今河南南陽市卧龍區）人。妹爲靈帝皇后。傳見本書卷六九。

［2］【李賢注】都亭在洛陽。八關謂函谷、廣城、伊闕、大谷、轘轅、旋門、小平津、孟津也。【今注】都亭：秦漢"亭"之一種，與"鄉亭"相對，指城中之亭。"都亭"爲國都、郡縣治所及封國治所所在都會及城市裏亭的總稱。一個城市包括多個"都

亭”，如洛陽城内有十二條街，每街有一個都亭。都亭所在，置有“建鼓”，爲“召集號令”之所，又有亭舍，可供往來官吏及其家屬住宿之用。都亭又有比較牢固的建築，可駐軍，表明其地位衝要和面積寬廣，是軍事上的必争之地。都亭的周圍還有一片可供耕作的國有土地。(參見高敏《秦漢“都亭”考略》,《學術研究》1985年第5期)　八關都尉：官名合稱。東漢洛陽周圍的函谷、太谷、廣城、伊闕、轘轅、旋門、孟津、小平津諸關都尉的合稱。靈帝中平元年（184）二月，爆發了黄巾起義，三月，靈帝於上述八關置都尉，以加强京城雒陽的防衛。

[3]【李賢注】時中常侍吕彊言於帝曰：“當錮久積（當，紹興本、大德本、殿本作‘黨’，是），若與黄巾合謀，悔之無救。”帝懼，皆赦之。

[4]【今注】北中郎將：官名。掌帥軍征伐。東漢末置左、右、南、北四中郎將，皇甫嵩爲左中郎將，朱儁爲右中郎將，曹植爲南中郎將，盧植爲北中郎將。　盧植：字子幹，涿郡涿（今河北涿州市）人。東漢經學家。傳見本書卷六四。

[5]【今注】皇甫嵩：字義真，安定朝那（今寧夏彭陽縣東）人。傳見本書卷七一。

[6]【今注】張曼成：東漢人。黄巾起義將領。自稱“神上使”。靈帝中平元年（184）率南陽黄巾數萬殺郡守褚貢，屯軍宛城下。後爲南陽太守秦頡擊敗，戰死。其餘部十餘萬，據宛城達數月之久。

夏四月，太尉楊賜免，太僕弘農鄧盛爲太尉。[1]司空張濟罷，大司農張温爲司空。[2]

[1]【李賢注】盛字伯能。【今注】案，太僕，大德本作“大僕”。　鄧盛：字伯能，弘農人。東漢桓帝時曾任并州刺史，後遷

太僕。靈帝中平元年（184）四月，代楊賜爲太尉。中平二年五月，因久病罷免。

［2］【今注】大司農：官名。西漢武帝太初元年（前104）改大農令置。秩中二千石，列位諸卿。掌全國租賦收入和國家財政開支，凡百官俸禄、軍費、各級政府機構經費等由其支付，管理各地倉儲、水利，官府農業、手工業、商業的經營，調運貨物，管制物價等。（參見林甘泉主編《中國歷史大辭典·秦漢史》，第20頁）《漢書·百官公卿表上》："治粟内史，秦官，掌穀貨，有兩丞。景帝後元年更名大農令，武帝太初元年更名大司農。" 張温：字伯慎，南陽穰（今河南鄧州市）人。官至司隸校尉、太尉，封互鄉侯。曾爲董卓、孫堅、陶謙等人的上司，奉命討伐韓遂、邊章、北宮伯玉的叛亂，威震天下。董卓掌權後，以和袁術勾結的罪名將其殺害。

朱儁爲黄巾波才所敗。[1]

［1］【今注】波才：黄巾軍將領之一。東漢靈帝中平元年（184）起事於潁川，曾大敗朱儁軍，與皇甫嵩戰於長社，敗死。案，王先謙《後漢書集解》引《通鑑》胡注："案《姓譜》云：波，姓也。其先事王莽爲波水將軍，子孫以爲氏。"

侍中向栩、張鈞坐言宦者，下獄死。[1]

［1］【李賢注】時鈞上書曰："今斬常侍，懸其首於南郊以謝天下，即兵自消也。"帝以章示常侍，故下獄也。【今注】向栩：字甫興，河内朝歌（今河南淇縣）人。少爲書生，性卓詭不倫。東漢靈帝時拜趙相，遷侍中，侃然正色，百官憚之。時張角起義，栩上言不必興兵，以譏刺宦者。爲中常侍張讓所讒，下獄死。傳見本

書卷八一。　張鈞：東漢中山（今河北定州市）人。東漢靈帝時爲郎中（一説侍中）。中平元年（184），張角領導黄巾起義後，奏言角等作亂，其源皆由張讓等"十常侍"殘害百姓，宜斬"十常侍"以謝天下。靈帝以其書示常侍。張讓等反誣其學黄巾道。遂下獄，拷掠至死。（參見林甘泉主編《中國歷史大辭典·秦漢史》，第251頁）案，王先謙《後漢書集解》引惠棟曰："《袁宏紀》作'均'。"

汝南黄巾敗太守趙謙於邵陵。[1]廣陽黄巾殺幽州刺史郭勳及太守劉衛。[2]

[1]【李賢注】邵陵，縣名，屬汝南郡，故城在今豫州郾城縣東。【今注】汝南：郡名。治平輿縣（今河南平輿縣北）。　趙謙：字彦信，蜀郡成都（今四川成都市武侯區）人。趙典兄子。東漢靈帝中平三年（186）任汝南太守，參與鎮壓黄巾起義。後從光禄勳遷爲太尉。隨獻帝遷都長安，行車騎將軍事，轉爲前將軍。因擊白波黄巾軍有功，封郫侯。獻帝初平三年（192）爲司徒，復拜尚書令，旋卒。　邵陵：召陵。縣名。治所在今河南漯河市郾城區東。

[2]【今注】廣陽：郡名。治薊縣（今北京市西城區南）。

五月，皇甫嵩、朱儁復與波才等戰於長社，大破之。[1]

[1]【李賢注】長社，今許州縣也，故城在長葛縣西。【今注】長社：縣名。治所在今河南長葛市東北。

六月，南陽太守秦頡擊張曼成，[1]斬之。

[1]【今注】秦頡：字初起，南郡鄀縣（今湖北宜城市東南）人。東漢靈帝中平元年（184）三月，南陽黄巾張曼成攻殺太守褚貢。江夏都尉秦頡臨危受命，繼任南陽太守。六月，秦頡與荆州刺史徐璆聯合擊敗黄巾軍，斬殺張曼成。黄巾軍退守宛城，擁趙弘爲渠帥。秦頡、徐璆與朱儁合軍共一萬八千人圍宛城。十一月，朱儁聯軍先後斬殺趙弘、韓忠、孫夏等人，攻破宛城，平定黄巾軍。中平三年二月，江夏兵趙慈叛，攻破六縣，斬殺秦頡。據《水經注》載，秦頡墓在南郡宜城（今湖北宜城市東南），墓前有二碑。《隸釋》卷一七有《南陽太守秦頡碑》（參見洪适《隸釋》，第174頁）。案，王先謙《後漢書集解》引惠棟曰："《水經注》：頡，鄀人也。以江夏都尉出爲南陽太守。習鑿齒《襄陽耆舊記》曰：頡字初起。"

交阯屯兵執刺史及合浦太守來達，[1]自稱"柱天將軍"，遣交阯刺史賈琮討平之。[2]

[1]【今注】達：傳達，告知。

[2]【今注】賈琮：字孟堅，東郡聊城（今山東聊城市西北）人。傳見本書卷三一。

皇甫嵩、朱儁大破汝南黄巾於西華。[1]詔嵩討東郡，[2]朱儁討南陽。盧植破黄巾，圍張角於廣宗。[3]宦官誣奏植，抵罪。[4]遣中郎將董卓攻張角，[5]不剋。[6]

[1]【李賢注】西華，縣，屬汝南郡，在今陳州項城縣西（在，紹興本、大德本、殿本作"故城在"）。【今注】西華：縣名。治所在今河南西華縣西。

［2］【今注】東郡：治濮陽縣（今河南濮陽市華龍區西南）。

［3］【今注】廣宗：縣名。治所在今河北威縣東。

［4］【李賢注】植連破張角，垂當拔之，小黄門左豐言於帝曰："盧中郎固壘息軍，以待天誅。"帝怒，遂檻車徵植，減死一等。【今注】案，大德本無"奏"字。

［5］【今注】中郎將：官名。秦和西漢時本爲中郎長官，秩比二千石，隸屬郎中令（光禄勳）。職掌宮禁宿衛，隨行護駕，亦常奉詔出使，職位清要。後又設五官、左、右中郎將分領中郎、常侍侍郎、謁者。期門（虎賁）、羽林郎等亦專設中郎將統領。其職多由外戚及親近官員擔任，加中朝官號。東漢省併郎署，中郎、侍郎、郎中悉歸五官、左、右三署，作爲後備官員。五官、左、右中郎將仍隸光禄勳，職掌訓練考核選拔郎官。宮禁宿衛侍從之職歸虎賁、羽林中郎將。别設使匈奴中郎將管理南匈奴事務。亦有單稱中郎將者。〔參見吕宗力主編《中國歷代官制大辭典》（修訂版），第156頁〕　董卓：字仲穎，隴西臨洮（今甘肅岷縣）人。傳見本書卷七二。

［6］【今注】剋：戰勝。

洛陽女子生兒，兩頭共身。[1]

［1］【李賢注】《續漢志》曰："上西門外女子生兒，兩頭，異肩共胸，以爲不祥，墮地棄之。其後政在私門，上下無别，二頭之象（二，大德本、殿本作'兩'）。"

秋七月，巴郡妖巫張脩反，寇郡縣。[1]

［1］【李賢注】《劉艾紀》曰："時巴郡巫人張脩療病，愈者雇以米五斗（雇，大德本作'顧'；米五斗，大德本、殿本作

‘五斗米’），號爲‘五斗米師’。”【今注】張脩：漢中（今屬陝西）人。本爲天師道首領。東漢靈帝中平元年（184）黄巾大起義時，曾在巴郡（今重慶嘉陵江北岸）組織農民起義，後歸益州牧劉焉，任别部司馬，與張魯攻殺漢中太守蘇固。不久爲張魯所殺。一説天師道首領的張脩與曾任别部司馬的張脩爲兩人。案，王先謙《後漢書集解》引惠棟曰：“《考異》云：裴松之以爲張脩應是張衡。案《張魯傳》：祖父陵、父衡，皆爲五斗米道。衡死，魯復行之。劉焉司馬張脩與魯同擊漢中，魯襲殺脩，非其父也。”

河南尹徐灌下獄死。

八月，皇甫嵩與黄巾戰於倉亭，獲其帥。[1]

[1]【李賢注】其帥，卜巳也。倉亭在東郡。【今注】倉亭：津渡名。又作“蒼亭津”。在今山東陽穀縣北古黄河上。爲東漢、魏、晉時黄河下游重要渡口。

乙巳，詔皇甫嵩北討張角。

九月，安平王續有罪誅，國除。[1]

[1]【今注】安平王續：劉續，東漢宗室。桓帝元嘉元年（151）嗣安平王。爲黄巾軍所獲，囚於廣宗。後贖還，以不義被誅。

冬十月，皇甫嵩與黄巾賊戰於廣宗，獲張角弟梁。[1]角先死，乃戮其屍。[2]以皇甫嵩爲左車騎將軍。[3]十一月，皇甫嵩又破黄巾于下曲陽，[4]斬張角弟寶。[5]

［1］【今注】梁：張梁，鉅鹿郡（今河北寧晉縣）人。張角三弟。東漢靈帝中平元年（184）與張角、張寶起事，稱“人公將軍”。同年冬，與左中郎將皇甫嵩大戰於廣宗，遭皇甫嵩率軍夜襲，兵敗身死。

［2］【李賢注】發棺斷頭，傳送馬市。【今注】戮其屍：指侮辱尸體。“戮”，《説文》：“殺也。”“戮”並非一般的殺，而是帶有侮辱性的殺。《周禮·掌戮》鄭玄注：“戮猶辱也，既斬殺又辱之。”“戮”作爲一種刑罰，包括“生戮”和“戮尸”兩種類别，睡虎地秦簡《法律答問》：“譽適（敵）以恐衆心者，翏（戮）。翏（戮）者可（何）如？生翏（戮），翏（戮）之已乃斬之之謂也。”（參見睡虎地秦墓竹簡整理小組《睡虎地秦墓竹簡》，第105頁）“生戮”即對犯人進行侮辱，然後斬殺。侮辱的方式是將生者示衆。“戮尸”指對犯人斬殺後，對尸體進行侮辱。侮辱的方式是“陳尸於市”，即將尸體示衆。“戮”一般不作爲法定刑存在，而是一種爲了泄憤、報復、震懾等而采用的非常措施。

［3］【今注】左車騎將軍：官名。東漢末及三國蜀後主時均曾分置車騎將軍爲左、右，爲領兵武職。

［4］【今注】下曲陽：縣名。治所在今河北晉州市西北。

［5］【今注】寶：張寶，鉅鹿人。張角二弟。東漢靈帝中平元年與張角、張梁起事，稱“地公將軍”。同年張梁在廣宗戰死後，寶率領黄巾軍在下曲陽抗擊漢將皇甫嵩，戰敗身死。

湟中義從胡北宮伯玉與先零羌叛，[1]以金城人邊章、韓遂爲軍帥，[2]攻殺護羌校尉伶徵、金城太守陳懿。[3]

［1］【今注】湟中義從胡：東漢時湟水流域小月氏人和盧水胡人之一部。章帝章和二年（88），鄧訓任護羌校尉，收養湟中月氏、

盧水諸胡中少年健勇者以爲義從，稱湟中義從胡。　北宫伯玉：金城人。東漢末年羌胡首領，涼州割據軍閥之一。靈帝中平元年（184），回應太平道首領張角的黄巾起義，聯合西涼土豪宋楊等人發動叛亂，脅迫韓遂、邊章等人入伙，推舉邊章爲主。打敗車騎將軍皇甫嵩及西中郎將董卓征討，擁有十萬之衆。中平四年，韓遂發動兵變，將其殺死。宫伯玉，大德本作“宫玉”。

［2］【今注】邊章：金城人。始與同郡韓遂有名於西州。爲督軍從事。漢末與遂等欲除諸閹而事未成。靈帝中平元年冬，涼州胡人北宫伯玉等率漢、羌等族起兵，擁章、遂主軍政。尋病卒。　韓遂：字文約，金城人。本西涼豪强。東漢靈帝中平元年嘗説何進誅諸宦官，進未從。北宫伯玉等起事，奉邊章、韓遂爲軍主攻殺金城太守，割據一方。邊章卒，推遂爲主。獻帝興平元年（194）與馬騰率軍與郭汜、樊稠戰於長平觀，敗績。獻帝建安時其軍力擴展至關中，建安七年（202）曹操方用兵河北，乃表遂爲征西將軍以緩其進。建安十六年與馬超合軍戰操於渭南，敗走西涼。未幾爲部將所殺。

［3］【李賢注】伶，姓也，周有大夫伶州鳩。

癸巳，朱儁拔宛城，[1]斬黄巾别帥孫夏。[2]

［1］【今注】宛城：宛縣。南陽郡治。治所在今河南南陽市卧龍區。

［2］【今注】孫夏：南陽黄巾軍首領。東漢靈帝中平元年（184）黄巾起義，張曼成起兵數萬，攻占宛城。後主帥張曼成、趙弘、韓忠相繼陣亡，餘部擁孫夏爲帥，退守宛城，城破，逃至西鄂精山，復爲朱儁攻破，孫夏等萬餘人戰死。

詔減太官珍羞，[1]御食一肉；厩馬非郊祭之用，[2]

悉出給軍。[3]

［1］【今注】太官：官署名。掌帝王飲食宴會等。屬少府，有令、丞。本書《百官志三》："太官令一人，六百石。本注曰：掌御飲食。左丞、甘丞、湯官丞、果丞各一人。本注曰：左丞主飲食。甘丞主膳具。湯官丞主酒。果丞主果。"　珍羞：珍奇名貴的食物。

［2］【今注】郊祭：古代帝王祭祀天地之禮，是規格最高的一種祭禮。因祭祀場所設於城郊，故稱郊祀。先秦時代即存在郊祭，爲祭天之禮。秦在雍地設立祭天之所，稱四畤，祭白、青、黄、赤四帝。西漢武帝於長安東南郊立天神泰一和五帝祠，又在汾陰立地神后土祠。成帝、哀帝時期，匡衡等人對郊祀進行改革，在長安城南郊祭天、北郊祭地。平帝元始五年（5），王莽提出一套完備的南郊郊祀方案，稱爲"元始儀"。東漢光武帝繼承"元始儀"，在洛陽城南七里建南郊壇祭天，配祀高祖，在洛陽城北四里建北郊壇，配祀薄太后，南北郊祀制度確立。南郊壇是圓形的圜丘，北郊壇是正方形的方丘。東漢南郊祭天爲每年一次，在正月第一個辛日或丁日舉行，並於次日舉行北郊、明堂、高廟等祭祀。〔參見田天《秦漢國家祭祀史稿》，生活·讀書·新知三聯書店 2015 年版；［日］金子脩一著，肖聖中等譯《古代中國與皇帝祭祀》〕

［3］【今注】悉：皆。

十二月己巳，大赦天下，改元中平。

是歲，下邳王意薨，無子，國除。[1]郡國生異草，備龍蛇鳥獸之形。[2]

［1］【今注】案，王先謙《後漢書集解》引錢大昕曰："《下邳王衍傳》：中平元年，意薨，子哀王宜嗣，數月薨，無子，建安十一年國除。是意亦有子。"下邳王意，即劉意。下邳王惠王劉衍孫，

下邳貞王劉成子，嗣王位。東漢靈帝中平元年（184），黄巾起義，棄國逃走。後黄巾平定，復國，數月薨。立五十七年，年九十。子哀王宜嗣，數月薨，無子，獻帝建安十一年（206）國除。詳見本書卷五〇《孝明八王傳》。

［2］【李賢注】《風俗通》曰："亦作人狀，操持兵弩，一一備具。"《續漢志》曰（大德本無"曰"字）："龍蛇鳥獸，其狀毛羽頭目足翅皆具。是歲黄巾賊起，漢遂微弱。"【今注】備：具備。

二年春正月，大疫。

琅邪王據薨。[1]

［1］【今注】琅邪王據：劉據。琅邪貞王尊子，嗣王位，立四十七年薨，謚號"安"，子容嗣。詳見本書卷四二《光武十王傳》。

二月己酉，南宫大災，火半月乃滅。[1]己亥，廣陽門外屋自壞。[2]

［1］【李賢注】《續漢志》曰："時燒靈臺殿、樂成殿，延及北闕度道，西燒嘉德、和驩殿。"

［2］【李賢注】洛陽城西面南頭門也。【今注】案，王先謙《後漢書集解》引錢大昕曰："《五行志》作'癸亥'。予以四分術推得，是年二月庚子朔，不得有己亥日，紀誤。"　廣陽門：東漢洛陽城十二城門之一，爲西面南門。

税天下田，畝十錢。[1]

［1］【李賢注】以修宫室。

黑山賊張牛角等十餘輩並起，[1]所在寇鈔。[2]

［1］【今注】黑山：指黑山軍，東漢末年農民起義軍的一支。黄巾主力被鎮壓後，冀州地區農民又相繼起義，大部二三萬人，小部六七千人，各部自立名號。其中以博陵（今河北蠡縣南）張牛角和常山（今河北元氏縣西北）褚燕所部勢力較大。張牛角犧牲後，其衆奉褚燕爲帥。褚燕改姓張，因勇敢敏捷，軍中號曰“飛燕”。部衆發展至百萬，號黑山軍。各部先後被袁紹消滅，張飛燕歸降曹操。　張牛角：東漢末黑山農民起義領袖。博陵（今河北蠡縣南）人。靈帝中平二年（185）起義，稱將兵從事。不久，與褚燕領導的起義軍會合，被推爲首領。在進攻癭陶（今河北寧晉縣西南）時，中箭死。

［2］【今注】寇鈔：亦作“寇抄”。劫掠。

司徒袁隗免。三月，廷尉崔烈爲司徒。[1]

［1］【今注】廷尉：官名。秦漢中央最高司法審判機構長官。秩中二千石，列位九卿。主要審理皇帝交辦的詔獄案件和地方上讞或上請的案件，亦負責修訂、編纂律令等。《漢書·百官公卿表上》：“廷尉，秦官，掌刑辟，有正、左右監，秩皆千石。景帝中六年更名大理，武帝建元四年復爲廷尉。宣帝地節三年初置左右平，秩皆六百石。哀帝元壽二年復爲大理。王莽改曰作士。”　崔烈：涿郡安平（今河北安平縣）人。歷位郡守、九卿，被譽爲冀州“名士”。東漢靈帝於鴻都門公開鬻官，他乃入錢五百萬，得爲司徒，遷太尉。時人鄙之，譏其銅臭，以此聲譽衰減。董卓部將李傕等攻陷長安時，爲亂兵所殺。

北宫伯玉等寇三輔，遣左車騎將軍皇甫嵩討之，不剋。

夏四月庚戌，大風，雨雹。

五月，太尉鄧盛罷，大僕河南張延爲太尉。[1]

[1]【李賢注】延字公威，歆之子。【今注】案，大僕，紹興本、大德本、殿本作“太僕”。河南張延，王先謙《後漢書集解》引惠棟曰：“延，河内人，誤作河南。”中華本據此將“河南”改爲“河内”。張延，字公威，河内修武（今河南獲嘉縣）人，司徒張歆之子。東漢靈帝中平二年（185）五月爲太尉。三年春二月罷。後爲宦官誣陷，下獄死。

秋七月，三輔螟。

左車騎將軍皇甫嵩免。八月，以司空張温爲車騎將軍，討北宫伯玉。九月，特進楊賜爲司空。[1]冬十月庚寅，[2]司空揚賜薨，光禄大夫許相爲司空。[3]

[1]【今注】特進：官名。始設於西漢末年，授予列侯中有特殊地位的人，位在三公下。東漢至南北朝時僅爲加官，無實職。

[2]【今注】案，王先謙《後漢書集解》引錢大昕曰：“以四分術推，是月丙申朔，無庚寅，庚寅乃九月二十四日也。月、日必有一誤。”中華本校勘記謂，《楊賜傳》云二年九月復代張温爲司空，其月薨，則《紀》作“十月”，誤也。

[3]【李賢注】相字公弼，平輿人，許訓之子。【今注】案，揚，紹興本、大德本、殿本作“楊”。曹金華《後漢書稽疑》謂，“光禄大夫”，《後漢紀》卷二五作“光禄勳”，與此不同（第168頁）。 許相：字公弼，汝南平輿（今河南平輿縣北）人。以諂事宦官，東漢靈帝中平二年（185）爲司空，四年爲司徒。少帝時大

將軍何進爲中常侍張讓等所殺，以相爲河南尹，又爲司隸校尉。司隸校尉袁紹勒兵殺宦官與相等。

前司徒陳耽、諫議大夫劉陶坐直言，[1]下獄死。

[1]【今注】諫議大夫：官名。掌顧問應對，唯詔令所使。東漢光武帝改諫大夫置，秩六百石，隸屬於光禄勳。（參見林甘泉主編《中國歷史大辭典·秦漢史》，第403頁）本書《百官志二》："諫議大夫，六百石。本注曰：無員。"

十一月，張温破北宫伯玉於美陽，[1]因遣盪寇將軍周慎追擊之，[2]圍榆中；[3]又遣中郎將董卓討先零羌。慎、卓並不克。

[1]【今注】美陽：縣名。治所在今陝西武功縣西北。

[2]【今注】盪寇將軍：官名。東漢末置，爲雜號將軍，統兵出征。

[3]【李賢注】縣名，故城在今蘭州金城縣東也。【今注】榆中：縣名。治所在今甘肅榆中縣西北。

鮮卑寇幽、并二州。

是歲，造萬金堂於西園。洛陽民生兒，兩頭四臂。[1]

[1]【今注】案，四，殿本作"肆"。

三年春二月，江夏兵趙慈反，[1]殺南陽太守秦頡。

［1］【今注】江夏：郡名。治西陵縣（今湖北武漢市新洲區西）。

庚戌，大赦天下。

太尉張延罷。車騎將軍張温爲太尉，中常侍趙忠爲車騎將軍。[1]

［1］【今注】趙忠：安平國（今河北衡水市冀州區）人。宦官。東漢桓帝、靈帝時期歷任小黄門、中常侍。曾參與誅殺朝臣梁冀、何進，是專權朝政的主要宦官之一。後被袁紹所殺。

復修玉堂殿，鑄銅人四，黄鍾四，[1]及天禄、蝦蟆，又鑄四出文錢。[2]

［1］【李賢注】其音中黄鍾也。子爲黄鍾。

［2］【李賢注】天禄，獸也。時使掖廷令畢嵐鑄銅人，烈於倉龍（烈，紹興本、大德本、殿本作“列”，底本或誤；倉，殿本作“蒼”）、玄武闕外，鍾懸於玉堂及雲臺殿前，天禄、蝦蟆吐水於平門外。事具《宦者傳》。案：今鄧州南陽縣北有宗資碑，旁有兩石獸，鐫其膊一曰天禄，一曰辟邪。據此，即天禄、辟邪並獸名也。漢有天禄閣，亦因獸以立名。【今注】天禄：又作“天鹿”。上古傳説中的一種有翼神獸，與“辟邪”同類，“一角者或爲天鹿，兩角者或爲辟邪”。李賢所見南陽宗資墓前的天禄和辟邪，現移立於南陽漢畫館。天禄身高 165 釐米，長 220 釐米，右前腿刻有漢隸“天禄”二字。辟邪身高 165 釐米，長 235 釐米，其右前腿刻有“辟邪”二字，現已漫漶不清。（參見孫照金《南陽漢代雕塑天禄、辟邪的藝術特色》，《中原文物》2005 年第 4 期）　四出文

錢：東漢鑄幣，銅質。因錢幣背面有四道斜文，由穿孔四角直達邊緣，故稱。爲五銖錢的一種。王先謙《後漢書集解》引惠棟曰："《獻帝春秋》曰：靈帝作錢，猶五銖，面有四道，連於邊輪，識者以爲妖。竊言錢有四道，京師將破壞，此錢四出散於四方乎？還如其言。"

五月壬辰晦，日有食之。

六月，荆州刺史王敏討趙慈，[1]斬之。

[1]【今注】荆州：西漢武帝時所置十三刺史部之一。轄境約當今湖北、湖南二省及河南、貴州、廣西、廣東等省區部分地。東漢時治漢壽縣（今湖南常德市東北）。

車騎將軍趙忠罷。

秋八月，懷陵上有雀萬數，悲鳴，因鬭相殺。[1]

[1]【李賢注】懷陵，沖帝陵也。《續漢志》曰："天戒若曰：諸懷爵禄而尊厚者，還自相害也。"【今注】懷陵：漢沖帝劉炳陵。在今河南洛陽市東北漢魏故城西北三十里鋪一帶。

冬十月，武陵蠻叛，[1]寇郡界，郡兵討破之。

[1]【今注】武陵蠻：漢時分布在武陵郡的少數民族。相傳爲槃瓠之後，有民族語言，稱首領爲"精夫"，彼此互呼"姎徒"。漢初設武陵郡，歲徵大人布一匹，小口二丈，是謂賨布。東漢時勢力轉盛。光武帝建武二十三年（47），首領相單程率衆據險，攻襲郡縣，次年占領臨沅（今湖南常德市西）。後在東漢大軍圍攻下，

飢困投降。章帝、和帝、順帝時，武陵蠻各部的鬭争時有發生，東漢政府對此除用武力鎮壓外，還采取以恩信招誘的辦法。詳見本書卷八六《南蠻西南夷傳》。（參見林甘泉主編《中國歷史大辭典·秦漢史》，第266頁）

前大尉張延爲宦人所譖，[1]下獄死。

[1]【今注】案，大尉，紹興本、大德本、殿本作“太尉”。譖：誣告、誣陷。

十二月，鮮卑寇幽并二州。

四年春正月己卯，大赦天下。

二月，滎陽賊殺中牟令。[1]

[1]【李賢注】中牟，今鄭州縣。劉艾紀曰：“令落皓及主簿潘業，臨陣不顧，皆被害。”【今注】滎陽：縣名。治所在今河南滎陽市東北。　中牟：縣名。治所在今河南中牟縣東。

己亥，南宫内殿罘罳自壞。[1]

[1]【李賢注】《前書音義》曰：“罘罳，連闕曲閣也，音浮思。”【今注】罘罳：亦作“罦罳”，設在門外或城角上的網狀建築，用以守望和防禦。《漢書》卷四《文帝紀》：“未央宫東闕罘罳災。”顔師古注：“罘罳，謂連闕曲閣也，以覆重刻垣墉之處，其形罘罳然，一曰屏也。”

三月，河南尹何苗討滎陽賊，[1]破之，拜苗爲車騎將軍。

［1］【今注】何苗：南陽宛（今河南南陽市卧龍區）人。何進弟。東漢靈帝時任河南尹，中平元年（184）黄巾起義爆發後，率軍鎮壓滎陽農民軍，拜車騎將軍。少帝立，與兄共領禁軍。光熹元年（189），何進謀誅宦官，苗屢爲宦官説情。進被宦官殺死後，遂與袁紹率軍入宮盡誅宦官趙忠等。旋爲何進部將吴匡所殺。

夏四月，涼州刺史耿鄙討金城賊韓遂，[1]鄙兵大敗，遂寇漢陽，[2]漢陽太守傅燮戰没。[3]扶風人馬騰、漢陽人王國並叛，[4]寇三輔。

［1］【今注】涼州：西漢武帝時所置十三刺史部之一。東漢時治隴縣（今甘肅張家川回族自治縣）。　耿鄙：東漢末涼州刺史。靈帝中平元年（184），涼州發生北宫伯玉叛亂，涼州名士邊章和韓遂加入叛軍。中平四年耿鄙接任涼州刺史，徵調涼州六郡兵馬討伐涼州叛軍。在率軍抵達隴西郡狄道縣（今甘肅臨洮縣）時，軍中發生内訌，被殺。　案，討，紹興本作“計”。

［2］【今注】漢陽：郡名。東漢明帝永平十七年（74）改天水郡置。治冀縣（今甘肅天水市西北）。

［3］【今注】傅燮：字南容，本字幼起，北地靈州（今寧夏靈武市北）人。傳見本書卷五八。　没：通“歿”。死。

［4］【今注】扶風：右扶風。西漢在京畿地區設置的政區，爲三輔之一。武帝太初元年（前104）改主爵都尉置，分右内史西半部爲轄區，因地屬畿輔，故不稱郡。治長安縣（今陝西西安市西北）。東漢沿置，移治槐里縣（今陝西興平市東南）。　馬騰：字壽成，扶風茂陵（今陝西興平市東北）人。東漢末涼州軍閥之一。初爲涼州刺史耿鄙軍司馬，參與鎮壓韓遂等涼州叛軍。耿鄙被部下

殺死後，馬騰加入叛軍，與王國、韓遂等在涼州共同反漢。獻帝初平二年（191）接受董卓的招安。興平元年（194）企圖連結朝臣誅殺權臣李傕、郭汜，但爲其所敗。其後與韓遂結爲異姓兄弟。建安十年（205）協助丞相曹操破張晟，斬殺張琰、衛固等人。後與韓遂不和，互相攻擊，直至建安十三年和解，並被漢廷封爲槐里侯。旋即入朝爲衛尉。建安十六年，馬騰之子馬超起兵對抗曹操。次年五月，馬騰與二子均爲曹操所殺。　王國：漢陽人，東漢末涼州軍閥之一。自稱合衆將軍，靈帝中平四年與韓遂、馬騰等反叛，被馬騰、韓遂推舉爲首領。中平五年十一月，王國包圍陳倉，靈帝派左將軍皇甫嵩督前將軍董卓各率二萬人前往抵抗。中平六年二月，王國圍陳倉已八十餘日，但因城池堅固，一直無法攻破。皇甫嵩趁機率軍追擊，大獲全勝，斬首一萬多級。韓遂等人遂共同廢掉王國。

太尉張温免，司徒崔烈爲太尉。五月，司空許相爲司徒，光禄勳沛國丁宫爲司空。[1]

[1]【李賢注】宫字元雄。【今注】丁宫：字元雄，沛國人。歷任交州刺史、光禄勳、司空、司徒、尚書。

六月，洛陽民生男，兩頭共身。[1]

[1]【李賢注】劉艾紀曰“上西門外劉倉妻生”也（王先謙《後漢書集解》引惠棟曰：“此中平元年六月壬申事，注誤引也”）。

漁陽人張純與同郡張舉舉兵叛，[1]攻殺右北平太守劉政、遼東太守楊終、護烏桓校尉公綦稠等。[2]舉兵自稱天子，[3]寇幽、冀二州。[4]

［1］【今注】張純：漁陽（今北京市懷柔區北房鎮梨園莊東）人，曾爲中山太守（一説爲中山相）。東漢靈帝中平四年（187），張温領導烏桓突騎三千人討伐涼州馬騰、韓遂等人。張純自薦爲將，遭張温拒絕。張純心生不滿，而烏桓三千騎兵却因爲糧餉問題逃回本部。張純趁機與張舉及烏桓丘力居等人叛亂。張純領軍劫略薊中，殺護烏桓校尉公綦稠、右北平太守劉政、遼東太守陽終等人，聚衆至十餘萬人，屯兵肥如，掠奪幽州、冀州。張純自稱彌天將軍、安定王。中平五年，朝廷派遣中郎將孟益率領騎都尉公孫瓚討伐張純等人，公孫瓚與張純戰於石門，初時公孫瓚大勝，但公孫瓚過於深入，後援無以爲繼，反爲丘力居等圍於遼西管子城二百餘日，公孫瓚糧盡，士兵潰散。中平六年，幽州牧劉虞懸賞通緝張純等人。丘力居因爲劉虞之名投降，張純爲門客王政所殺。　張舉：漁陽郡土豪，本爲泰山太守，因不獲張温重用而心生不忿。與張純等聯合發動叛亂，自稱爲天子，有武裝九千人。曾與孟益、公孫瓚等官軍展開激戰。後幽州牧劉虞懸賞通緝張純等人，張舉出奔塞外，自此下落不明。　案，王先謙《後漢書集解》引劉攽曰："按他處叛賊未嘗言'舉兵'者，當由其人名'舉'故衍。"　漁陽：郡名。治漁陽縣（今北京市懷柔區北房鎮梨園莊東）。

［2］【今注】右北平：郡名。治土垠縣（今河北唐山市豐潤區東）。　遼東：郡名。治襄平縣（今遼寧遼陽市）。　案，楊終，王先謙《後漢書集解》引惠棟曰："《水經注》作'楊紘'。"　公綦稠：東漢人。靈帝中平年間爲護烏桓校尉。前中山相張純與前泰山太守張舉舉兵叛，攻殺之。案，王先謙《後漢書集解》引錢大昕曰："《劉虞傳》作'綦稠'。"曹金華《後漢書稽疑》謂，《劉虞傳》作"護烏桓校尉綦稠"（第169頁）。

[3]【今注】案，王先謙《後漢書集解》引劉攽曰："張舉自稱天子，誤出一兵字。" 中華本據此刪"兵"字。

[4]【今注】冀：州名。西漢武帝時所置十三刺史部之一。東漢時治高邑縣（今河北柏鄉縣北），後移治鄴縣（今河北臨漳縣西南）。

秋九月丁酉，令天下繫囚罪未決，入縑贖。

冬十月，零陵人觀鵠[1]自稱"平天將軍"，寇桂陽，[2]長沙太守孫堅擊斬之。[3]

[1]【李賢注】觀，姓；鵠，名。【今注】零陵：郡名。治泉陵縣（今湖南永州市零陵區）。

[2]【今注】桂陽：郡名。治郴縣（今湖南郴州市北湖區）。

[3]【今注】孫堅：字文臺，吴郡富春（今浙江杭州市富陽區）人。少爲縣吏，東漢末，參與鎮壓許昌起義、黄巾起義。任長沙太守，借討伐董卓之機擴大武裝，被袁術任爲破虜將軍、豫州刺史。後奉術命率軍征討荆州劉表，爲表部將黄祖所殺。孫權稱帝，追謚武烈皇帝。傳見《三國志》卷四六。

十一月，太尉崔烈罷，大司農曹嵩爲太尉。[1]

[1]【今注】曹嵩：宦官曹騰養子，曹操父。初襲封騰爵，東漢靈帝時，曾納錢一億買太尉官。曹操起兵，不肯相隨。後避亂琅邪，被陶謙所殺。

十二月，休屠各胡叛。[1]

［1］【今注】休屠各胡：匈奴屠各部。亦作“休屠”“休屠各”“休著各胡”“休著屠各”“休屠各胡”。原爲西漢匈奴休屠王屬部降漢者。東漢末分布於武威、北地、五原、西河、并州等地。

是歲，賣關内侯，假金印紫綬，[1]傳世，入錢五百萬。

［1］【今注】金印紫綬：黄金印章和繫印的紫色綬帶。在印綬中級别最高。三公、前後左右將軍及六宫后妃所掌。

五年春正月，休屠各胡寇西河，[1]殺郡守邢紀。

［1］【今注】西河：郡名。治平定縣（今内蒙古准格爾旗西南），東漢順帝永和五年（140）徙治離石（今山西吕梁市離石區）。

丁酉，大赦天下。

二月，有星孛于紫宫。[1]

［1］【今注】紫宫：星座名。即紫微垣，古代“三垣”之一，位在北斗七星的東北方，東八顆，西七顆，各成列，似城墻護衛着北極星，故稱爲“紫宫”。本書《天文志下上》：“五年二月，彗星出奎，逆行入紫宫，後三出，六十餘日乃消……占曰：‘彗除紫宫，天下易主。’”

黄巾餘賊郭太等起於西河白波谷，[1]寇太原、河東。[2]

[1]【今注】郭太：東漢靈帝末年黄巾軍餘部首領。於河西白波谷聚衆復起，進據太原、河東等郡，有衆十餘萬，號白波軍。其首領楊奉、胡才、李樂、韓暹等人後降東漢，參加軍閥混戰。（參見林甘泉主編《中國歷史大辭典·秦漢史》，第128頁）王先謙《後漢書集解》引惠棟曰："'太'本作'泰'，范氏以家諱改也。" 白波谷：地名。在今山西襄汾縣西南永固鄉。

[2]【今注】太原：郡名。治晉陽（今山西太原市西南）。河東：郡名。治安邑縣（今山西夏縣西北）。

三月，休屠各胡攻殺并州刺史張懿，遂與南匈奴左部胡合，[1]殺其單于。

[1]【今注】案，曹金華《後漢書稽疑》謂，"左部"，《南匈奴傳》作"右部"（第169頁）。

夏四月，汝南葛陂黄巾攻没郡縣。[1]

[1]【李賢注】葛陂在今豫州新蔡縣西北。【今注】葛陂：湖泊名。在今河南新蔡縣西北。上承澺水（今洪河），東出爲鲖水、富水（今堙）等注入淮河。周圍三十里。今堙。 攻没：攻陷。

太尉曹嵩罷。五月，永樂少府樊陵爲太尉。[1]

[1]【李賢注】陵字德雲，胡陽人也（胡陽，中華本校勘記謂"陵，樊英之孫，《英傳》稱南陽魯陽人，此作'胡陽'，非"）。【今注】樊陵：字德雲，南陽魯陽（今河南魯山縣）人。樊英孫。嘗求爲李膺門徒，膺鄙之不受。以阿附宦官，位至太尉，

爲志節者所羞。後爲袁紹所殺。

六月丙寅，大風。

太尉樊陵罷。

益州黄巾馬相攻殺刺史郗儉，[1]自稱天子，又寇巴郡，殺郡守趙部，益州從事賈龍擊相，[2]斬之。

[1]【今注】益州：西漢武帝時所置十三刺史部之一。東漢時治雒縣（今四川廣漢市北）。靈帝中平中移治綿竹縣（今四川德陽市東北黄滸鎮），初平中復移治雒縣，興平中移治成都縣（今四川成都市）。　馬相：益州人。東漢靈帝中平五年（188）起事於綿竹，以黄巾名義號召，聚衆數千，進攻蜀郡、犍爲，旬月間有十餘萬衆，自稱天子。後爲益州從事賈龍鎮壓，被殺。

[2]【今注】從事：官名。漢代司隸及州部之屬吏。西漢武帝初置刺史，並無屬吏，往往臨時以郡中卒史爲從事。據《漢官儀》記載，元帝初，使丞相于定國條州大小設吏員，治中、别駕、諸部從事，秩皆百石，同諸郡從事。自此刺史纔設置從事作爲自己的固定屬吏。從事亦稱從事史，皆爲州部長官自辟。其種類有别駕從事、治中從事、簿曹從事、兵曹從事、部郡國從事等。其中别駕、治中從事是屬吏之長，别駕主刺史行部，别駕一車，主奉引，録衆事。治中居中治事，主衆曹文書。部郡國從事主所部一郡或一國，劾治所部郡縣官吏。其他從事各主本曹或本類事務。（參見安作璋、熊鐵基《秦漢官制史稿》，第522—527頁；楊鴻年《漢魏制度叢考》，第309—320頁）　賈龍：蜀郡（今四川成都市）人。歷官益州從事、校尉。曾統率家兵鎮壓州内馬相、趙祗起義軍，派吏卒迎劉焉入州。後與犍爲太守任岐起兵反對劉焉，兵敗被殺。

郡國七大水。[1]

［1］【今注】案，王先謙《後漢書集解》引惠棟曰：“按《袁山松書》：山陽、梁、沛、彭城、下邳、東海、琅邪七縣也。”

秋七月，射聲校尉馬日磾爲太尉。[1]

［1］【今注】射聲校尉：官名。西漢時八校尉之一。武帝時始置，秩二千石，位次列卿，屬官有丞、司馬等。領待詔射聲士，所掌爲常備精兵，屯戍京師，兼任征伐。東漢光武帝建武七年（31）省，十五年復置，爲五校尉之一，隸北軍中候。掌宿衛兵，屬官有司馬一員。舊有虎賁校尉掌輕車，亦省併射聲，故皇帝大駕、法駕出，則乘輕車隨行。當時五校尉所掌北軍五營爲京師主要的常備禁軍，故地位親要，官顯職閑，多以宗室外戚近臣充任。〔參見吕宗力《中國歷代官制大辭典》（修訂版），第750頁〕《漢書·百官公卿表上》：“射聲校尉掌待詔射聲士。”服虔曰：“工射者也。冥冥中聞聲則中之，因以名也。”應劭曰：“須詔所命而射，故曰待詔射也。”　馬日磾：字翁叔，扶風茂陵（今陝西興平市東北）人。馬融族子。少傳融業，以才學進。與楊彪、盧植、蔡邕等典校中書，歷位九卿，東漢獻帝時爲太傅。袁術欲逼爲軍師，恚恨而卒。

八月，初置西園八校尉。[1]

［1］【李賢注】樂資《山陽公載記》曰：“小黄門蹇碩爲上軍校尉，虎賁中郎將袁紹爲中軍校尉，屯騎校尉鮑鴻爲下軍校尉，議郎曹操爲典軍校尉，趙融爲助軍左校尉，馮芳爲助軍右校尉（馮芳，大德本作‘馬方’），諫議大夫夏牟爲左校尉，淳于瓊爲右校尉：凡八校（校，大德本、殿本作‘校尉’），皆統於蹇碩。”【今注】西園八校尉：官名合稱。東漢靈帝中平五年（188）初置，領西園軍，以鎮壓黄巾起義。

司徒許相罷，司空丁宫爲司徒。光禄勳南陽劉弘爲司空。[1]衛尉董重爲票騎將軍。[2]

［1］【李賢注】字子高，安衆人。【今注】劉弘：字子高，南陽安衆（今河南鄧州市東北）人。東漢末年司空，後被董卓擅自取代。

［2］【今注】董重：河間人。東漢靈帝母之兄子。靈帝即位後拜爲衛尉，封修侯。中平五年（188）爲驃騎將軍，領兵千餘人。次年，靈帝卒，何太后臨朝，爲清除董氏勢力，太后兄何進舉兵圍驃騎府收重，重在獄中自殺。　票騎將軍：將軍名。西漢武帝元狩二年（前121）始用霍去病爲驃騎將軍，與大將軍衛青秩級相同，皆可加大司馬稱號。東漢時爲重號將軍，地位僅次於大將軍，秩萬石，位比三公，地位尊崇。本書《百官志一》："將軍，不常置。本注曰：掌征伐背叛。比公者四：第一大將軍，次驃騎將軍，次車騎將軍，次衛將軍。又有前、後、左、右將軍。"案，票，大德本、殿本作"驃"。

九月，南單于叛，與白波賊寇河東。[1]遣中郎將孟益率騎都尉公孫瓚討漁陽賊張純等。[2]

［1］【今注】案，王先謙《後漢書集解》引惠棟曰："《考異》云《匈奴傳》六年帝崩之後，於扶羅乃與白波賊爲寇。《紀》誤。"

［2］【今注】騎都尉：官名。秦時稱"騎邦尉"，西安相家巷秦封泥有"騎邦尉印"，里耶秦簡更名方有"（改）騎邦尉爲騎尉"，張新超認爲"邦"當爲"都"字。秦漢之際，騎都尉開始出現於傳世文獻。騎都尉的主要職責是領兵作戰，其所率領的軍隊不一定爲騎兵。騎都尉無員，無固定職掌，不統兵時爲侍衛武官。宣帝時開始掌握禁衛軍中的羽林軍，又領西域都護。常作爲皇帝使者

領護河堤事，參與某些外交事務。因親近皇帝，多以侍中兼任。東漢時名義上隸光禄勳，秩比二千石。西漢時某些邊郡也設置騎都尉。東漢地方騎都尉消失，衹剩下中都官騎都尉。《漢書·百官公卿表上》："宣帝令中郎將、騎都尉監羽林，秩比二千石。"本書《百官志二》："騎都尉，比二千石。本注曰：無員。本監羽林騎。"（參見張新超《西漢騎都尉考》，《天水師範學院學報》2012年第1期；張新超《兩漢騎都尉續考——以東漢騎都尉爲中心》，《史林》2014年第5期）　公孫瓚：字伯珪，遼西令支（今河北遷安市西）人。傳見本書卷七三。

冬十月壬午，御殿後槐樹自拔倒豎。青、徐黄巾復起，[1]寇郡縣。

[1]【今注】案，中華本校勘記："熹平五年已書'冬十月壬午御殿後槐樹自拔倒豎'，此重出，且是年十月己酉朔，無壬午，今删。"　青：青州。西漢武帝時所置十三刺史部之一。東漢時治臨菑縣（今山東淄博市臨淄區北）。　徐：徐州。西漢武帝時所置十三刺史部之一。東漢時治郯縣（今山東郯城縣西北）。

甲子，帝自稱"無上將軍"，燿兵於平樂。[1]

[1]【李賢注】平樂觀在洛陽城西。【今注】燿兵：觀兵，檢閲軍隊，展示軍威。　平樂：平樂觀，宫觀名。在今河南洛陽市東漢、魏洛陽城西面北頭第一門上西門外。案，平樂，紹興本、大德本、殿本作"平樂觀"。

十一月，涼州賊王國圍陳倉，[1]右將軍皇甫嵩救之。[2]

［1］【今注】陳倉：縣名。治所在今陝西寶雞市東。

［2］【今注】右將軍：將軍名。漢時爲重號將軍之一，與前、左、後將軍並爲上卿，位次大將軍及驃騎、車騎、衛將軍，有兵事則典掌禁兵，戍衛京師，或任征伐。平時無具體職務，一般兼任他官，常加諸吏、散騎、給事中等號，成爲中朝官，宿衛皇帝左右，參與朝政。如加領尚書事銜則負責實際政務。不常置。案，曹金華《後漢書稽疑》認爲，"右將軍"當作"左將軍"（第170頁）。

遣下軍校尉鮑鴻討葛陂黄巾。[1]

［1］【今注】下軍校尉：官名。東漢靈帝中平五年（188）初置，以屯騎校尉鮑鴻任之，爲西園八校尉之一，統於小黄門上軍校尉蹇碩。　鮑鴻：東漢末年名將。靈帝中平元年任右扶風，隨董卓擊邊章、韓遂。遷屯騎校尉，爲西園八校尉之一。曾參加鎮壓黄巾起事。中平六年，因貪污軍餉，被豫州牧黄琬彈劾，下獄死。

巴郡板楯蠻叛，遣上軍别部司馬趙瑾討平之。[1]

［1］【今注】上軍别部司馬：軍官名。漢置，爲上軍校尉所屬的别部司馬，掌領兵作戰，是次於將軍和校尉的武官。校尉領本部大營，有時根據需要，分出一部分軍隊由司馬統帥，單立營寨，獨立作戰，統領這部軍隊的司馬，稱爲别部司馬。本書《百官志一》："其别營領屬爲别部司馬，其兵多少各隨時宜。"

公孫瓚與張純戰於石門，大破之。[1]

[1]【李賢注】時烏桓反叛，與賊張純等攻薊中，故瓚追擊之。石門，山名也（殿本無“也”字），在今營州西南（南，大德本作“門”）。【今注】石門：山名。在今遼寧朝陽縣西南。

是歲，改刺史，新置牧。[1]

[1]【今注】牧：州牧，官名。西漢武帝時分全國爲十三州部，各置刺史監察諸郡，秩六百石。成帝綏和元年（前8）更名州牧，秩二千石，位次九卿。哀帝建平二年（前5）復舊稱。元壽二年（前1）又改州牧。東漢復置刺史，秩六百石，仍掌監察。漸成爲州一級行政長官。靈帝中平五年（188）太常劉焉以四方多事，刺史威輕，建議改置州牧，選重臣以居其位。靈帝從之。州牧掌全州軍政大權，位高於郡守。（參見林甘泉主編《中國歷史大辭典·秦漢史》，第179頁）

六年春二月，左將軍皇甫嵩大破王國於陳倉。[1]

[1]【今注】左將軍：將軍名。重號將軍之一，與前、右、後將軍並位上卿，位次大將軍及驃騎、車騎、衛將軍。有兵事則典掌禁兵，戍衛京師，或任征伐。設長史、司馬等僚屬。平時無具體職務，一般兼任他官，常加諸吏、散騎、給事中等號，成爲中朝官，宿衛皇帝左右，參與朝議。如加領尚書事銜則負責實際政務。不常置。本書《百官志一》：“將軍，不常置。本注曰：掌征伐背叛。比公者四：第一大將軍。次驃騎將軍、次車騎將軍，次衛將軍。又有前後左右將軍。”

三月，幽州牧劉虞購斬漁陽賊張純。[1]

[1]【今注】劉虞：字伯安，東海郯（今山東郯城縣西北）人。出身宗室。傳見本書卷七三。　購：又稱“購賞”，秦漢法律術語。《説文》：“購，以財有所求也。”“購”表示“懸賞徵求”。

下軍校尉鮑鴻下獄死。

夏四月丙午朔，日有食之。

太尉馬日磾免，幽州牧劉虞爲太尉。

丙辰，帝崩于南宫嘉德殿，[1]年三十四。[2]戊午，皇子辯即皇帝位，年十七。[3]尊皇后曰皇太后，太后臨朝。大赦天下，改元爲光喜。[4]封皇弟協爲渤海王。[5]後將軍袁隗爲太傅，[6]與大將軍何進參録尚書事。上軍校尉蹇碩下獄。[7]五月辛巳，票騎將軍董重下獄死。[8]六月辛亥，孝仁皇后董氏崩。

[1]【今注】嘉德殿：東漢洛陽南宫宫殿名。在九龍門（因門有三銅柱，柱有三龍相糾繞得名）内，東漢中葉偶爾充當皇帝或太后的臨時活動場所。（參見宋傑《黄門與禁省——漢代皇帝宫内居住區域考辨》，《南都學壇》2020年第5期）

[2]【今注】案，三十四，中華本校勘記曰：“當作‘三十三’。張熷《讀史舉正》謂帝即位年十二，是年改元建寧，至此凡二十二年，時帝年三十三。”

[3]【今注】皇子辯：東漢少帝劉辯。靈帝與何皇后嫡長子，公元189年5月15日至189年9月28日在位。被董卓廢黜爲弘農王，後被董卓毒殺。王先謙《後漢書集解》引惠棟曰：“《考異》云張璠《漢紀》年十四。”

[4]【今注】光喜：東漢少帝劉辯年號（189）。喜，殿本作“熹”。

［5］【今注】皇弟協：東漢獻帝劉協，公元 189 年至 220 年在位。紀見本書卷九。

［6］【今注】後將軍：將軍名。漢代重號將軍之一，地位較高，與前、左、右將軍並位上卿，金印紫綬。位次大將軍及驃騎、車騎、衛將軍。有兵事則典掌禁兵，戍衛京師，或任征伐。平時無具體職務，一般兼任他官，常加諸吏、散騎、給事中等號，成爲中朝官，得宿衛皇帝左右，參與中朝朝議，決定國家大事。如加領尚書事銜則負責實際政務。不常置。本書《百官志一》："將軍，不常置。本注曰：掌征伐背叛。比公者四：第一大將軍，次驃騎將軍，次車騎將軍，次衛將軍。又有前、後、左、右將軍。"

［7］【李賢注】時蹇碩謀欲立渤海王協，發覺。【今注】上軍校尉：官名。東漢中平五年（188）初置，西園八校尉之一。靈帝以小黃門蹇碩任之，統餘七校尉。　蹇碩：東漢人。靈帝時宦官，任小黃門。中平五年任上軍校尉，爲西園八校尉之一。壯健有武略，爲元帥。靈帝死，受遺詔欲立劉協爲帝。外戚何進與皇太后先擁立皇子劉辯爲少帝，蹇碩典兵欲誅進，事泄被殺。　案，紹興本"獄"後有"死"字。

［8］【李賢注】董重，皇后之弟子也（王先謙《後漢書集解》引陳景雲曰："皇后上脱'孝仁'二字。據《皇后紀》當云'兄子'，注'弟子'亦誤"）。【今注】案，票，大德本、殿本作"驃"。

辛酉，葬孝靈皇帝于文陵。[1]

［1］【李賢注】在洛陽西北二十里（二，大德本、殿本作"三"），陵高十二丈，周回三百步。【今注】文陵：東漢靈帝劉宏陵。在今河南洛陽市東北漢魏故城西北。

雨水。

秋七月，甘陵王忠薨。[1]

[1]【今注】甘陵王忠：劉忠，甘陵貞王定子，嗣王位，曾爲國人所執，既而釋之。立十三年薨，謚號“獻”。嗣子爲黄巾所殺，無後，國除。詳見本書卷五五《章帝八王傳》。

庚寅，孝仁皇后歸葬河間慎陵。[1]

[1]【今注】河間慎陵：東漢靈帝之父劉萇陵墓，位於今河北獻縣城東南八千米的雙嶺村（參見王軍杉《敦陵、慎陵小議》，《文物春秋》1996 年第 1 期）。

徙渤海王協爲陳留王。司徒丁宫罷。

八月戊辰，中常侍張讓、段珪等殺大將軍何進，[1]於是虎賁中郎將袁術燒東西宫，[2]攻諸宦者。[3]庚午，張讓、段珪等劫少帝及陳留王幸北宫德陽殿。[4]何進部曲將吴匡與車騎將軍何苗戰於朱雀闕下，[5]苗敗斬之。辛未，司隸校尉袁紹勒兵收僞司隸校尉樊陵、河南尹許相及諸閹人，[6]無少長皆斬之。讓、珪等復劫少帝、陳留王走小平津。[7]尚書盧植追讓、珪等，[8]斬數人，其餘投河而死。[9]帝與陳留王協夜步逐熒光行數里，[10]得民家露車，[11]共乘之。

[1]【今注】張讓：潁川（今河南禹州市）人。宦官。傳見本書卷七八。　段珪：東漢靈帝時宦官，十常侍之一。中平六年

(189)，與張讓等謀殺大將軍何進，劫少帝及陳留王走小平津。爲閔貢追殺。

［2］【今注】虎賁中郎將：官名。漢置，爲光禄勳屬官，秩比二千石，掌虎賁宿衛，戰時領兵征伐。《漢書·百官公卿表上》："期門掌執兵送從，武帝建元三年初置……平帝元始元年更名虎賁郎，置中郎將，秩比二千石。"本書《百官志二》："虎賁中郎將，比二千石。本注曰：主虎賁宿衛。" 袁術：字公路，汝南汝陽（今河南商水縣西北）人。袁逢子，袁紹從弟。傳見本書卷七五。 東西宫：東漢洛陽城宫殿名。東漢有南宫和北宫，其中又各有"東宫"和"西宫"，構成四個相對獨立的建築群。南宫之"東宫"以雲臺殿爲前殿，其後有玉堂殿等建築。北宫之"東宫"以德陽殿爲前殿，其後有章德殿等建築。南宫之"西宫"以嘉德殿爲前殿，北宫之"西宫"以崇德殿爲前殿，其後也各有一組建築。東漢一朝，皇帝例居"東宫"，皇太后皆居"西宫"。（參見陳蘇鎮《東漢的"東宫"和"西宫"》，《"中研院"史語所集刊》第89本第3分，2018年）

［3］【今注】案，大德本無"諸"字。

［4］【今注】劫：脅迫。

［5］【今注】部曲：軍隊編制單位。本書《百官志一》："（大將軍）其領軍皆有部曲。大將軍營五部，部校尉一人，比二千石；軍司馬一人，比千石。部下有曲，曲有軍候一人，比六百石。曲下有屯，屯長一人，比二百石。"魏晉之後，"部曲"指地方豪强和將領的私人武裝，帶有人身依附性質。 朱雀闕：又稱"朱爵闕"。東漢雒陽北宫的南門，爲北宫的正門，因門前有雙闕，故稱"闕門"，因公車機構設於此，故歸公車司馬令管理（參見陳蘇鎮《東漢的南宫和北宫》，《文史》2018年第1輯）。

［6］【今注】袁紹：字本初，汝南汝陽（今河南商水縣西北）人。傳見本書卷七四上。

［7］【李賢注】小平津在今鞏縣西北。《續漢志》曰："時京

師童謡曰‘侯非侯，王非王，千乘萬騎上北邙。’案獻帝未有爵號，爲段珪等所執，公卿百官皆隨其後（官，大德本作‘僚’），到河上乃得還。”【今注】小平津：津渡名。又作“河陽津”。在今河南孟津縣東北。爲古代黄河重要渡口。東漢靈帝中平元年爲鎮壓黄巾起義，在津上置關戍守，爲“八關”之一。

[8]【今注】尚書：官名。屬少府，秩六百石，爲低級官員，在殿中主發布文書。秦及漢初與尚冠、尚衣、尚食、尚浴、尚席，合稱“六尚”。西漢武帝時，選拔尚書、侍中組成“中朝”（或稱内朝），成爲實際上的中央決策機關，因係近臣，地位漸高。成帝時設尚書五人，開始分曹辦事，群臣章奏都經尚書；到東漢，尚書成爲協助皇帝處理政務的官員。本書《百官志一》：“尚書六人，六百石。本注曰：成帝初署尚書四人，分爲四曹：常侍曹尚書主公卿事，二千石曹尚書主郡國二千石事，民曹尚書主凡吏上書事，客曹尚書主外國夷狄事。”

[9]【李賢注】《獻帝春秋》曰：“河南中部掾閔貢見天子出，率騎追之，北到河上（北，王先謙《後漢書集解》：‘《御覽》引《獻帝春秋》曰：“比曉到河上。”注脱“曉”字，復誤“比”爲“北”也。’中華本據此將‘北’改爲‘比曉’）。天子飢渴，貢宰羊進之，厲聲責讓等曰：‘君以閹宦之隸，刀鋸之殘，越從洿泥，扶侍日月，賣弄國恩，階賤爲貴，劫迫帝主（主，大德本、殿本作“王”，底本誤），蕩覆王室，假息漏刻，遊魂河津。自亡新以來，姦臣賊子未有如君者。今不速死，吾射殺汝。’讓等惶怖，叉手再拜叩頭，向天子辭曰：‘臣等死，陛下自愛。’遂投河而死（殿本無“而”字）。”

[10]【今注】熒光：微弱的亮光。一作“螢光”。

[11]【今注】露車：無帷蓋之車。王先謙《後漢書集解》引《通鑑》胡注：“露車者，上無巾蓋，四旁無帷裳，蓋民家以載物者耳。”

辛未，還宮。[1]大赦天下，改光喜爲昭寧。[2]

［1］【今注】案，王先謙《後漢書集解》引陳景雲曰："上文已書'辛未'，不應複書。"

［2］【今注】案，喜，殿本作"熹"。　昭寧：東漢少帝劉辯年號（189）。

并州牧董卓殺執金吾丁原。[1]司空劉弘免，董卓自爲司空。

［1］【今注】丁原：字建陽，泰山南城（今山東費縣西南）人。爲人粗略，有武勇，善騎射。東漢靈帝中平五年（188）任并州刺史。中平六年，靈帝崩，原受何進召，將兵詣洛陽，謀誅宦官，爲執金吾。進敗，爲董卓親信吕布所殺。

九月甲戌，董卓廢帝爲弘農王。

自六月雨，至于是月。

論曰：《秦本紀》説趙高譎二世，指鹿爲馬，[1]而趙忠、張讓亦紿靈帝不得登高臨觀，[2]故知亡敝者同其致矣。然則靈帝之爲靈也優哉！[3]

［1］【李賢注】《史記》曰，趙高欲爲亂，恐群臣不聽，乃先設驗。持鹿獻胡亥曰："馬也。"胡亥曰："丞相誤也。"以問群臣，左右或言馬，或言鹿者高皆陰法中之，自此左右不敢言之也。【今注】趙高：秦人。先世爲趙國貴族，父母有罪，没入秦宫，爲宦官。通獄法，任中車府令，兼行符璽令事。始皇卒，他與李斯僞造詔書，逼始皇長子扶蘇自殺，立胡亥爲二世皇帝。任郎中令，居中

用事，誅戮宗室大臣。陳勝、吴廣起義後，又誣殺李斯，爲中丞相，封武安侯。陰謀作亂，於朝指鹿爲馬，凡不阿從者皆藉故誅除之。劉邦率軍入關，高殺二世，立子嬰。卒爲子嬰所殺。作《爰歷篇》，今佚。　譎：欺詐。　二世：秦二世，姓嬴名胡亥。秦始皇少子。公元前210年始皇病死沙丘，他與趙高及丞相李斯陰謀篡改遺詔而即位。賜死公子扶蘇和大將蒙恬，繼續大興土木，修阿房宫，加重對人民的賦税徭役剥削，刑罰更加酷烈。公元前209年，爆發陳勝、吴廣領導的農民大起義，不久爲趙高逼迫自殺。

[2]【李賢注】時宦官並起弟宅（弟，紹興本、大德本、殿本作“第”，底本誤），擬則宫室。帝嘗登永安候臺（嘗，大德本、殿本作“常”），宦官恐望見之，乃使趙忠等諫曰：“人君不當登高，登高則百姓散離。”自是不敢復登臺榭。見《宦者傳》（宦者，大德本、殿本作“宦官”）。【今注】紿：通“詒”。欺騙。

[3]【今注】優：優待、寬待。

贊曰：靈帝負乘，委體宦孽。[1]徵亡備兆，《小雅》盡缺。[2]麋鹿霜露，遂棲宫衛。[3]

[1]【李賢注】《易》曰：“負且乘，致寇至（至，大德本作‘主’）。”言帝以小人而乘君子之器。

[2]【李賢注】《詩·小雅》曰：“《小雅》廢，則四夷交侵，中國微矣。”缺亦廢也。

[3]【李賢注】《史記》曰，伍子胥諫吴王，吴王不聽，子胥曰：“臣今見麋鹿遊于姑蘇之臺，官中生荆棘，露沾衣也。”言帝爲政貪亂，任寄不得其人，尋以獻帝遷播，洛陽丘墟，故麋鹿棲官衛也（官，紹興本、大德本、殿本作“宫”，底本誤）。衛，協韻音于别反（衛協韻，殿本作“協韻衛”）。

後漢書　卷九

帝紀第九

孝獻皇帝諱協，靈帝中子也。[1]母王美人，[2]爲何皇后所害。[3]中平六年四月，[4]少帝即位，[5]封帝爲勃海王，[6]徙封陳留王。[7]

［1］【李賢注】《謚法》曰："聰明睿智曰獻。"協之字曰合。《張璠記》曰："靈帝以帝似己，故名曰協。"《帝王紀》曰："協字伯和。"【今注】靈帝：東漢靈帝劉宏，公元 167 年至 189 年在位。紀見本書卷八。　中子：排行居中的兒子。中華本校勘記謂，"《集解》引惠棟説，謂《續志》作'靈帝少子'"。

［2］【今注】王美人：名王榮，趙國邯鄲（今河北邯鄲市）人。東漢靈帝之美人，五官中郎將王苞女。以良家子選入宮，生皇子協。後爲何皇后鴆殺。劉協即位，追尊爲靈懷皇后。相關事迹見本書卷一〇下《皇后紀下》。美人爲妃嬪封號。本書卷一〇上《皇后紀上》："及光武中興，斲彫爲朴，六宮稱號，唯皇后、貴人。貴人金印紫綬，奉不過粟數十斛。又置美人、宮人、采女三等，並無爵秩，歲時賞賜充給而已。"

［3］【今注】何皇后：史稱漢靈思何皇后，南陽宛（今河南南陽市卧龍區）人。東漢靈帝時選入宮中，生皇子辯。位至皇后。靈

帝死後，稱號皇太后，迎立劉辯爲帝。董卓進京，被鴆殺而死。紀見本書卷一〇下。

［4］【今注】中平：東漢靈帝劉宏年號（184—189）。

［5］【今注】少帝：東漢少帝劉辯。靈帝與何皇后嫡長子，公元189年5月至9月在位。被董卓廢黜爲弘農王，後被董卓毒殺。

［6］【今注】勃海：郡名。治南皮縣（今河北南皮縣北）。大德本、殿本作“渤海”。

［7］【今注】陳留：郡名。治陳留縣（今河南開封市祥符區東南）。

九月甲戌，即皇帝位，年九歲。遷皇太后於永安宫。[1]大赦天下。改昭寧爲永漢。[2]丙子，董卓殺皇太后何氏。[3]

［1］【李賢注】董卓遷也。《洛陽宫殿名》曰：“永安宫周迴六百九十八丈，故基在洛陽故城中。”【今注】永安宫：東漢雒陽宫殿名。在北宫東北隅，今河南洛陽市東北漢魏故城内。

［2］【今注】昭寧：東漢少帝劉辯年號（189）。　永漢：東漢獻帝劉協年號（189）。

［3］【今注】董卓：字仲穎，隴西臨洮（今甘肅岷縣）人。傳見本書卷七二。

初令侍中、給事黄門侍郎員各六人。[1]賜公卿以下至黄門侍郎家一人爲郎，[2]以補宦官所領諸署，侍於殿上。[3]

［1］【李賢注】《續漢志》曰：“侍中，比二千石，無員。”

《漢官儀》曰："侍中，左蟬右貂，本秦丞相史，往來殿内，故謂之侍中。分掌乘輿服物，下至褻器虎子之屬。武帝時，孔安國爲侍中，以其儒者，特聽掌御唾壺（殿本'御'後有'坐'字），朝廷榮之。至東京時，屬少府，亦無員。駕出，則一人負傳國璽，操斬蛇劍，乘輿，中官俱止禁中（中華本作'參乘與中官俱止禁中'，校勘記謂'依《刊誤》删補。按《御覽》卷二一九引《漢官儀》，正作"參乘，與中官俱止禁中"'）。"又曰："給事黄門侍郎，六百石，無員。掌侍從左右，給事中使，關通中外。"應劭曰："黄門侍郎，每日暮向青瑣門拜，謂之夕郎。"《輿服志》曰："禁門曰黄闥，以中人主之，故號曰黄門令。"然則黄門郎給事黄闥之内，故曰黄門郎。本既無員，於此各置六人也。《獻帝起居注》曰："自誅黄門後，侍中、侍郎出入禁中，機事頗露，由是王允乃奏侍中、黄門不得出入。不通賓客，自此始也。"【今注】侍中：官名。秦時爲丞相屬官，因往來殿中，入侍天子，故稱侍中。西漢時爲加官，凡列侯、將軍、卿大夫、將、都尉、尚書以至郎中，加此即可入侍宫禁，親近皇帝。皇帝有事令其外宣，百官有事由其傳達，爲溝通君主與百官的橋梁，地位日顯。王莽秉政，復令與宦官同止禁中。東漢置爲正式職官，秩比二千石，無員。章帝時復令出居宫外。東漢後期與給事黄門侍郎組成侍中寺，管理宫門内外衆務。獻帝時定員六人，與給事黄門侍郎出入禁中。（參見楊鴻年《漢魏制度叢考》，武漢大學出版社 2005 年版，第 49—73 頁）

給事黄門侍郎：官名。西漢有"給事黄門"，是一種加官，多由郎"給事黄門"，故又稱"給事黄門侍郎"。東漢有"黄門侍郎"，六百石，掌侍從左右、關通内外，與侍中平省尚書奏事，因出入禁中，故職任顯要。"給事黄門侍郎"的正式名稱當起於東漢獻帝之時。另外，此職初無員數，獻帝定爲六人，秩六百石。一度改名侍中侍郎，旋復故。（參見安作璋、熊鐵基《秦漢官制史稿》，齊魯書社 2007 年版，第 303—305 頁）

［2］【今注】郎：職官類名。西漢有郎中、中郎、外郎、侍郎、議郎等，無定員，多至千餘人。皆隸屬郎中令（光禄勳）。諸侯王國亦置。職掌守衛皇宫殿廊門户、出充車騎扈從、備顧問應對、守衛陵園廟等。因與皇帝關係密切，任職滿一定期限即可遷補内外官職，爲重要選官途徑。《漢書·百官公卿表上》："郎掌守門户，出充車騎，有議郎、中郎、侍郎、郎中，皆無員，多至千人。議郎、中郎秩比六百石，侍郎比四百石，郎中比三百石。中郎有五官、左、右三將，秩皆比二千石。郎中有車、户、騎三將，秩皆比千石。"東漢於光禄勳下設五官、左、右中郎將，主管中郎、侍郎、郎中，實爲官吏儲備人才的機構，其郎官多達二千餘人。〔參見吕宗力主編《中國歷代官制大辭典》（修訂版），商務印書館2015年版，第605頁〕

［3］【李賢注】靈帝建元四年（建元，大德本、殿本作"熹平"），改平准爲中准，使宦者爲令（者，大德本、殿本作"官"）。自是諸内署令、丞悉以閹人爲之，故今並令士人代領之。

乙酉，以太尉劉虞爲大司馬。[1]董卓自爲太尉，加鈇鉞、虎賁。[2]丙戌，太中大夫楊彪爲司空。[3]甲午，豫州牧黄琬爲司徒。[4]

［1］【今注】太尉：官名。秦漢最高軍政長官，《漢書·百官公卿表上》："太尉，秦官，金印紫綬，掌武事。"西漢太尉是武將的榮譽職務，並無多少實權，不過是皇帝的軍事顧問，很少參與實際軍務。武帝時改太尉爲大司馬。東漢光武帝時復改大司馬爲太尉，此後太尉的軍權逐漸加重，於軍事顧問之外，並綜理軍政。（參見安作璋、熊鐵基《秦漢官制史稿》，第74—78頁）　劉虞：字伯安，東海郯（今山東郯城縣西北）人。傳見本書卷七三。　大

司馬：官名。西漢武帝時改太尉置，性質是加官，不同時期或加將軍，或不加。東漢光武帝時改大司馬爲太尉。東漢末，以劉虞爲大司馬，而太尉如故，自此大司馬與太尉並置。

［2］【李賢注】《禮記》曰："諸侯賜鈇鉞然後專殺。"《説文》曰："鈇，莝刃也。"《蒼頡篇》曰："鈇，斧也。"加鈇鉞者，得專殺也（得專殺，大德本作"得與殺"，殿本作"與專殺"）。【今注】虎賁：又稱"虎賁郎"，秦漢時期皇帝的一種警衛部隊。西漢武帝建元三年（前138）設置期門，平帝元始元年（1）王莽改期門爲虎賁郎，並設虎賁中郎將進行管理。"虎賁"是"衛士"，掌"執兵送從"或"宿衛侍從"，供君主於宫中以至殿上宿衛雜役之用，在皇帝出行時亦擔任警衛和從事雜役。虎賁還兼管省外宫内機關和這些機關工作人員的警衛事務。皇帝常將虎賁賜予諸侯王、大臣，不但賜予活着的諸侯王、大臣，亦賜予死去的諸侯王、大臣。（參見楊鴻年《虎賁羽林》，載《漢魏制度叢考》，第152—170頁）

［3］【今注】太中大夫：官名。"大夫"類職官之一。西漢時秩比千石，東漢時秩千石，無員額。侍從皇帝左右，掌顧問應對，參謀議政，奉詔出使，多以寵臣貴戚充任。名義上隸屬郎中令（光禄勳）。〔參見吕宗力主編《中國歷代官制大辭典》（修訂版），第124頁〕《漢書·百官公卿表上》："大夫掌論議，有太中大夫、中大夫、諫大夫，皆無員，多至數十人。武帝元狩五年初置諫大夫，秩比八百石，太初元年更名中大夫爲光禄大夫，秩比二千石，太中大夫秩比千石如故。"　楊彪：字文先，弘農華陰（今陝西華陰市東）人。楊震曾孫。傳見本書卷五四。　司空：官名。東漢三公之一。西漢時稱"大司空"，成帝改御史大夫置。東漢光武帝建武二十七年（51）去"大"字，改名"司空"。西漢武帝後，由於中朝尚書的權力逐漸發展，御史大夫的職權和丞相一樣，也轉移於尚書。御史大夫改爲大司空之後，雖號稱三公，但已成虚位。東漢司空的職務已與御史大夫的性質大不相同。本書《百官志一》："司

空，公一人。本注曰：掌水土事。”這時的司空成爲專管水土之官了。（參見安作璋、熊鐵基《秦漢官制史稿》，第52—53頁）

［4］【今注】案，曹金華《後漢書稽疑》謂，《後漢紀》卷二五作“丙申，太中大夫楊彪爲司空，豫州牧黄琬爲司徒”，而中平六年（189）九月甲戌朔，丙戌十三日，甲午二十一日，丙申二十三日，未知孰是（中華書局2014年版，第175頁）。　豫：豫州。西漢武帝時所置十三刺史部之一。轄境約當今淮河以北伏牛山以東豫東、皖北地。東漢治譙縣（今安徽亳州市）。　州牧：官名。西漢武帝時分全國爲十三州部，各置刺史監察諸郡，秩六百石。成帝綏和元年（前8）更名州牧，秩二千石。哀帝建平二年（前5）復舊稱。元壽二年（前1）又改州牧。東漢復置刺史，逐漸演變爲州一級行政長官。靈帝中平五年天下紛亂，劉焉以刺史威輕，建議改置州牧，選重臣以居其位。靈帝從之。東漢州牧掌全州軍政大權，地位高於郡守。　黄琬：字子琰，江夏安陸（今湖北雲夢縣）人。黄瓊孫。傳見本書卷六一。　司徒：官名。東漢三公之一。秦及漢初爲丞相，掌人民事，助天子掌管行政，總理萬機。西漢哀帝元壽二年將丞相改稱大司徒。東漢光武帝建武二十七年去“大”字，改名司徒，司徒遂與司空、司馬並稱三公。光武時，尚書臺正式成爲中央的最高權力機關，這時的司徒有名無實，有職無權，所謂論道之官，備員而已。（參見安作璋、熊鐵基《秦漢官制史稿》，第46—47頁）

遣使弔祠故太傅陳蕃、大將軍竇武等。[1]冬十月乙巳，葬靈思皇后。[2]

［1］【今注】弔：同“吊”。《説文》：“弔，問終也。”　太傅：官名。西周始置，爲輔弼君王的大臣，《漢書·百官公卿表上》載太傅與太師、太保並號三公，但實際上西周並無此三公之制。西漢

太傅位在三公之上，號稱上公，不常置，地位尊崇，但實際上並没有什麽作用。東漢不置太師、太保，唯太傅一人，號稱“上公”，位在三公之上。掌善導天子，以授元老重臣，位尊而無常職。常加録尚書事，主持朝政。〔參見吕宗力主編《中國歷代官制大辭典》(修訂版)，第139頁〕本書《百官志一》：“太傅，上公一人。本注曰：掌以善導，無常職。世祖以卓茂爲太傅，薨，因省。其後每帝初即位，輒置太傅録尚書事，薨，輒省。” 陳蕃：字仲舉，汝南平輿（今河南平輿縣北）人。傳見本書卷六六。 大將軍：將軍名。在諸將軍中地位最高。秦及漢初即有此職，其地位甚高，與丞相相當，實際的優寵和權力都在丞相之上。西漢武帝以後，大將軍常冠大司馬之號，秩萬石，領尚書事，執掌朝政，成爲中朝官最高領袖。東漢復置一員，秩萬石，不冠大司馬，成爲獨立官職，多授予貴戚，常兼録尚書事，與太傅、太尉等共同主持政務。(參見安作璋、熊鐵基《秦漢官制史稿》，第235—240頁）本書《百官志一》：“將軍，不常置。本注曰：掌征伐背叛。比公者四：第一大將軍，次驃騎將軍，次車騎將軍，次衛將軍。又有前、後、左、右將軍。” 竇武：字游平，扶風平陵（今陝西咸陽市西北）人。竇融玄孫。傳見本書卷六九。

［2］【今注】靈思皇后：靈思何皇后。

白波賊寇河東，[1]董卓遣其將牛輔擊之。[2]

［1］【李賢注】《薛瑩書》曰：“黄巾郭泰等起於西河白波谷，時謂之白波賊。”【今注】白波賊：東漢末年黄巾軍餘部的一支。靈帝中平五年（188)，郭太起兵於白波谷（今山西襄汾縣永固鄉)，故稱白波軍。活動於太原、河東等郡，衆至十餘萬。其首領楊奉、胡才、李樂、韓暹等人後降東漢，參加軍閥混戰。 河東：郡名。治安邑縣（今山西夏縣西北）。

［2］【今注】牛輔：董卓婿。東漢獻帝初，任中郎將，鎮壓黄巾軍郭太部，大敗。後分遣其校尉李傕、郭汜等劫掠陳留、潁川諸縣，屠殺無復遺類。初平三年（192），董卓被殺，輔携金寶欲逃，爲左右斬殺。

十一月癸酉，董卓爲相國。[1]十二月戊戌，[2]司徒黄琬爲太尉，司空楊彪爲司徒，光禄勳荀爽爲司空。[3]

［1］【今注】相國：官名。戰國至漢初的宰輔，百官之長。戰國時稱“相邦”，至西漢因避高帝劉邦名諱改稱“相國”。《漢書·百官公卿表上》：“相國、丞相，皆秦官，金印紫綬，掌丞天子助理萬機。”有學者認爲，相國與丞相爲同一職官。然2010年陝西臨潼秦東陵昭襄王陵盜掘出土一件漆豆，其刻銘中同時出現“八年相邦薛君”和“八年丞相殳”，説明相邦和丞相爲不同職官。另張家山漢簡《二年律令·秩律》有“丞相、相國長史，秩各千石”，亦説明丞相、相國爲兩個職官。《史記》卷五三《蕭相國世家》：“上已聞淮陰侯誅，使使拜丞相何爲相國，益封五千户，令卒五百人一都尉爲相國衛。”説明相國比丞相秩級爲高。學者認爲，“相”和“丞”均爲輔助義，故“相邦”是輔佐國君，而丞相是輔佐相邦，丞相可視爲相邦的副貳，可能是爲了節制相邦權力而出現的分職（參見陳松長等《秦代官制考論》，中西書局2018年版，第35—38頁）。西漢中期之後相國不存，僅設丞相，哀帝時更名大司徒，東漢時稱司徒，此處董卓又自爲相國。

［2］【今注】案，曹金華《後漢書稽疑》謂，“中平六年十二月癸卯朔，是月無‘戊戌’。《荀爽傳》載獻‘帝即位，董卓輔政，復征之……進拜司空。爽自被征命及登臺司，九十五日’。而《本紀》載獻帝‘九月甲戌，即皇帝位’。九月甲戌朔，至十二月‘戊申’九十五日，故‘戊戌’疑是‘戊申’之訛，戊申十二月六日

也”（第 175 頁）。

［3］【今注】光禄勳：官名。西漢武帝太初元年（前 104）改郎中令置。秩中二千石，位列諸卿。職掌宮殿門户宿衛，兼侍從皇帝左右，宮中宿衛、侍從、傳達諸官如大夫、郎官、謁者等皆屬之。兼典期門（虎賁）、羽林諸禁衛軍。新莽時改名司中。東漢復舊，職司機構有所變動，以掌宮殿門户宿衛爲主，罷郎中三將，五官、左、右三中郎將署，分領中郎、侍郎、郎中，名義上備宿衛，實爲後備官員儲備之所。虎賁、羽林中郎將、羽林左右監仍領禁軍，掌宿衛侍從。職掌顧問參議的大夫、掌傳達招待的謁者及騎、奉車、駙馬三都尉名義上隸屬之。兩漢郎官爲選拔人才的重要途徑，故光禄勳對簡選官吏負有重要責任。〔參見吕宗力主編《中國歷代官制大辭典》（修訂版），第 385 頁〕　荀爽：字慈明，一名諝，潁川潁陰（今河南許昌市）人。荀淑子。傳見本書卷六二。

省扶風都尉，置漢安都護。[1]

［1］【李賢注】扶風都尉，比二千石（二，紹興本作“一”），武帝元鼎四年置，中興不改，至此以羌擾三輔，故省之。置都護，令總統西方。【今注】扶風都尉：官名。西漢武帝時置，爲三輔都尉之一。掌領兵駐守防盜賊，主地方治安，秩比二千石，後罷。東漢安帝時因羌犯三輔，復置扶風都尉，掌護陵園。本書《百官志五》：“尉一人，典兵禁，備盜賊，景帝更名都尉。武帝又置三輔都尉各一人，譏出入……中興建武六年，省諸郡都尉，並職太守，無都試之役……安帝以羌犯法，三輔有陵園之守，乃復置右扶風都尉，京兆虎牙都尉。”

詔除光熹、昭寧、永漢三號，[1]還復中平六年。

［1］【今注】詔：詔書，皇帝所下文書之一種。蔡邕《獨斷》卷上："（天子）命令一曰'策書'，二曰'制書'，三曰'詔書'，四曰'戒書'……策書，策者簡也。《禮》曰：不滿百文，不書於策。其制長二尺，短者半之，其次一長一短。兩編，下附篆書，起年、月、日，稱皇帝曰，以命諸侯王、三公。其諸侯王、三公之薨於位者，亦以策書誄謚其行而賜之，如諸侯之策。三公以罪免，亦賜策，文體如上策而隸書，以一尺木兩行，唯此爲異者也。制書，帝者制度之命也。其文曰'制詔三公'，赦令、贖令之屬是也。刺史、太守、相劾奏申下土遷書，文亦如之。其徵爲九卿，若遷京師近官，則言官，具言姓名；其免若得罪，無姓。凡制書，有印、使符，下遠近皆璽封，尚書令印重封。唯赦令、贖令，召三公詣朝堂受制書，司徒印封，露布下州郡。詔書者，詔誥也。有三品：其文曰'告某官官'，如故事，是爲詔書；群臣有所奏請，'尚書令奏'之下有'制曰'，天子答之曰'可'，若'下某官'云云，亦曰詔書；群臣有所奏請，無'尚書令奏''制'之字，則答曰'已奏，如書'，本官下所當至，亦曰詔。戒書，戒勑。刺史、太守及三邊營官被勑，文曰'有詔勑某官'，是爲戒勑也。世皆名此爲策書，失之遠矣。"　光熹：東漢少帝劉辯年號（189）。

初平元年春正月，[1]山東州郡起兵以討董卓。[2]

［1］【今注】初平：東漢獻帝劉協年號（190—193）。

［2］【今注】山東：地區名。戰國、秦、漢時代，通稱崤山或華山以東爲山東，與當時關東含義相同。

辛亥，大赦天下。

癸酉，董卓殺弘農王。[1]

［1］【今注】案，曹金華《後漢書稽疑》謂，“初平元年正月壬寅朔，是月無‘癸酉’。《後漢紀》卷二六作‘癸丑，卓殺弘農王’，‘癸酉’爲正月十二日”（第176頁）。　弘農王：東漢少帝劉辯，被董卓廢爲弘農王。

白波賊寇東郡。[1]

［1］【今注】東郡：治濮陽縣（今河南濮陽市華龍區西南）。

二月乙亥，太尉黄琬、司徒楊彪免。

庚辰，董卓殺城門校尉伍瓊、督軍校尉周珌。[1]以光禄勳趙謙爲太尉，[2]太僕王允爲司徒。[3]

［1］【李賢注】珌音必。《東觀記》曰：“周珌，豫州刺史慎之子也。”《續漢書》《魏志》並作“毖”，音秘。【今注】城門校尉：官名。西漢武帝征和二年（前91）始置，秩二千石。掌京城長安諸城門警衛，領城門屯兵，屬官有司馬一員及十二城門候。職顯任重，每以重臣監領。東漢時秩比二千石。當時洛陽十二城門，唯北宫門屬衛尉，其餘十一門各設門候，隸城門校尉。多以外戚重臣領之。（參見林甘泉主編《中國歷史大辭典·秦漢史》，上海辭書出版社1990年版，第308頁）《漢書·百官公卿表上》：“城門校尉掌京師城門屯兵，有司馬、十二城門候。”本書《百官志四》：“城門校尉一人，比二千石。本注曰：掌雒陽城門十二所。司馬一人，千石。本注曰：主兵。城門每門候一人，六百石。本注曰：雒陽城十二門，其正南一門曰平城門，北宫門，屬衛尉。其餘上西門、雍門、廣陽門、津門、小苑門、開陽門、秏門、中東門、上東門、穀門、夏門，凡十二門。”　伍瓊：字德瑜，汝南（今河南平

興縣北）人。董卓擅政時任城門校尉，受到信任。因所舉薦韓馥、劉岱、孔伷、張邈等出宰州郡後起兵討卓，被卓殺。　督軍校尉：官名。漢置，掌監督軍事。也領兵征伐。東漢末年曹操、孫堅皆置，掌帥兵征伐。《三國志》卷九《魏書·夏侯淵傳》："與袁紹戰於官渡，行督軍校尉。"　周珌：名或作"毖"。字仲遠，武威（今甘肅民勤縣東北）人。東漢獻帝時爲吏部尚書。勸董卓用善士，卓因舉韓馥等出宰州郡。馥等到官，皆合兵討卓。卓以爲珌賣己，斬之。　案，曹金華《後漢書稽疑》謂，"《董卓傳》作'吏部尚書漢陽周珌，侍中汝南伍瓊'，章懷注：'《英雄記》"珌"作"毖"。'《校勘記》按：'《集解》引惠棟説，謂《袁宏紀》云"侍中周毖"，《魏志》亦作"毖"。'又云'《集解》引惠棟説，謂《魏志》云"城門校尉汝南伍瓊"'。再檢諸書，《袁紹傳》作'侍中周珌、城門校尉伍瓊'，《鄭太傳》作'侍中伍瓊'，《袁宏紀》作'城門校尉伍瓊'。衆説紛紜，莫衷一是，故録之存疑耳"（第176頁）。

［2］【李賢注】《謝承書》曰："謙字彦信，太尉趙戒之孫，蜀郡成都人也。"【今注】趙謙：字彦信，趙典侄。東漢獻帝初平元年（190）代黄琬爲太尉，後爲司隸校尉，曾收殺董卓所愛車師王侍子，卓不敢加罪於謙。又歷官司徒、尚書令等。死後謚忠侯。

［3］【今注】太僕：官名。秩中二千石，列位九卿，掌皇帝專用車馬，有時親自爲皇帝駕車，地位親近重要，兼管官府畜牧業〔參見吕宗力主編《中國歷代官制大辭典》（修訂版），第124頁〕。本書《百官志二》："太僕，卿一人，中二千石。本注曰：掌車馬。天子每出，奏駕上鹵簿，用大駕則執御。丞一人，比千石。"　王允：字子師，太原祁（今山西祁縣）人。傳見本書卷六六。

丁亥，遷都長安。[1]董卓驅徙京師百姓悉西入關，[2]自留屯畢圭苑。[3]

〔1〕【今注】長安：縣名。爲京兆尹治。治所在今陝西西安市西北。

〔2〕【今注】京師：國都。蔡邕《獨斷》卷上："天子所都曰京師。"　關：函谷關。

〔3〕【今注】屯：駐扎。　畢圭苑：東漢靈帝所建造之園林，位於洛陽城南，有東西二苑。後爲董卓焚毀。

壬辰，白虹貫日。

三月乙巳，[1]車駕入長安，[2]幸未央宫。[3]

〔1〕【今注】案，王先謙《後漢書集解》引惠棟曰："獻帝宗廟祝嘏辭云：'乃以二月丁亥來祀雒，越三月丁巳，至於長安。'案下文云：'己酉，董卓焚洛陽宫廟。'己酉在丁巳前。《袁宏紀》又作'己巳'，未知孰是。"

〔2〕【今注】車駕：皇帝所乘之車，亦用爲皇帝的代稱。蔡邕《獨斷》："乘輿出於《律》。《律》曰：'敢盗乘輿服御物。'謂天子所服食者也。天子至尊，不敢渫瀆言之，故託之於乘輿。乘猶載也，輿猶車也。天子以天下爲家，不以京師宫室爲常處，則當乘車輿以行天下，故群臣託乘輿以言之。或謂之車駕。"

〔3〕【李賢注】未央宫，蕭何所造也。《張璠記》曰："將入宫日，大雨，晝晦，翟雉飛入長安宫。"【今注】幸：古稱帝王到達某地爲"幸"。蔡邕《獨斷》卷上："（天子）所至曰'幸'……幸者，宜幸也，世俗謂幸爲僥倖。車駕所至，臣民被其德澤以僥倖，故曰幸也。先帝故事，所至見長吏三老官屬，親臨軒，作樂。賜食皂帛越巾刀佩帶，民爵有級數，或賜田租之半，是故謂之幸，皆非其所當得而得之。"　未央宫：漢長安城内的主要宫殿之一。西漢高祖七年（前200）由丞相蕭何主持建成。由承明、清涼、宣室等四十多個宫殿臺閣組成，宏偉壯麗。新莽末被毁。東漢末董卓

劫獻帝至長安，復修未央宮。現在遺留在地面上的有未央宮前殿以及相傳爲石渠閣、天禄閣等高臺遺址。這里常出土“長樂未央”“長生無極”等瓦當以及漢空心磚、水道等。1986年至1987年，對未央宮第三號建築遺址進行發掘，出土了建築材料、陶器、鐵器、銅器和大量刻有文字的骨簽。根據骨簽上的文字内容，未央宮第三號建築遺址當是西漢時期中央政府或皇室管轄各地郡國工官的官署。

己酉，董卓焚洛陽宮廟及人家。

戊午，[1]董卓殺太傅袁隗、太僕袁基，夷其族。[2]

[1]【今注】案，王先謙《後漢書集解》引惠棟曰：“‘戊’上脱‘四月’二字。”

[2]【李賢注】隗，紹之叔父。基，袁術之母兄。卓以山東兵起，依紹、術爲主，故誅其親屬。《獻帝春秋》曰：“尺口以上男女五十餘人（五十，大德本、殿本作‘五千’），皆下獄死。”【今注】袁隗：字次陽，汝南汝陽（今河南商水縣西北）人。東漢獻帝初爲太傅。從子袁紹、袁術等起兵討董卓，卓遂殺隗。　袁基：字士紀，汝南汝陽人。袁逢嫡長子，袁紹、袁術兄。父死，襲安國亭侯，官至太僕。弟袁紹、袁術起兵討董卓，卓遂殺基。　夷：滅。

夏五月，司空荀爽薨。[1]六月辛丑，光禄大夫种拂爲司空。[2]

[1]【今注】薨：古稱諸侯或有爵的高官死去稱“薨”。《禮記·曲禮下》：“天子死曰崩，諸侯死曰薨，大夫曰卒，士曰不禄，

庶人曰死。”《説文》:“薨，公侯卒也。”

［2］【今注】光禄大夫：官名。“大夫”類職官之一。西漢武帝太初元年（前104）改中大夫置，屬光禄勳，秩比二千石。掌論議，在大夫中地位最爲尊顯，武帝時霍光、金日磾皆曾任此職。西漢晚期，多作爲貴戚重臣的加官。無員限。東漢時，因權臣不復冠此號，漸成閑散之職，雖仍掌顧問應對，但多用以拜假賵贈之使，及監護諸國嗣喪事。（参見林甘泉主編《中國歷史大辭典·秦漢史》，第162頁）　种拂：字穎伯，河南洛陽（今河南洛陽市東北）人。种暠子。傳見本書卷五六。

大鴻臚韓融、[1]少府陰脩、[2]執金吾胡母班、[3]將作大匠吴脩、[4]越騎校尉王瓌安集關東，[5]後將軍袁術、[6]河内太守王匡各執而殺之，[7]唯韓融獲免。

［1］【今注】大鴻臚：官名。列卿之一。秦時稱典客，西漢景帝時改名大行令，武帝太初元年（前104）改爲大鴻臚。秩中二千石，掌賓客之事。凡諸侯王、列侯和各屬國的君長，以及外國君主或使臣，都被視爲皇帝的賓客，所以與此有關的事務多由大鴻臚掌管。本書《百官志二》:“大鴻臚，卿一人，中二千石。本注曰：掌諸侯及四方歸義蠻夷。”　韓融：字元長，潁川舞陽（今河南舞陽縣西北）人。韓韶子。少能辯理而不爲章句學。聲名甚盛，五府並辟。東漢少帝光熹初徵拜尚書。獻帝興平二年（195），官至太僕。

［2］【今注】少府：官名。列位九卿，職掌皇室財政。其機構之大、屬官之多，在列卿中居首位。秩中二千石。《漢書·百官公卿表上》:“少府，秦官，掌山海池澤之税，以給共養，有六丞。”　陰脩：一作“陰循”，南陽（今河南南陽市）人，曾任潁川太守，提拔鍾繇、荀彧、荀攸、郭圖等人，後官任少府，参與聯軍討伐董卓，奉命勸袁術退兵，爲袁術所殺。

［3］【李賢注】《風俗通》云："胡母（母，紹興本作'毋'，下同），姓，本陳胡公之後也。公子完奔齊，遂有齊國，齊宣王母弟别封母鄉，遠本胡公，近取母邑，故曰胡母氏也。"【今注】執金吾：官名。西漢武帝太初元年由中尉改名，秩中二千石。職掌京師治安，督捕盜賊，負責宫廷之外、京城之内的警衛，戒備非常水火之事，管理中央武庫，皇帝出行則掌護衛及儀仗隊。〔參見吕宗力主編《中國歷代官制大辭典》（修訂版），第379頁〕《漢書・百官公卿表上》："中尉，秦官，掌徼循京師，有兩丞、候、司馬、千人。武帝太初元年更名執金吾。"　胡母班：字季皮（一作"季友"），泰山（今山東泰安市東北）人。官至執金吾，八厨之一，王匡妹夫，關東軍聯合討董卓時與大鴻臚韓融、少府陰循、將作大匠吴循、越騎校尉王瓌一起被派去説解關東聯盟軍，被袁紹所使王匡殺死。

［4］【今注】將作大匠：官名。西漢景帝中元六年（前144）由將作少府改名。秩二千石，或以功勞增秩中二千石。掌領徒隸修建宫室、宗廟、陵寢及其他土木工程，植樹於道旁。新莽改名都匠。東漢復舊，然初不置專官，常以謁者兼領其事。至章帝始真授。〔參見吕宗力《中國歷代官制大辭典》（修訂版），第678頁〕《漢書・百官公卿表上》："將作少府，秦官，掌治宫室，有兩丞、左右中候。景帝中六年更名將作大匠。"本書《百官志四》："將作大匠一人，二千石。本注曰：承秦，曰將作少府，景帝改爲將作大匠。掌修作宗廟、路寢、宫室、陵園木土之功，並樹桐梓之類列于道側。"　吴脩：東漢獻帝時任將作大匠。初平元年（190），關東州郡起兵討董卓，以袁紹爲盟主。董卓派他與執金吾胡母班前去安撫袁紹，袁紹指使河内太守王匡將其殺死。

［5］【今注】越騎校尉：官名。西漢武帝時始置，爲北軍八校尉之一，位次列卿。領内附越人騎士，戍衛京師，兼任征伐。東漢初罷，光武帝建武十五年復改青巾左校尉置，爲五校尉之一，秩比

二千石。隸北軍中候，掌宿衛兵，有司馬一員。〔參見吕宗力主編《中國歷代官制大辭典》（修訂版），第835頁〕本書《百官志四》："越騎校尉一人，比二千石。本注曰：掌宿衛兵。司馬一人，千石。"　關東：地區名。指函谷關或潼關以東地區。

［6］【今注】後將軍：將軍名。漢代重號將軍之一，地位較高，與前、左、右將軍並位上卿，金印紫綬。位次大將軍及驃騎、車騎、衛將軍。本書《百官志一》："將軍，不常置。本注曰：掌征伐背叛。比公者四：第一大將軍，次驃騎將軍，次車騎將軍，次衛將軍。又有前、後、左、右將軍。"有兵事則典掌禁兵，戍衛京師，或任征伐。平時無具體職務，一般兼任他官，常加諸吏、散騎、給事中等號，成爲中朝官，得宿衛皇帝左右，參與中朝朝議，決定國家大事。如加領尚書事銜則負責實際政務。不常置。　袁術：字公路，汝南汝陽（今河南商水縣西北）人。袁紹從弟。傳見本書卷七五。

［7］【李賢注】《英雄記》曰："匡字公節，太山人也。輕財好施，以任俠聞，爲袁紹河内太守。"【今注】河内：郡名。治懷縣（今河南武陟縣西南）。　太守：官名。秦漢郡級行政長官，職掌一郡之政事。《漢書·百官公卿表上》："郡守，秦官，掌治其郡，秩二千石……景帝中二年更名太守。"從秦簡材料可知，秦代郡守即稱太守。　王匡：字公節，泰山人。輕財好施，以任俠聞。東漢獻帝時爲河内太守，與袁紹等起兵討董卓，殺執金吾胡母班等。執：拘捕。

董卓壞五銖錢，[1]更鑄小錢。[2]

［1］【今注】五銖錢：漢代鑄幣。銅質。始鑄於西漢武帝元狩五年（前118），錢文曰"五銖"，重如其文，有周郭。自武帝元狩五年至平帝元始中，共鑄五銖錢二百八十億萬餘枚。新莽時禁用。

東漢光武帝建武十六年（40），復行五銖錢。靈帝中平三年（186）又鑄四出五銖，因錢背面有四道斜紋由穿孔四角直達外郭，故名。五銖錢爲漢代行使時間最久、質地最好、數量最多的官鑄貨幣。

［2］【李賢注】光武中興，除王莽貨泉，更用五銖錢。

冬十一月庚戌，鎮星、熒惑、太白合於尾。[1]

［1］【今注】鎮星：星名。即土星。古人以爲土星每二十八年運行一周天，好像每年坐鎮二十八宿中的一宿，故名。　熒惑：星名。即火星。　太白：星名。即金星。　尾：星宿名。又稱“龍尾”。二十八宿之一，屬於蒼龍七星。

是歲，有司奏，[1]和、安、順、桓四帝無功德，不宜稱宗，又恭懷、敬隱、恭愍三皇后並非正嫡，不合稱后，皆請除尊號。制曰：“可。”[2]孫堅殺荆州刺史王叡，[3]又殺南陽太守張咨。[4]

［1］【今注】有司：主管某一事務的官吏。

［2］【李賢注】和帝號穆宗，安帝號恭宗，順帝號敬宗，桓帝號威宗。和帝尊母梁貴人曰恭懷皇后，安帝尊祖母宋貴人曰敬隱皇后，順帝尊母李氏曰恭愍皇后。【今注】和安順桓四帝：分别爲東漢和帝劉肇（88—105）、安帝劉祜（106—125）、順帝劉保（125—144）、桓帝劉志（146—167）。四帝紀分别見本書卷四、卷五、卷六、卷七。　恭懷敬隱恭愍三皇后：分别爲恭懷梁皇后、敬隱宋皇后、恭愍李皇后。恭懷梁皇后，東漢章帝之妃，和帝生母。和帝因生母梁貴人酷歿，斂葬禮闕，乃改殯於承光宫，上尊謚曰恭懷皇后。敬隱宋皇后，章帝之妃，安帝之祖母。永平末年選入太子

宫，章帝即位，立爲貴人，生皇太子慶。旋以讒廢，貴人自殺。後殤帝卒，慶長子祜爲安帝。安帝建光元年（121）三月，追尊祖妣宋貴人曰敬隱皇后。恭愍李皇后，安帝宫人，順帝之母。被安帝皇后閻姬毒殺。順帝上尊謚曰恭愍皇后。

［3］【李賢注】《王氏譜》曰："叡字通曜，晉太保祥伯父也。"《吴録》曰："叡素遇堅無禮，堅此時欲殺叡。叡曰：'我何罪？'堅曰：'坐無所知（殿本"知"後有"罪"字）。'叡窮迫，刮金飲之而死。"【今注】孫堅：字文臺，吴郡富春（今浙江杭州市富陽區）人。東漢末，參與鎮壓許昌起義、黄巾起義。任長沙太守，借討伐董卓之機擴大武裝，被袁術任爲破虜將軍、豫州刺史。後奉術命率軍征討荆州劉表，爲表部將黄祖所殺。孫權稱帝，追謚武烈皇帝。傳見《三國志》卷四六。　荆州：西漢武帝時所置十三刺史部之一。轄境約當今湖北、湖南二省及河南、貴州、廣西、廣東等省區部分地區。東漢時治漢壽縣（今湖南常德市東北）。　刺史：官名。秦設監御史，監督各郡。西漢武帝元封五年（前106）在全國十三部（州）設刺史，以六條監督郡國。秩六百石，屬官有從事史、假佐等。成帝綏和元年（前8）改爲州牧，秩二千石。哀帝建平二年（前5）又改爲刺史，元壽二年（前1）又改爲州牧。東漢光武帝建武十八年（42）又改爲刺史，十二人各主一州，其一州屬司隸校尉。　王叡：字通耀。東漢末官至荆州刺史。曾與孫堅鎮壓零陵、桂陽郡農民起義。後被孫堅所殺。

［4］【今注】南陽：郡名。治宛縣（今河南南陽市卧龍區）。　張咨：字子儀，潁川（今河南許昌市）人。任南陽太守。董卓專政，州郡興兵討之。孫堅兵至南陽，向咨索取軍糧，咨不給，爲堅所殺。

二年春正月辛丑，大赦天下。

二月丁丑，董卓自爲太師。[1]

［1］【今注】太師：官名。西周時有“太師”，與“太保”並稱“二公”，爲西周核心行政機構“卿事寮”之長官（參見楊寬《西周史》，上海人民出版社 2003 年版，第 315—327 頁）。西漢平帝時設置“太師”，與“太傅”“太保”並稱“上公”，位在三公上。《漢書·百官公卿表上》：“太師、太保，皆古官，平帝元始元年皆初置，金印紫綬。太師位在太傅上，太保次太傅。”太師作爲上公，地位頗崇，然是一種虛職，並無實際作用。東漢省太師、太保，祇置太傅一人，掌導天子。至東漢末，董卓自爲太師。

袁術遣將孫堅與董卓將胡軫戰於陽人，[1]軫軍大敗。董卓遂發掘洛陽諸帝陵。夏四月，董卓入長安。

［1］【李賢注】陽人，聚名，屬河南郡，故城在今汝州梁縣西。　《史記》秦滅東周，徙其君於陽人聚（徙，大德本作“得”），即此地也。【今注】胡軫：字文才，武威姑臧（今甘肅武威市涼州區）人。董卓部將。公元 191 年，孫堅討董卓，董卓派胡軫率兵五千，攻打孫堅，並任吕布爲騎督。胡軫與吕布不和，軍中士兵散亂，胡軫、吕布敗走。　陽人：聚落名。又名“陽人聚”。在今河南汝州市西、北汝河以北。　案，中華本校勘記謂，“《校補》謂案《通鑑》堅被黄祖部曲兵射殺，敘在二年冬十月後”。

六月丙戌，地震。

秋七月，司空种拂免，光禄大夫濟南淳于嘉爲司空。[1]太尉趙謙罷，[2]太常馬日磾爲太尉。[3]

［1］【今注】濟南：郡名。治東平陵縣（今山東濟南市章丘區西北）。　淳于嘉：濟南（今山東濟南市）人，舉孝廉出身，爲光

禄大夫。東漢獻帝初平元年（190），拜爲司空。初平三年，轉司徒，録尚書事。興平元年（194），罷職免官。　案，曹金華《後漢書稽疑》謂，“《後漢紀》卷二六作‘癸卯，光禄勳淳于嘉爲司空’，本紀既無‘癸卯’，又作‘光禄大夫’，異也”（第176頁）。

［2］【今注】趙謙：字彦信，蜀郡成都（今四川成都市武侯區）人。趙典兄子。東漢獻帝時爲司隸校尉。車師王侍子爲董卓所愛，數犯法，謙收殺之。卓素敬憚謙，怒而未加罪。轉前將軍，以功封郫侯。位至司徒、太尉。

［3］【今注】太常：官名。列卿之一。秦及漢初名奉常，西漢景帝中元六年（前144）改名太常。主要職掌宗廟祭祀禮儀，兼管選試博士等文化教育活動。秩中二千石。《漢書·百官公卿表上》：“奉常，秦官，掌宗廟禮儀，有丞。景帝中元六年更名太常。”西漢景帝陽陵出土封泥有“太常之印”，學者考證爲景帝中元六年奉常更名後之物（參見楊武站《漢陽陵出土封泥考》，《考古與文物》2011年第4期）。本書《百官志二》：“太常，卿一人，中二千石。本注曰：掌禮儀祭祀。每祭祀，先奏其禮儀；及行事，常贊天子。每選試博士，奏其能否。大射、養老、大喪，皆奏其禮儀。每月前晦，察行陵廟。”　馬日磾：字翁叔，扶風茂陵（今陝西興平市東北）人。馬融族子。少傳融業，以才學進。與楊彪、盧植、蔡邕等典校中書，歷位九卿，東漢獻帝時爲太傅。袁術欲逼爲軍師，恚恨而卒。

九月，蚩尤旗見于角、亢。[1]

［1］【李賢注】《天官書》曰：“蚩尤之旗，類彗而後曲，象旗。”熒惑之精也。《吕氏春秋》云：“其色黄上白下，見則王者征伐四方。”角、亢，蒼龍之星。【今注】蚩尤旗：彗星名。馬王堆帛書《天文氣象雜占》中有“彗星圖”，其中即出現“蚩尤旗”的

圖象，並附有星占之詞，即“蚩尤旗，兵在外歸”（參見席澤宗《馬王堆漢墓帛書中的彗星圖》，《文物》1978 年第 2 期）。　角：星宿名。二十八宿之一，屬於蒼龍七宿，象徵龍之角。　亢：星宿名。二十八宿之一，屬蒼龍七宿，象徵龍之喉。本書《天文志下》：“孝獻初平二年九月，蚩尤旗見，長十餘丈，色白，出角、亢之南。占曰：‘蚩尤旗見，則王征伐四方。’其後丞相曹公征討天下且三十年。”

冬十月壬戌，[1]董卓殺衛尉張温。[2]

[1]【今注】案，冬十月，大德本誤作“冬十一月”。

[2]【今注】衛尉：官名。戰國秦始置，秦漢沿置，秩中二千石，列位諸卿。景帝時曾改名中大夫令，景帝後元元年（前 143）復故。衛尉、光禄勳與執金吾均執掌宫殿禁衛，執金吾主宫外，光禄勳、衛尉主宫内。衛尉主管宫門屯駐衛士，地位比較重要。（參見楊鴻年《漢魏制度叢考》，第 21—33 頁）本書《百官志二》：“衛尉，卿一人，中二千石。本注曰：掌宫門衛士，宫中徼循事。丞一人，比千石。”　張温：字伯慎，南陽穰縣（今河南鄧州市）人。官至司隸校尉、太尉，封互鄉侯。曾爲董卓、孫堅、陶謙等人的上司，奉命討伐韓遂、邊章、北宫伯玉的叛亂，威震天下。董卓掌權後，以和袁術勾結的罪名殺害張温。

十一月，青州黄巾寇太山，[1]太山太守應劭擊破之。[2]黄巾轉寇勃海，[3]公孫瓚與戰於東光，復大破之。[4]

[1]【今注】青州：西漢武帝時所置十三刺史部之一。轄境相當於今山東德州市、齊河縣以東，馬頰河以南，濟南、臨朐、安

丘、高密、萊陽、棲霞、乳山等市縣以北、以東和河北吴橋縣地。東漢時治臨菑縣（今山東淄博市臨淄區北）。　黄巾：東漢末年張角領導的農民起義。起義軍以黄巾爲標志，因此被稱爲黄巾軍。　太山：郡名。治奉高縣（今山東泰安市東北）。殿本作“泰山”。

[2]【今注】案，太山，殿本作“泰山”。　應劭：字仲遠，汝南南頓（今河南項城市西）人。應奉子。傳見本書卷四八。

[3]【今注】案，勃海，大德本、殿本作“渤海”。

[4]【李賢注】東光，今滄州縣。【今注】公孫瓚：字伯珪，遼西令支（今河北遷安市西）人。傳見本書卷七三。　東光：縣名。治所在今河北東光縣東。案，曹金華《後漢書稽疑》謂，“《公孫瓚傳》、《通鑑》卷六十作‘東光南’”（第177頁）。

是歲，長沙有人死經月復活。[1]

[1]【今注】長沙：郡名。治臨湘縣（今湖南長沙市）。　經月：指太陰曆月亮經歷一次朔望的標準時間，即整月。

三年春正月丁丑，[1]大赦天下。

[1]【今注】案，曹金華《後漢書稽疑》謂，“《袁紀》卷二七、《通鑑》卷六十同，然初平三年正月庚寅朔，是月無‘丁丑’，三書並誤”（第177頁）。

袁術遣將孫堅攻劉表於襄陽，[1]堅戰歿。[2]

[1]【今注】劉表：字景升，山陽高平（今山東鄒城市西南）人。傳見本書卷七四下。　襄陽：縣名。治所即今湖北襄陽市襄

州區。

［2］【今注】歿：死。

袁紹及公孫瓚戰于界橋，[1]瓚軍大敗。

［1］【李賢注】今貝州宗城縣東有古界城，近枯漳水，則界橋在此也。【今注】袁紹：字本初，汝南汝陽（今河南商水縣西北）人。傳見本書卷七四上。　界橋：橋名。在今河北威縣東。

夏四月辛巳，誅董卓，夷三族。[1]司徒王允録尚書事，[2]總朝政，遣使者張种撫慰山東。

［1］【今注】夷三族：刑罰名。主要針對謀反、大逆無道等重罪。關於"三族"的範圍，學界存在争議。張晏認爲指"父母、妻子、同産也"，如淳認爲指"父族、母族、妻族也"。有學者認爲，秦漢時期存在兩種不同的族刑系統，其一，用來處罰謀反罪的"夷三族"，也叫"夷宗族""夷其族"，罪及五世；其二，用來處罰大逆無道罪的"父母妻子同産皆棄市"，又稱"族家"，罪及三世（參見陳乃華《秦漢族刑考》，《山東師範大學學報》1985年第4期）。

［2］【今注】録尚書事：西漢時稱"領尚書事""平尚書事""視尚書事"等，即中央高級官吏兼管或主持尚書臺的工作。昭帝初立，大將軍霍光柄政，與金日磾、上官桀共領尚書事，是爲此官之始。東漢永平十八年（75），章帝初即位，以太傅趙熹、太尉牟融並録尚書事，用"録"代"領"始此。後東漢每帝即位，常以三公、大將軍、太傅録尚書事。當時政令、政務總於尚書臺，尚書臺成爲中央政府總樞。太傅、太尉、大將軍等加此名義始得參與樞密，總知國事，綜理政務，成爲真宰相。（參見安作璋、熊鐵基

《秦漢官制史稿》，第 278—282 頁）

青州黄巾擊殺兖州刺史劉岱於東平。[1]東郡太守曹操大破黄巾於壽張，[2]降之。

[1]【今注】兖州：西漢武帝時所置十三刺史部之一。約當今山東西南部及河南東部地區，北至山東茌平縣、萊蕪市，東至沂水流域，東南至莒縣、平邑縣、濟寧市兖州區、魚臺縣、單縣，南至鹿邑、淮陽、扶溝等區縣，西南至開封、濮陽等地。東漢時治昌邑縣（今山東巨野縣東南）。 劉岱：字公山，東萊牟平（今山東烟臺市西北）人。劉寵弟劉方子。東漢靈帝時爲侍中，董卓入洛陽，出爲兖州刺史。虚己愛物，爲士人所附。獻帝初平三年（192）被青州黄巾軍所殺。 東平：國名。治無鹽縣（今山東東平縣南）。

[2]【今注】曹操：字孟德，沛國譙（今安徽亳州市譙城區）人。紀見《三國志》卷一。 壽張：縣名。治所在今山東東平縣西南。

五月丁酉，大赦天下。[1]

[1]【今注】案，王先謙《後漢書集解》引惠棟曰："《考異》云：'案是年正月大赦，及李傕求赦，王允曰：一歲不再赦。然則五月必無赦也。'"曹金華《後漢書稽疑》謂，"《後漢紀》卷二七作'五月丁未，大赦天下'，而初平三年五月戊子朔，'丁酉'爲初十，'丁未'二十日，未詳孰是"（第 177 頁）。

丁未，征西將軍皇甫嵩爲車騎將軍。[1]

［1］【今注】征西將軍：將軍名。東漢和帝永元中，劉尚曾任此職。當時地位與偏、裨、雜號將軍同。獻帝建安間曹操執政時，列爲四征將軍之一，地位提高，秩二千石。　皇甫嵩：字義真，安定朝那（今寧夏彭陽縣東）人。傳見本書卷七一。　車騎將軍：將軍名。西漢初置，爲軍事統帥，作戰時領車騎士，故名。事訖即罷。武帝後常設，地位僅次於大將軍、驃騎將軍，在衛將軍上，常典京城、皇宮禁衛軍隊，出征時常總領諸將軍。文官輔政者亦或加此銜，領尚書政務，成爲中朝重要官員。東漢時權勢尤重，位比三公，常以貴戚充任，秩萬石。出掌征伐，入參朝政。靈帝時常加授寵信宦官或作贈官。中平元年（184）分置左、右，旋罷。本書《百官志一》："將軍，不常置。本注曰：掌征伐背叛。比公者四：第一大將軍，次驃騎將軍，次車騎將軍，次衛將軍。又有前、後、左、右將軍。"

董卓部曲將李傕、郭汜、樊稠、張濟等反，[1]攻京師。六月戊午，陷長安城，太常种拂、太僕魯旭、大鴻臚周奂、[2]城門校尉崔烈、越騎校尉王頎並戰殁，[3]吏民死者萬餘人。李傕等並自爲將軍。

［1］【今注】部曲：將軍治下軍隊編制單位。本書《百官志一》："（大將軍）其領軍皆有部曲。大將軍營五部，部校尉一人，比二千石；軍司馬一人，比千石。部下有曲，曲有軍候一人，比六百石。曲下有屯，屯長一人，比二百石。"魏晉之後，"部曲"指地方豪强和將領的私人武裝，帶有人身依附性質。　李傕：北地（今寧夏吴忠市）人。董卓部將。歷官校尉、車騎將軍等。漢末卓擅政時，駐軍陳留、潁川一帶。卓被殺，他與郭汜等人率部攻陷長安，挾制獻帝，專擅朝政，大殺百官和百姓，焚毁長安宫殿。後與郭汜之間或攻殺或聯合，獻帝乘機脱逃。最後爲曹操軍隊所殺。傳

見《三國志》卷六。　郭汜：一名多。張掖（今甘肅張掖市）人。董卓部將。歷官校尉、後將軍等。漢末卓擅政時，駐軍陳留、潁川一帶。卓被殺，他與李傕率部攻陷長安，挾制獻帝，專擅朝政，大殺百官和百姓，焚毁長安宫殿。後與李傕之間或攻殺或聯合，獻帝乘機脱逃。最後被部將所殺。傳見《三國志》卷六。中華本校勘記謂，"汲本'汜'作'氾'，殿本則前作'汜'，後又作'氾'，不一律。按：《通鑑》作'汜'，胡注汜音祀，又孚梵反。然則作'汜'或'氾'，初無一定，亦猶汜水之又作氾水矣"。　樊稠：董卓部將。東漢獻帝初平三年（192），卓被誅，與李傕、郭汜等攻陷長安，大肆燒殺劫掠。自爲右將軍。獻帝興平二年（195），稠等相互劫奪争利，爲李傕所殺。　張濟：武威祖厲（今甘肅靖遠縣）人。破羌將軍張繡的叔父。初爲董卓部將，驍勇善戰。董卓被殺後，聯合李傕攻破長安，出任羽林中郎將。東漢獻帝初平三年，升任鎮東將軍，册封平陽侯，屯兵於弘農。張濟支持獻帝東遷，升任驃騎將軍。後來因不睦於董承、楊奉，便與李傕、郭汜一同追趕獻帝。建安元年（196），軍隊缺糧，進攻穰城，中箭身亡。死後，部隊由侄兒張繡接管。

［2］【李賢注】《三字決録》注曰（字，紹興本、大德本、殿本作'輔'，底本誤）："奂字文明，茂陵人。"【今注】魯旭：扶風平陵（今陝西咸陽市西北）人。魯恭孫，魯謙子。官至太僕，從獻帝西入關，與司徒王允共誅董卓。及李傕入長安，與允俱遇害。　周奂：字文明，扶風茂陵（今陝西興平市東北）人。東漢獻帝初平三年任大鴻臚。董卓被誅，李傕、郭汜陷長安時戰死。

［3］【李賢注】頎音祈。【今注】崔烈：涿郡安平（今河北安平縣）人。歷位郡守、九卿，被譽爲冀州"名士"。東漢靈帝於鴻都門公開鬻官，其入錢五百萬，得爲司徒，遷太尉。時人鄙之，譏其銅臭，以此聲譽衰減。董卓部將李傕等攻陷長安時，爲亂兵所殺。

己未，大赦天下。

李傕殺司隸校尉黄琬，[1]甲子，殺司徒王允，皆滅其族。[2]丙子，前將軍趙謙爲司徒。[3]

[1]【今注】司隸校尉：官名。西漢武帝時置，執掌京師及其周邊地區的監察，秩二千石。東漢時爲比二千石，領一州，與十二部刺史並列，稱司隸校尉部或司州。本書《百官志四》："司隸校尉一人，比二千石。本注曰：孝武帝初置，持節，掌察舉百官以下，及京師近郡犯法者。元帝去節，成帝省，建武中復置，並領一州。"

[2]【今注】案，王先謙《後漢書集解》引惠棟曰："張璠《漢紀》：傕誅允及妻子十餘人。"曹金華《後漢書稽疑》謂，"《後漢紀》卷二七作'己未，大赦天下……甲子，李傕殺故太尉黄琬、司徒王允及其妻子'，與此不同"（第177頁）。

[3]【今注】前將軍：將軍名。漢代重號將軍之一，與後、左、右將軍並位上卿，位次大將軍及驃騎、車騎、衛將軍。有兵事則典掌禁兵，戍衛京師，或任征伐。平時無具體職務，一般兼任他官，常加諸吏、散騎、給事中等號，成爲中朝官，宿衛皇帝左右，參與朝議。如加領尚書事銜則負責實際政務。不常置。

秋七月庚子，太尉馬日磾爲太傅，録尚書事。八月，遣日磾及太僕趙岐，[1]持節慰撫天下。[2]車騎將軍皇甫嵩爲太尉。司徒趙謙罷。[3]

[1]【今注】趙岐：一作"趙岐"，字邠卿，京兆長陵（今陝西咸陽市）人。傳見本書卷六四。岐，殿本作"岐"。

[2]【今注】節：秦漢時期皇帝的使者執行皇帝命令時所持的信物。《史記》卷八《高祖本紀》："秦王子嬰，素車白馬，係頸以

組，封皇帝璽、符、節，降軹道旁。”《索隱》引韋昭曰：“節，使者所擁也。”節長七八尺，上裝飾旄牛尾，旄尾共有三重。節代表皇帝意志，持節者有較大的權限，甚至可以對人進行斬殺。西漢時期，郎中令領導下的皇帝近側侍官，包括中郎將、大夫、謁者等，多充當皇帝使者，故此類職官持節較多，司隸校尉亦可以持節，九卿亦偶爾充當使者持節。東漢的三公和將軍亦可以持節。〔參見［日］大庭脩著，徐世虹等譯《東漢的將軍與將軍假節》，載《秦漢法制史研究》，中西書局 2017 年版，第 290—326 頁；楊鴻年《節》，載《漢魏制度叢考》，第 277—283 頁〕

［3］【今注】案，曹金華《後漢書稽疑》謂，“此作‘八月’事，又是年閏八月，而《後漢紀》卷二七作‘九月……司徒趙謙以久病罷’，《通鑑》卷六十從《袁紀》”（第 177 頁）。

九月，李傕自爲車騎將軍，郭汜後將軍，樊稠右將軍，[1]張濟鎮東將軍。[2]濟出屯弘農。

［1］【今注】右將軍：將軍名。漢代重號將軍之一，與前、左、後將軍並爲上卿，位次大將軍及驃騎、車騎、衛將軍，有兵事則典掌禁兵，戍衛京師，或任征伐。平時無具體職務，一般兼任他官，常加諸吏、散騎、給事中等號，成爲中朝官，宿衛皇帝左右，參與朝政。如加領尚書事銜則負責實際政務。不常置。

［2］【今注】鎮東將軍：雜號將軍名。東漢獻帝年間，張濟、曹操、劉備都曾任此職。掌征伐。

甲申，司空淳于嘉爲司徒，光禄大夫楊彪爲司空，並録尚書事。

冬十二月，太尉皇甫嵩免。光禄大夫周忠爲太尉，[1]参録尚書事。

[1]【今注】周忠：字嘉謀，廬江舒（今安徽廬江縣西南）人。周景子。累官大司農、光禄大夫。東漢獻帝初平三年（192）爲太尉，録尚書事。明年以災異免官。李傕、郭汜亂長安，與朱儁等共敗李傕於曹陽。復出爲衛尉。

四年春正月甲寅朔，日有食之。[1]

[1]【李賢注】《袁宏紀》曰（紀，大德本、殿本作“記”）：“時未晡八刻。太史令王立奏曰：‘晷過度，無變也。’朝臣皆賀。帝令候焉，未晡一刻而食。賈詡奏曰：‘立司候不明，疑誤上下，請付理官。’帝曰：‘天道遠，事驗難明，欲歸咎史官，益重朕之不德也。’”

丁卯，[1]大赦天下。

[1]【今注】案，王先謙《後漢書集解》引惠棟曰：“《袁宏紀》五月丁卯。”

三月，袁術殺楊州刺史陳温，[1]據淮南。

[1]【今注】楊州：西漢武帝時所置十三刺史部之一。轄境相當於今安徽淮水和江蘇長江以南及江西、浙江、福建三省，湖北英山、黄梅、武穴，河南固始、商城等縣市地。東漢時治歷陽縣（今安徽和縣），末年移治壽春縣（今安徽壽縣）、合肥縣（今安徽合肥市西北）。　陳温：字元悌，汝南（今河南平輿縣北）人。東漢

末年任揚州刺史，後被袁術所殺。案，王先謙《後漢書集解》引錢大昕曰："裴松之注《魏志》，引《英雄記》證温自病死，非術所殺。"

長安宣平城門外屋自壞。[1]

［1］【李賢注】《三輔黄圖》曰："長安城東面北頭門也。"【今注】宣平城門：又稱"宣平門""東都門"，漢長安城東北角的城門。西漢惠帝四年（前 191）建。在今陜西西安市西北青口村西側。《漢書》卷九九下《王莽傳下》：地皇四年（23）十月，更始帝大兵擊王莽，"兵從宣平城門入，民間所謂都門也"。顔師古注："長安城東出北頭第一門。"1957 年考古發掘證實，門有三個門洞，均寬八米，門洞由木柱支撑。每門洞可容四軌，横有木梁。王莽時燒毁，墻土發赤。　案，曹金華《後漢書稽疑》謂，"此謂初平四年三月，而《五行志》載：'初平二年三月，長安宣平城門外屋無故自壞。至三年夏，司徒王允使中郎將吕布殺太師董卓。'又據本紀與《董卓傳》，董卓被誅在初平三年四月，故疑本紀誤也"（第 178 頁）。

夏五月癸酉，[1]無雲而雷。六月，扶風大風，雨雹。[2]華山崩裂。

［1］【今注】案，五，紹興本作"三"。

［2］【今注】扶風：右扶風。西漢在京畿地區設置的政區，爲三輔之一。西漢武帝太初元年（前 104）改主爵都尉置，分右内史西半部爲轄區，因地屬畿輔，故不稱郡。治長安縣（今陜西西安市西北）。東漢時沿置，移治槐里縣（今陜西興平市東南）。　案，大風雨雹，大德本、殿本作"大雨雹"。

太尉周忠免，太僕朱儁爲太尉，[1]録尚書事。

[1]【今注】朱儁：字公偉，會稽上虞（今浙江紹興市上虞區）人。傳見本書卷七一。

下邳賊闕宣自稱天子。[1]

[1]【李賢注】《風俗通》曰："闕，姓也，承闕黨童子之後也。縱横家有闕子著書。"【今注】下邳：國名。治下邳縣（今江蘇邳州市南）。　闕宣：下邳人。東漢獻帝初平四年（193）夏，聚衆數千人起義，自稱天子，勢力向北發展到泰山（今山東泰安市東）、任城（今山東濟寧市東南）。後被徐州牧陶謙鎮壓。案，王先謙《後漢書集解》引顧炎武曰："讖文言'代漢者，當塗高'，當塗而高者，闕也。故闕宣自稱天子。"

雨水。遣侍御史裴茂訊詔獄，[1]原輕繫。[2]六月辛丑，天狗西北行。[3]

[1]【今注】侍御史：官名。簡稱"御史"。西漢爲御史大夫屬官，由御史中丞統領，入侍禁中蘭臺，給事殿中，故名。員十五人，秩六百石。掌受公卿奏事，舉劾按章，監察文武官員。分令、印、供、尉馬、乘五曹。或供臨時差遣，出監郡國，持節典護大臣喪事，收捕、審訊有罪官吏等。東漢爲御史臺屬官，於糾彈本職之外，常奉命出使州郡，巡行風俗，督察軍旅，職權頗重。〔參見吕宗力主編《中國歷代官制大辭典》（修訂版），第564頁〕　裴茂：字巨光，河東聞喜（今山西聞喜縣）人。東漢靈帝時歷縣令、郡守、尚書，獻帝建安三年（198）任謁者僕射，詔關中諸將段煨等

討李傕有功，封列侯。 訊：法律用語。即訊問。 詔獄：秦漢時期皇帝下詔進行審理的案件，亦指審理詔獄案件和羈押詔獄犯人的監獄機構。詔獄不同於一般案件，其涉及的對象，往往是權貴顯宦或犯有“殊死”類重罪的犯人，和上請密切相關。詔獄往往由皇帝專門派出使者進行審理。秦漢京師設置的監獄多爲詔獄，如“廷尉獄”“若盧獄”“洛陽獄”等均屬詔獄，詔獄亦關押普通罪犯。嶽麓書院藏秦簡中有多條秦令涉及詔獄問題。（參見張忠煒《“詔獄”辨名》，《史學月刊》2006 年第 5 期）

［2］【今注】原：寬赦。 輕繫：輕罪。

［3］【李賢注】《前書音義》曰：“有聲爲天狗，無聲爲枉矢。”【今注】天狗：一種流星。《史記·天官書》：“天狗，狀如大奔星，有聲，其下止地，類狗。所墮及，望之如火光炎炎衝天。其下圜如數頃田處，上兑者則有黄色，千里破軍殺將。”

九月甲午，試儒生四十餘人，［1］上第賜位郎中，［2］次太子舍人，［3］下第者罷之。詔曰：“孔子歎‘學之不講’，［4］不講則所識日忘。今耆儒年踰六十，［5］去離本土，營求糧資，不得專業。［6］結童入學，［7］白首空歸，長委農野，［8］永絶榮望，朕甚愍焉。［9］其依科罷者，［10］聽爲太子舍人。”［11］

［1］【今注】案，中華本校勘記謂，“按《袁紀》作三十餘人”。曹金華《後漢書稽疑》謂，“《袁紀》卷二七作‘七月甲午，試耆儒三十餘人’，而初平四年七月、九月皆辛亥朔，無‘甲午’，二書皆誤”（第 178 頁）。

［2］【今注】郎中：官名。郎官之一種。春秋戰國時爲郎官通稱，侍從君主左右，參與謀議，執兵宿衛，亦奉命出使。秦時一分

爲三，給事禁中者爲中郎，給事宫中者仍爲郎中，給事宫外者爲外郎，形成三郎體制。其中郎中掌執戟殿下，宿衛皇宫。漢武帝時，郎官組織擴大，郎中一官分爲車郎、户郎、騎郎，分隸郎中令（光禄勳）所轄郎中車、户、騎將。其初多由功臣充任，地位親近尊顯，後稍減，位次中郎、侍郎，秩比三百石。任滿一定期限，選補内外官職。東漢劉秀改組郎制，精簡郎職，省郎中三將，除中郎、侍郎兩官，將郎中分隸五官、左、右中郎將三署，故曰“三署郎”。名義上備宿衛，實爲後備官吏人材（參見王克奇《論秦漢郎官制度》，載安作璋、熊鐵基《秦漢官制史稿》，第344—408頁）。

［3］【今注】太子舍人：官名。漢代太子官之一，掌太子宿衛，類似於皇帝身邊的郎官。《漢書·百官公卿表上》：“太子太傅、少傅，古官。屬官有太子門大夫、庶子、先馬、舍人。”本書《百官志四》：“太子舍人，二百石。本注曰：無員，更直宿衛，如三署郎中。”

［4］【李賢注】講，習也。《論語》之文。【今注】學之不講：《論語·述而》：“子曰：‘德之不修，學之不講，聞義不能徙，不善不能改，是吾憂也。’”

［5］【今注】耆：老。

［6］【今注】專業：專門的學問。

［7］【今注】結童：剛束髮的兒童。

［8］【今注】委：困頓。

［9］【今注】愍：通“憫”。

［10］【今注】科：等第、等次。

［11］【李賢注】劉艾《獻帝紀》曰（艾，大德本、殿本作“文”）：“時長安中爲之謡曰：‘頭白皓然，食不充糧。裹衣褰裳（褰，殿本作“蹇”），當還故鄉。聖主愍念（主，殿本作“王”），悉用補郎。舍是布衣，被服玄黄。’”

冬十月，太學行禮，[1]車駕幸永福城門，[2]臨觀其儀，賜博士以下各有差。[3]

［1］【今注】太學：中國古代國立最高學府。商代甲骨文即記載“大學”，西周亦有“大學”，是爲後世太學之濫觴。西漢武帝時采納董仲舒建議設立太學。王莽時太學零落。東漢建武五年（29）十月，光武帝起營太學，訪雅儒，采求經典闕文，四方學士雲會京師洛陽，於是立五經博士。東漢太學與郊兆、明堂、辟雍等均位於洛陽城南郊。

［2］【今注】案，曹金華《後漢書稽疑》謂，“‘永福城門’《范書》僅見，《後漢紀》卷二七作‘宣平城門’”（第178頁）。

［3］【今注】博士：官名。爲太常屬官，秩比六百石。《漢書·百官公卿表上》：“博士，秦官，掌通古今，秩比六百石，員多至數十人。”在秦和漢初，博士帶有學術顧問的性質，既掌管其專門之學，又參預政治討論，還外出巡行視察。西漢武帝建元五年（前136）又置五經博士，專掌儒家經學傳授。東漢光武帝置五經十四博士。有博士祭酒一人，六百石。本書《百官志二》：“博士十四人，比六百石……本四百石，宣帝增秩。”　差：等次、等級。

辛丑，京師地震。有星孛于天市。[1]

［1］【李賢注】《袁宏紀》曰（紀，殿本作“記”）：“孛于天市，將從天子移都，其後上東遷之應也。”【今注】星孛：光芒四射的彗星。孛，彗星之別稱。古以彗星爲不祥，預兵戎之災。　天市：星官名。即天市垣。是三垣的下垣，位居紫微垣之下的東南方向。詳見《史記·天官書》。本書《天文志下》“有星孛于天市”，占曰“彗除天市，天帝將徙，帝將易都”。

司空楊彪免，太常趙温爲司空。[1]

[1]【今注】趙温：字子柔，趙典侄。初爲東漢京兆丞，後歷官司空、司徒、録尚書事。曾勸李傕同郭汜和解，幾乎被殺。從獻帝都許，被曹操解職。

公孫瓚殺大司馬劉虞。

十二月辛丑，地震。

司空趙温免，乙巳，衛尉張喜爲司空。[1]

[1]【李賢注】《獻帝春秋》曰“喜”作“嘉”。【今注】張喜：汝南細陽（今安徽太和縣東南）人。趙景王張耳後代，司空張濟之弟。舉孝廉出身，初任衛尉。東漢獻帝初平四年（193），代替趙温爲司空、録尚書事。曹操掌權之後，因病遜位，卒於家中。

是歲，琅邪王容薨。[1]

[1]【今注】琅邪王容：劉據子，東漢末年琅邪王。獻帝初平四年（193）逝世，立八年，謚號“順”，國絶。建安十一年（206），在曹操運作下，復立劉容之子劉熙爲琅邪王。琅邪，國名。治開陽縣（今山東臨沂市北）。

興平元年春正月辛酉，[1]大赦天下，改元興平。甲子，帝加元服。[2]二月壬午，追尊謚皇妣王氏爲靈懷皇后，[3]甲申，改葬于文昭陵。[4]丁亥，帝耕于藉田。[5]

[1]【今注】興平：東漢獻帝劉協年號（194—195）。

［2］【今注】加元服：行冠禮，表示成年。元服，皇帝之冠。《漢書》卷七《昭帝紀》顔師古注："元，首也。冠者，首之所著，故曰元服。"

［3］【今注】謚：古代帝王、貴族、大臣死後，依其生前事迹，所給予的帶有褒貶意義的稱號。《説文》："行之迹也。" 皇妣：對亡母的尊稱。《禮記·曲禮下》："父曰皇考，母曰皇妣。" 王氏：王美人，東漢獻帝生母。

［4］【今注】文昭陵：靈思皇后與靈懷皇后的合葬墓，位於東漢靈帝文陵側，在今河南洛陽市東北漢魏故城西北。

［5］【今注】藉田：古代帝王親自耕種，所收糧食專用於祭祀的土地。"籍田"不是"公田"，而是一種特殊的"祭祀田"。商代在孟津一帶設有專門土地，收穫糧食專供祭祀，是爲籍田之萌芽。清華大學藏戰國竹簡《繫年》記載周武王創設籍田，《國語·周語上》記載周宣王時籍田禮廢弛。西周的籍田名爲"千畝"，有學者認爲西周籍田不止"千畝"一處。（參見劉光勝、王德成《從"殷質"到"周文"：商周籍田禮再考察》，《江西社會科學》2018年第2期）西漢文帝時開始設置籍田。《漢書》卷四《文帝紀》："（二年）春正月丁亥，詔曰：夫農，天下之本也，其開藉田，朕親率耕，以給宗廟粢盛。"並置籍田令，《漢書·百官公卿表上》："（大司農）屬官有太倉、均輸、平準、都内、籍田五令、丞。"籍田令管理籍田事宜，隸大司農。東漢省。江西南昌海昏侯墓出土有"昌邑籍田銅鼎"，其銘文曰："昌邑籍田銅鼎，容十斗，重卌八斤，第一。"説明西漢諸侯王國亦設置"籍田"。

三月，韓遂、馬騰與郭汜、樊稠戰於長平觀，遂、騰敗績，左中郎將劉範、前益州刺史种劭戰殁。[1]

［1］【李賢注】《前書音義》曰："長平，阪名也（阪，殿本

作‘陂’)，上有觀，在池陽宫南，去長安五十里，今涇水南原睉城是也。”《袁宏紀》曰：“是時馬騰以李傕等專亂，以益州刺史劉焉宗室大臣，遣使招引共誅傕。焉遣子範將兵就騰（就，大德本、殿本作‘執’）。故涼州刺史种劭，太常拂之子也。拂爲傕所害，劭欲報仇，遂爲此戰。”【今注】韓遂：字文約，金城（今甘肅蘭州市）人。本西涼豪强。嘗説何進誅諸宦官，進未從。東漢靈帝中平元年（184）北宫伯玉等起事，奉邊章、韓遂爲軍主攻殺金城太守，割據一方。邊章卒，推遂爲主。獻帝興平元年（194）與馬騰率軍與郭汜、樊稠戰於長平觀，敗績。獻帝建安時其軍力擴展至關中，建安七年（202）曹操方用兵河北，乃表遂爲征西將軍以緩其進。建安十六年與馬超合軍戰操於渭南，敗走西涼。未幾爲部將所殺。　馬騰：字壽成，扶風茂陵（今陝西興平市東北）人。初爲涼州刺史耿鄙軍司馬，曾鎮壓氐羌起事。後遷征西將軍。獻帝建安十三年，入朝爲衛尉，封槐里侯。後其子馬超舉兵背曹操，操擊破之，遂殺騰。　長平觀：地名。一作“長平館”。在今陝西涇陽縣西南。　左中郎將：官名。西漢置，隸光禄勳。居宫禁中，與五官、右中郎將分領中郎，更直宿衛，協助光禄勳考核管理郎官謁者從官。秩比二千石。一説專掌謁者。多由外戚及親近之臣充任。東漢時領左署中郎、侍郎、郎中，職掌訓練、管理、考核後備官員，出居外朝。　劉範：益州牧劉焉長子，任左中郎將。東漢獻帝初平四年（193），與弟治書御史劉誕爲内應，與征西將軍馬騰合謀偷襲長安，除掉董卓餘黨李傕。結果計事不密，範、誕被殺，偷襲失敗。　益州：西漢武帝時所置十三刺史部之一。轄境相當於今四川折多山、雲南怒山、哀牢山以東，甘肅隴南市武都區、兩當縣，陝西秦嶺以南，湖北十堰市鄖陽區、保康縣西北，貴州除東邊以外地區。　种劭：字申甫，种拂子。傳見本書卷五六。

夏六月丙子，分涼州河西四郡爲廱州。[1]

［1］【李賢注】謂金城、酒泉、燉煌、張德（德，紹興本、大德本、殿本作“掖”，底本誤）。【今注】涼州：西漢武帝時所置十三刺史部之一。東漢時治隴縣（今甘肅張家川回族自治縣）。轄境相當於今甘肅、寧夏，青海湟水流域，陝西定邊、吴起、鳳縣、略陽和内蒙古額濟納旗一帶。　河西四郡：西漢武帝元狩二年（前121），匈奴昆邪王殺休屠王降漢，以其故地置酒泉、武威二郡。元鼎六年（前111）又分置張掖、敦煌二郡。因地在今甘肅黄河上游以西，地理上自成一體，政治上聯係密切，故稱河西四郡。　廱州：東漢獻帝興平元年（194）置，治姑臧縣（今甘肅武威市）。轄境相當於今甘肅河西走廊地區。建安十八年（213）移治長安縣（今陝西西安市西北）。轄境相當於今陝西中部、甘肅、寧夏南部及青海湟水流域。

丁丑，地震；戊寅，又震。乙巳晦，[1]日有食之，帝避正殿，[2]寢兵，[3]不聽事五日。[4]大蝗。

［1］【今注】晦：每月最後一日。

［2］【今注】避正殿：正殿是位置居中的主殿。國家有災異急難之事，帝王避正殿，以自我貶責，意在消災彌難。

［3］【今注】寢兵：息兵。

［4］【今注】聽事：處理政事。

秋七月壬子，太尉朱儁免。戊午，太常楊彪爲太尉，録尚書事。

三輔大旱，[1]自四月至于是月。帝避正殿請雨，遣使者洗囚徒，原輕繫。[2]是時穀一斛五十萬，[3]豆麥一斛二十萬，人相食啖，[4]白骨委積。[5]帝使侍御史侯汶出太倉米豆，[6]爲飢人作糜粥，[7]經日而死者無降。[8]帝疑賦卹有虚，[9]乃親於御坐前量試作糜，乃知非實，[10]使侍中劉艾出讓有司。[11]於是尚書令以下皆詣省閤謝，[12]奏收侯汶考實。[13]詔曰："未忍致汶于理，[14]可杖五十。"自是之後，多得全濟。

[1]【今注】三輔：西漢武帝時至東漢末年治理長安京畿地區的三位官員，即京兆尹、左馮翊、右扶風，亦指三位官員管轄的三個地區，此爲後者。秦設内史，掌管京畿地區。西漢景帝前元二年（前155）分内史爲左、右内史，與主爵中尉（不久改爲主爵都尉）同治長安城中，所轄皆京畿之地，故合稱"三輔"。武帝太初元年（前104）改左、右内史，主爵都尉爲左馮翊、京兆尹、右扶風。東漢沿置。

[2]【李賢注】洗謂蕩滌也。【今注】洗：洗冤，昭雪冤枉。

[3]【今注】案，是時，大德本、殿本作"是歲"。　斛：古代容量單位。《説文》："斛，十斗也。"

[4]【今注】啖：食。

[5]【今注】委積：聚集、堆積。

[6]【今注】太倉：設於京師的國家糧倉，亦指管理糧倉的官署。始於秦，漢沿置，屬大司農，有令、丞各一人，主要儲藏郡國轉運至京師的糧食。本書《百官志三》："太倉令一人，六百石。本注曰：主受郡國傳漕穀。丞一人。"　案，王先謙《後漢書集解》引錢大昕曰："自'是歲'以下百一十五字，又見《董卓傳》，當删彼存此。"惠棟曰："汶字文林，太原中都人，見《宗俱碑陰》。"曹金華《後漢書稽疑》謂，"以《范書》事不兩載及《紀》録要事之體例，當是删此存彼爲是"（第179頁）。

[7]【今注】糜：粥。《釋名·釋飲食》："糜，煮米使糜爛也。"大德本作"麋"。

［8］【今注】案，降，大德本作“數”。

［9］【今注】賦：給予。案，中華本校勘記謂《太平御覽》卷八三八引“賦”作“賑”。曹金華《後漢書稽疑》謂，“《董卓傳》作‘賦’，《後漢紀》卷二七作‘帝疑廩賦不實’，作‘賦’不誤”(第179頁)。

［10］【李賢注】《袁宏紀》曰：“時敕侍中劉艾取米豆五升於御前作糜（糜，大德本作‘麋’，本注不同），得滿三盂，於是詔尚書曰：‘米豆五升，得糜三盂，而人委頓，何也?’”【今注】案，糜，大德本作“麋”。

［11］【今注】劉艾：東漢末年人。歷任陜令、董卓長史、侍中、宗正、彭城相等，受封爲列侯。著有《漢靈獻二帝紀》。　讓：責備。

［12］【今注】尚書令：官名。秦、西漢時爲尚書署長官，掌收發文書，隸屬少府。初秩六百石，武帝以後，職權稍重，爲宫廷機要官員，掌傳達記録詔命章奏，並有權審閲宣讀裁決章奏，升秩千石。常以中朝官領、平、視尚書事，居其上。東漢時爲尚書臺長官，兼具宫官、朝官職能，掌決策出令、綜理政務，秩位雖低，實際上總領朝政，無所不統，名義上仍隸少府。朝會時，與御史中丞、司隸校尉皆專席坐，時號“三獨坐”。其上常置録尚書事，以太傅、太尉、大將軍等重臣兼領。〔參見吕宗力主編《中國歷代官制大辭典》（修訂版），第522頁〕　省閤：省門，指通往省中之禁門。省指宫省、省中，即皇帝日常起居之處。閤指宫中之小門。漢代禁中之門又稱“黄門”，“省閤”爲“黄門”的别稱。(參見宋傑《黄門與禁省——漢代皇帝宫内居住區域考辨》，《南都學壇》2020年第5期)

［13］【今注】考實：法律用語。指調查核實。

［14］【今注】理：掌刑獄的官署。

八月，馮翊羌叛，[1]寇屬縣，郭汜、樊稠擊破之。

[1]【今注】馮翊：左馮翊。西漢時期在京畿地區設置的政區，爲三輔之一。武帝太初元年（前104）改左内史置，轄區相當於一郡，因地屬畿輔，故不稱郡。東漢定都洛陽，但長安的三輔設置仍舊。西漢時治長安城（今陝西西安市西北）。東漢時移治高陵縣（今陝西西安市高陵區）。

九月，桑復生椹，人得以食。

司徒淳于嘉罷。

冬十月，長安市門自壞。

以衛尉趙温爲司徒，録尚書事。

十二月，分安定、扶風爲新平郡。[1]

[1]【今注】安定：郡名。治臨涇縣（今甘肅鎮原縣東南）。　新平郡：東漢獻帝興平元年（194）析右扶風及安定郡置，治漆縣（今陝西彬州市）。

是歲，楊州刺史劉繇與袁術將孫策戰于曲阿，[1]繇軍敗績，孫策遂據江東。[2]太傅馬日磾薨于壽春。[3]

[1]【李賢注】策字伯符，孫堅子。曲阿，今潤州縣。【今注】劉繇：字正禮，東萊牟平（今山東烟臺市西北）人。東漢末舉孝廉，歷爲郎中、下邑長。董卓亂後任揚州牧，有衆數萬人，與袁術對峙。後受孫策逼迫，退保豫章地區。在豫章曾擊敗笮融軍。不久病卒。傳見《三國志》卷四九。　孫策：字伯符，孫堅長子。孫權稱帝，追謚長沙桓王。傳見《三國志》卷四六。　曲阿：縣

名。治所在今江蘇丹陽市。

［2］【李賢注】《吴志》曰："孫策既破繇，遂度兵據會稽，策自領會稽太守。"【今注】江東：地區名。一名江左。本指今江蘇蕪湖市、南京市間長江河段以東地區。江東之稱始於漢初。《史記》卷七《項羽本紀》："籍與江東子弟八千人渡江而西，今無一人還，縱江東父兄憐而王我，我何面目見之？"即指此。三國時孫吴建都建鄴（今江蘇南京市），故時人又稱其統治的全部地區爲江東。江東，大德本、殿本作"山東"。

［3］【李賢注】壽春，縣名，屬九江郡，今壽春縣也。【今注】壽春：縣名。治所在今安徽壽縣。

二年春正月癸丑，大赦天下。

二月乙亥，李傕殺樊稠而與郭汜相攻。三月丙寅，李傕脅帝幸其營，[1]焚宫室。

［1］【今注】脅：脅迫。

夏四月甲午，立貴人伏氏爲皇后。[1]

［1］【今注】貴人：後宫名號。始於東漢，位僅次皇后。本書卷一〇上《皇后紀上》："及光武中興，斲彫爲朴，六宫稱號，唯皇后、貴人。貴人金印紫綬，俸不過粟數十斛。又置美人、宫人、采女三等，並無爵秩，歲時賞賜充給而已。"　伏氏：史稱伏皇后，名伏壽，東漢獻帝皇后，琅琊東武（今山東諸城市）人。紀見本書卷一〇下。

丁酉，郭汜攻李傕，矢及御前。[1]是日，李傕移帝幸北塢。[2]

［1］【李賢注】《山陽公載記》曰："時弓弩並發，矢下如雨，及御所止高樓殿前帷廉也（廉，大德本、殿本作'簾'）。"【今注】矢：箭。　御：古稱帝王所在之處及所用之物爲"御"。蔡邕《獨斷》卷上："（天子）所進曰御……御者進也，凡衣服加於身，飲食入於口，妃妾接於寢，皆曰御。"《韻會》："凡天子所止曰御。前曰御前，書曰御書，服曰御服，皆取統御四海之意。"王先謙《後漢書集解》引惠棟曰："蔡邕《獨斷》云，天子所在曰御前。"

［2］【李賢注】服虔《通俗文》曰"營居曰塢，一曰庳城"也。《山陽公載記》曰："時帝在南塢，傕在北塢。時流矢中傕左耳，乃迎帝幸北塢。帝不肯從，強之乃行。"【今注】塢：防守用的小堡。　案，曹金華《後漢書稽疑》謂，"《後漢紀》卷二八作'丙申，兵交及帝殿前……是日，傕復移乘輿幸北塢'，'丙申'先於'丁酉'一日"（第180頁）。

大旱。

五月壬午，李傕自爲大司馬。[1]六月庚午，[2]張濟自陝來和傕、汜。[3]

［1］【今注】案，曹金華《後漢書稽疑》謂，"興平二年五月辛丑朔，是月無'壬午'，《後漢紀》卷二八作'閏月……辛巳，車騎將軍李傕爲大司馬'。是年閏五月，辛未朔，'辛巳'十一日，'壬午'十二日，故'五月'當作'閏月'，又'辛巳'先於'壬午'一日，《通鑑》從《袁紀》"（第180頁）。

［2］【今注】案，曹金華《後漢書稽疑》謂，"《後漢紀》卷二八、《通鑑》卷六十一同，然興平二年六月庚子朔，七月庚午朔，'庚午'不當在六月"（第180頁）。

［3］【今注】陝：縣名。治所在今河南三門峽市陝州區。

秋七月甲子，[1]車駕東歸。郭汜自爲車騎將軍，楊定爲後將軍，[2]楊奉爲興義將軍，[3]董承爲安集將軍，[4]並侍送乘輿。[5]張濟爲票騎將軍，[6]還屯陝。八月甲辰，幸新豐。[7]冬十月戊戌，郭汜使其將伍習夜燒所幸學舍，[8]逼脅乘輿。楊定、楊奉與郭汜戰，破之。壬寅，幸華陰，[9]露次道南。[10]是夜，有赤氣貫紫宫。[11]張濟復反，與李傕、郭汜合。十一月庚午，李傕、郭汜等追乘輿，戰於東澗，[12]王師敗績，[13]殺光禄勳鄧泉、[14]衛尉士孫瑞、[15]廷尉宣播、大長秋苗祀、[16]步兵校尉魏桀、[17]侍中朱展、射聲校尉沮儁。[18]壬申，幸曹陽，露次田中。[19]楊奉、董承引白波帥胡才、李樂、韓暹及匈奴左賢王去卑，[20]率師奉迎，與李傕等戰，破之。十二月庚辰，[21]車駕乃進。李傕等復來追戰，王師大敗，殺略宫人，少府田芬、大司農張義等皆戰歿。[22]進幸陝，夜度河。乙亥，[23]幸安邑。[24]

［1］【今注】案，曹金華《後漢書稽疑》謂，“《後漢紀》卷二八作‘秋七月甲子，車駕出宣平門……丙寅……郭汜爲車騎將軍’，《通鑑》卷六十一同，然興平二年七月庚午朔，是月無‘甲子’‘丙寅’，諸書皆誤”（第180頁）。

［2］【今注】楊定：董卓部將。東漢獻帝時爲後將軍。李傕、郭汜劫持獻帝東行，定與汜合謀迎天子幸其營，未成。後汜與傕欲脅帝幸郿，定等不聽，與戰，敗奔荆州。

［3］【今注】楊奉：東漢獻帝時爲興義將軍，與董承侍帝東歸，郭汜遣將逼脅，奉與戰，破之。爲車騎將軍，出屯梁。曹操徙帝都許，奉奔袁術，後爲劉備所殺。　興義將軍：雜號將軍名。東漢置，掌征伐。

［4］【今注】董承：東漢獻帝舅。爲車騎將軍。與偏將軍王服、越騎校尉种輯等稱受密詔以謀誅曹操，事泄被殺。　安集將軍：雜號將軍名。東漢置，掌征伐。

［5］【今注】乘輿：古指皇帝的車馬器械等用具，又成爲皇帝的代稱。《獨斷》卷上："（天子）車馬、衣服、器械、百物曰乘輿……乘輿出於律。《律》曰：'敢盜乘輿服御物。'謂天子所服食者也。天子至尊，不敢渫瀆言之，故託之於乘輿。乘猶載也，輿猶車也，天子以天下爲家，不以京師宮室爲常處，則當乘車輿以行天下，故群臣託乘輿以言之。"古有"指斥乘輿"之罪，即指以言語非議、攻擊皇帝。

［6］【今注】票騎將軍：將軍名。西漢武帝元狩二年（前121）始用霍去病爲驃騎將軍，與大將軍衛青秩級相同，皆可加大司馬稱號。東漢時爲重號將軍，地位僅次於大將軍，秩萬石，位比三公，地位尊崇。本書《百官志一》："將軍，不常置。本注曰：掌征伐背叛。比公者四：第一大將軍，次驃騎將軍，次車騎將軍，次衛將軍。又有前、後、左、右將軍。"案，票，大德本、殿本作"驃"。

［7］【今注】新豐：縣名。治所在今陝西西安市臨潼區東北。

［8］【今注】伍習：亦名五習，郭汜部將，東漢興平二年（195）奉郭汜命焚燒學舍以威逼獻帝。建安二年（197）在郿縣反叛郭汜，並率軍襲殺郭汜。

［9］【今注】華陰：縣名。治所在今陝西華陰市東。

［10］【今注】露次：露宿野外。《資治通鑑》卷八九《晉紀》孝愍皇帝建興四年胡三省注："露次者，出宿於野，上無屋宇。"王先謙《後漢書集解》引王幼學云："露次言露室也。《周禮·掌次》注次謂幄也。"

[11]【李賢注】《獻帝春秋》曰："赤氣廣六七尺，東至寅，西至戌地（地，大德本作'也'）。"

[12]【今注】案，王先謙《後漢書集解》引惠棟曰："《獻帝春秋》：'十一月丙寅，車駕東行，到黄卷亭，庚午，乘輿到弘農。'《董卓傳》：'大戰於弘農東澗。'"

[13]【今注】案，王先謙《後漢書集解》引蘇輿曰："此沿《春秋》書法，時天子無兵，稱非其實也。或書官軍爲宜。"

[14]【今注】案，中華本校勘記謂，"《集解》引錢大昕説，謂《五行志》作'鄧淵'，此章懷避諱改"。

[15]【今注】士孫瑞：字君策，扶風（今陝西興平市東南）人。東漢獻帝初平元年（190）任執金吾，王允引爲僕射，謀誅董卓。後爲國三老、光禄大夫，頗有才謀。興平二年從駕東歸，爲李傕、郭汜所殺。王先謙《後漢書集解》引惠棟曰："瑞字君榮，扶風人，又見《王允傳》。"

[16]【李賢注】《獻帝春秋》"播"作"璠"也。【今注】廷尉：官名。秦漢中央最高司法審判機構長官。秩中二千石，列位九卿。主要審理皇帝交辦的詔獄案件和地方上讞或上請的案件，亦負責修訂、編纂律令等。《漢書·百官公卿表上》："廷尉，秦官，掌刑辟，有正、左右監，秩皆千石。景帝中六年更名大理，武帝建元四年復爲廷尉。宣帝地節三年初置左右平，秩皆六百石。哀帝元壽二年復爲大理。王莽改曰作士。"本書《百官志二》："廷尉，卿一人，中二千石。本注曰：掌平獄，奏當所應。凡郡國讞疑罪，皆處當以報。正、左監各一人。左平一人，六百石。本注曰：掌平決詔獄。" 宣播：東漢末司隸校尉。本書卷五四《楊彪傳》："（司徒黄琬爲太尉，楊彪）代黄琬爲司徒……議罷，（董）卓使司隸校尉宣播以災異奏免琬、彪等，詣闕謝，即拜光禄大夫。" 大長秋：官名。西漢景帝中元六年（前144）改將行置。或用士人，或用宦者，宣達皇后旨意，領受皇帝詔命，與詹事（中少府）、中太僕等

並爲皇后宮高級官員。秩二千石。有丞一員。東漢省詹事、中太僕等官後，成爲管理皇后宮事務的最高官員，其職尊顯，多由高級宦官遷任。〔參見吕宗力主編《中國歷代官制大辭典》（修訂版），第33頁〕《漢書・百官公卿表上》："將行，秦官，景帝中六年更名大長秋，或用中人，或用士人。"本書《百官志四》："大長秋一人，二千石。本注曰：承秦將行，宦者。景帝更爲大長秋，或用士人。中興常用宦者，職掌奉宣中宮命。凡給賜宗親，及宗親當謁見者關通之，中宮出則從。"

［17］【今注】步兵校尉：官名。西漢武帝時始置，爲北軍八校尉之一，秩二千石，位次列卿，屬官有丞、司馬等。領上林苑門屯兵，戍衛京師，兼任征伐。東漢時爲北軍五校尉之一，秩比二千石，隸北軍中候。掌宿衛禁兵，有司馬一員。當時五校尉所掌北軍五營爲京師主要的常備禁軍，故地位親要，官顯職閑，府寺寬敞，輿服光麗，伎巧畢給，多以皇室外戚近臣充任。〔參見吕宗力主編《中國歷代官制大辭典》（修訂版），第457頁〕

［18］【李賢注】《風俗通》曰："沮，姓也。黄帝時史官沮誦之後。"音側余反。【今注】射聲校尉：官名。西漢時八校尉之一。武帝時始置，秩二千石，位次列卿，屬官有丞、司馬等。領待詔射聲士，所掌爲常備精兵，屯戍京師，兼任征伐。東漢光武帝建武七年（31）省，十五年復置，爲五校尉之一，隸北軍中候。掌宿衛兵，屬官有司馬一員。舊有虎賁校尉掌輕車，亦省併射聲，故皇帝大駕、法駕出，則乘輕車隨行。當時五校尉所掌北軍五營爲京師主要的常備禁軍，故地位親要，官顯職閑，多以宗室外戚近臣充任。〔參見吕宗力《中國歷代官制大辭典》（修訂版），第750頁〕《漢書・百官公卿表上》："射聲校尉掌待詔射聲士。"服虔曰："工射者也。冥冥中聞聲則中之，因以名也。"應劭曰："須詔所命而射，故曰待詔射也。"本書《百官志四》："射聲校尉一人，比二千石。本注曰：掌宿衛兵。司馬一人，千石。"　沮儁：東漢末任射聲校尉，

興平二年，在護送獻帝過程中爲李傕、郭汜的追兵所殺。建安元年，曹操追贈沮儁爲弘農太守，以旌揚其死節。

［19］【李賢注】曹陽，澗名，在今陜州西南七里，俗謂之七里澗。崔浩云："自南山北通於河。"【今注】曹陽：山澗名。俗名七里澗。又名曹陽墟、曹陽坑、曹陽亭。在今河南靈寶市東北。

［20］【今注】胡才：白波軍首領。興平二年，楊奉領兵護送獻帝回洛陽，郭汜聯合李傕率領追兵追到弘農的曹陽，楊奉緊急召喚河東故友白波帥韓暹、胡才、李樂抵抗李傕等人。後楊奉戰敗，與天子連夜乘船逃走到河東大陽縣。天子爲張楊迎接，但仍然爲楊奉等人脅持，升胡才爲征東將軍。建安元年，胡才欲攻韓暹，爲天子所阻。胡才後來留在河東郡爲怨家所害。　李樂：白波軍將領。當李傕、郭汜起兵叛亂之時，楊奉召集白波軍首領前來與李、郭之軍交戰，李樂即在援軍之列。後留守於河東，病死。　韓暹：白波軍將領。受楊奉、董承誘引，進攻李傕、郭汜，援救獻帝，敗還并州，途中爲人所殺。　左賢王：匈奴官名。即左屠耆王。屠耆爲匈奴語"賢"。漢人因稱左屠耆王爲左賢王，爲單于手下的最高官職。匈奴尚左，故常以太子擔任此職。一般統率萬餘騎，居單于東方，最爲大國。下各置千長、百長、什長、裨小王、相、都尉、當户、且渠等官屬，以管理轄地軍政事務。案，曹金華《後漢書稽疑》謂，"'左賢王'當作'右賢王'。《董卓傳》作'故招白波帥李樂、韓暹、胡才及南匈奴右賢王去卑'，《南匈奴傳》、《袁紀》卷二八、《通鑑》卷六十一也作'右賢王去卑'"（第181頁）。　去卑：東漢時南匈奴王。任右賢王。獻帝興平二年，率部衆侍衛獻帝自長安東歸，拒擊李傕、郭汜。建安二十一年，隨呼厨泉單于入覲，及呼厨泉爲曹操留於鄴（今河北臨漳縣鄴鎮），奉曹操命返歸平陽監單于庭。

［21］【今注】案，曹金華《後漢書稽疑》謂，"興平二年十二月丁酉朔，是月無'庚辰'，《後漢紀》卷二八作'庚申，車駕發

東’,《通鑑》卷六十一同,‘庚申’爲二十四日”(第181頁)。

［22］【今注】案，田芬，中華本校勘記謂，“《集解》引惠棟説，謂《五行志》作‘田邠’”。　大司農：官名。西漢武帝太初元年（前104）改大農令置。秩中二千石，列位諸卿。掌全國租賦收入和國家財政開支，凡百官俸禄、軍費、各級政府機構經費等由其支付，管理各地倉儲、水利，官府農業、手工業、商業的經營，調運貨物，管制物價等。(參見林甘泉主編《中國歷史大辭典·秦漢史》，第20頁)《漢書·百官公卿表上》:“治粟内史，秦官，掌穀貨，有兩丞。景帝後元年更名大農令，武帝太初元年更名大司農。”本書《百官志三》:“大司農，卿一人，中二千石。本注曰：掌諸錢穀金帛諸貨幣。”

［23］【今注】案，曹金華《後漢書稽疑》謂，“‘乙亥’,《後漢紀》卷二八作‘丁亥’，周天游《校注》云：‘范書《獻帝紀》作“乙亥”。按十二月丁酉朔，無丁亥，也無乙亥。疑乃己亥之誤。’然《後漢紀》前有‘庚申車駕發東’,‘庚申’十二月二十四日，‘己亥’爲十二月初三，豈有‘幸安邑’先於‘車駕發東’之理？揆其文義，‘庚申’之後，唯有‘癸亥’與‘乙丑’近之，‘癸亥’二十七日，‘乙丑’二十九日也”(第182頁)。

［24］【今注】安邑：縣名。爲河東郡治。治所在今山西夏縣西北。

是歲，袁紹遣將麴義與公孫瓚戰於鮑丘,[1]瓚軍大敗。

［1］【李賢注】鮑丘，水名，出北塞中，南流經九莊嶺東，俗謂之大榆河（榆，紹興本作“揄”）。又東南經漁陽縣故城東，是瓚之戰處。見《水經注》。【今注】麴義：袁紹部將。久在涼州，曉習戰鬭，兵亦驍鋭。紹與公孫瓚交惡，義屢敗瓚軍。後恃功驕

恣，爲紹所殺。　鮑丘：河流名。在今天津市薊州區、寶坻區境内，東南流匯窠頭河，入薊運河。古鮑丘水上游即今潮河，下游略與今白河平行南流，折東南循今薊運河下游入海。

建安元年春正月癸酉，郊祀上帝於安邑，[1]大赦天下，改元建安。[2]

［1］【今注】郊祀：古代帝王祭祀天地之禮，是規格最高的一種祭禮。因祭祀場所設於城郊，故稱郊祀。先秦時代即存在郊祭，爲祭天之禮。秦在雍地設立祭天之所，稱四畤，祭白、青、黄、赤四帝。西漢武帝於長安東南郊立天神泰一和五帝祠，又在汾陰立地神后土祠。成帝、哀帝時期，匡衡等人對郊祀進行改革，在長安城南郊祭天、北郊祭地。平帝元始五年（5），王莽提出一套完備的南郊郊祀方案，稱爲“元始儀”。東漢光武帝繼承“元始儀”，在洛陽城南七里建南郊壇祭天，配祀高祖，在洛陽城北四里建北郊壇，配祀薄太后，南北郊祀制度確立。南郊壇是圓形的圜丘，北郊壇是正方形的方丘。東漢南郊祭天爲每年一次，在正月第一個辛日或丁日舉行，並於次日舉行北郊、明堂、高廟等祭祀。〔參見田天《秦漢國家祭祀史稿》，生活·讀書·新知三聯書店 2015 年版；［日］金子脩一著，肖聖中等譯《古代中國與皇帝祭祀》，復旦大學出版社 2017 年版〕　上帝：中國古代信仰中的至上神。商代即將“上帝”視爲最高神，甲骨文中稱爲“帝”或“上帝”，發源於自然神。“帝”有“帝廷”，有“帝使”，祖先神可以上“賓”於“帝”，與人類統治秩序相仿。“帝”具有降災和主宰城邑興亡、戰争勝負之權能，但是不接受人類之獻祭，與人類的關係没有祖先神密切。西周時期出現“天”，用“天”代替“帝”，或將“天”和“帝”結合，稱爲“昊天上帝”。周人之“天”與“帝”不同，受到人類之“德”的影響，産生天命轉移的觀念。戰國秦漢時期，又有白、

青、黄、赤、黑等五色帝或五方帝，並對之設立郊祀以進行祭祀。

［2］【今注】建安：東漢獻帝劉協年號（196—220）。

二月，韓暹攻衛將軍董承。[1]

［1］【今注】衛將軍：將軍名。西漢初爲將軍名號之一，統兵征戰，事訖即罷。文帝即位，拜宋昌爲之，總領南、北軍，始成爲重要武職，其後屢典京城、皇宫禁衛軍隊。東漢時位次大將軍、驃騎將軍、車騎將軍，秩萬石，位亞三公。開府置官屬。本書《百官志一》："將軍，不常置。本注曰：掌征伐背叛。比公者四：第一大將軍，次驃騎將軍，次車騎將軍，次衛將軍。又有前、後、左、右將軍。"

夏六月乙未，幸聞喜。[1]秋七月甲子，車駕至洛陽，幸故中常侍趙忠宅。[2]丁丑，郊祀上帝，大赦天下。己卯，謁太廟。[3]八月辛丑，幸南宫楊安殿。[4]

［1］【今注】聞喜：縣名。治所在今山西聞喜縣。

［2］【今注】中常侍：官名。秦和西漢時爲加官，有此加官，就能入禁中。東漢時由宦者擔任，初俸千石，後增至比二千石，掌侍從左右，從入内宫，贊導内衆事，皇上提出問題時，負責解答，或受差遣辦事。《漢書·百官公卿表上》："侍中、左右曹諸吏、散騎、中常侍，皆加官，所加或列侯、將軍、卿大夫、將、都尉、尚書、太醫、太官令至郎中，亡員，多至數十人。侍中、中常侍得入禁中，諸曹受尚書事，諸吏得舉法，散騎騎並乘輿車。"本書《百官志三》："中常侍，千石。本注曰：宦者，無員。後增秩比二千石。掌侍左右，從入内宫，贊導内衆事，顧問應對給事。"　趙忠：安平國（今河北衡水市冀州區）人。宦官。東漢桓帝、靈帝時期歷

任小黄門、中常侍。曾參與誅殺朝臣梁冀、何進，是專權朝政的主要宦官之一。後被袁紹所殺。

［3］【今注】太廟：古代帝王祭祀祖先的宗廟。先秦時期即存在太廟。東漢光武帝即位後，在洛陽建高廟，祭祀西漢高祖、文、武、宣、元等帝，並於長安的高廟祭成、哀、平三帝。光武帝去世後，明帝爲光武帝建立宗廟，稱爲世祖廟，後來的皇帝不再建廟，而是將神主移入世祖廟。東漢太廟每年在春夏秋冬四季舉行祭祀，稱爲時祭，此外，還有數年舉行一次的禘祭、祫祭等。

［4］【今注】南宫：洛陽城宫殿名，與“北宫”並爲東漢洛陽城兩大宫殿。西漢時洛陽已存在南宫，東漢光武帝對南宫進行了擴建，在宫中修建了前殿等建築，又在洛陽南郊興建了郊兆、太學、明堂等設施，還在洛陽城南墻上開闢了平城門，爲從南宫前往南郊提供了通道。南宫爲東漢多位皇帝居所，東漢末袁紹“燒南宫”後，少帝、獻帝皆居北宫。（參見陳蘇鎮《東漢的南宫和北宫》，《文史》2018 年第 1 輯）故此處言獻帝“幸南宫”。　楊安殿：洛陽南宫宫殿名。東漢建安元年（196），獻帝命張楊繕治南宫宫室，取名楊安殿。

癸卯，安國將軍張楊爲大司馬，[1] 韓暹爲大將軍，楊奉爲車騎將軍。

［1］【今注】安國將軍：雜號將軍名。東漢置，凡將軍皆掌征伐。三國吴沿置。《三國志》卷五六《吴書・朱治傳》：“二年，拜安國將軍，金印紫綬。”　張楊：字稚叔，雲中（今山西原平市）人。初在并州爲武猛從事，東漢靈帝時爲西園軍司馬，後受何進派遣歸本州募兵，領軍活動於上黨一帶。被董卓授以建義將軍、河内太守。曾以糧食接迎獻帝自長安返洛陽。曹操伐吕布，他謀援吕布，被部將楊醜所殺。傳見《三國志》卷八。

是時，宫室燒盡，百官披荆棘，依牆壁間。州郡各擁彊兵，而委輸不至，[1]群僚飢乏，[2]尚書郎以下自出採稆，[3]或飢死牆壁間，或爲兵士所殺。

[1]【今注】委輸：轉運，亦指轉運的物資。

[2]【今注】僚：官。

[3]【李賢注】稆音吕。《埤蒼》曰："穭自生也。"稆與穭同。【今注】尚書郎：又稱尚書侍郎，漢代尚書臺各曹屬吏。東漢尚書臺下設置六曹，每曹有尚書郎六人，共計三十六人（亦有三十四、三十五人之説），主文書起草，在尚書臺值班，秩四百石。本書《百官志三》："侍郎三十六人，四百石。本注曰：一曹有六人，主作文書起草。"據《漢官儀》記載，尚書郎初從三署郎中選取，經過尚書臺考試，成爲尚書郎中，滿歲稱侍郎（亦有説三年稱侍郎者）。尚書郎秩輕而職顯權重，升遷頗速。其出任外官，初補縣長，章帝後得補千石縣令，甚至有賜遷二千石刺史者。（參見安作璋、熊鐵基《秦漢官制史稿》，第275—276頁）　稆：同"穭"。一種自生的穀物。

辛亥，鎮東將軍曹操自領司隸校尉，録尚書事。曹操殺侍中臺崇、尚書馮碩等。[1]封衛將軍董承爲輔國將軍伏完等十三人爲列侯，[2]贈沮儁爲弘農太守。[3]

[1]【李賢注】《風俗通》曰："金天氏裔孫曰臺駘，其後氏焉。"《山陽公載記》曰"臺"字作"壺"。【今注】尚書：官名。屬少府，秩六百石，爲低級官員，在殿中主發布文書。秦及漢初與尚冠、尚衣、尚食、尚浴、尚席，稱"六尚"。西漢武帝時，選拔尚書、侍中組成"中朝"（或稱内朝），成爲實際上的中央決策機

關，因係近臣，地位漸高。成帝時設尚書五人，開始分曹辦事，群臣章奏都經尚書；到東漢，尚書成爲協助皇帝處理政務的官員。本書《百官志三》："尚書六人，六百石。本注曰：成帝初署尚書四人，分爲四曹：常侍曹尚書主公卿事，二千石曹尚書主郡國二千石事，民曹尚書主凡吏上書事，客曹尚書主外國夷狄事。"

［2］【今注】案，中華本校勘記曰："惠棟、王鳴盛、錢大昕皆謂'董承'下衍'爲'字。李慈銘謂當云'以執金吾伏完爲輔國將軍，封衛將軍董承等十三人爲列侯'，紀文傳寫脱誤。" 伏完：琅邪東武（今山東諸城市）人。伏無忌孫。襲爵不其侯，尚東漢桓帝女陽安公主，爲侍中。女壽，爲獻帝皇后，得任執金吾。建安初，拜輔國將軍，儀比三司。完以政在曹操，乃上印綬，拜中散大夫，尋遷屯騎校尉。伏後曾密令完誅曹操，完畏操而終不敢發。 列侯：爵位名。漢代二十等爵中的最高爵，又稱"徹侯""通侯"。《漢書·百官公卿表上》："徹侯，金印紫綬，避武帝諱，曰通侯，或曰列侯，改所食國令長名相，又有家丞、門大夫、庶子。"從秦琅邪刻石和文獻記載看，秦代即存在"列侯""通侯"。里耶秦簡《更名方》有"徹侯爲列侯"，可見秦代即將徹侯更名爲列侯，並非漢武帝所改。"列侯"具有封國和食邑權，其所食之邑的數量從幾百到數千不等，東漢列侯按照食邑數量又分爲縣侯、鄉侯、亭侯等。列侯有封國，侯國自有紀年，列侯之子也稱"太子"。侯國有置吏權，除侯國令長由中央任命外，其餘諸官吏均由侯國自置。根據尹灣漢簡，侯國職官有侯國相、丞、尉等行政官吏，大致與縣級行政系統平行，又有家丞、庶子、僕、行人、門大夫、洗馬等家吏。（參見柳春藩《秦漢封國食邑賜爵制》，遼寧人民出版社1984年版，第77—79頁；秦鐵柱《兩漢列侯問題研究》，博士學位論文，南開大學，2014年）

［3］【今注】案，曹金華《後漢書稽疑》謂，"'贈'前當奪'追'字，本紀載上年沮俊已被李傕追殺也，《後漢紀》卷二九即作'追贈'"（第183頁）。

庚申，遷都許。[1]己巳，幸曹操營。

[1]【今注】許：縣名。治所在今河南許昌縣東。王先謙《後漢書集解》引惠棟曰："王應麟云，漢潁川許縣，本許國，魏文帝改曰許昌。《春秋佐助期》曰，漢以許昌失天下。酈元曰，魏承漢歷，改名許昌也。"

九月，太尉楊彪、司空張喜罷。[1]冬十一月丙戌，曹操自爲司空，行車騎將軍事，[2]百官總己以聽。

[1]【今注】案，曹金華《後漢書稽疑》謂，"《後漢紀》卷二九作'八月……庚申，車駕東……己巳，車駕到許，幸曹營。甲戌……太尉楊彪、司空張喜以疾遜位'。而建安元年八月甲午朔，是月無'己巳'，九月癸亥朔，'己巳'爲七日，'甲戌'十二日，故'己巳'前當有'九月'，'九月'則作'甲戌'爲是"（第183頁）。

[2]【今注】案，行……事，漢代官吏兼任用語。指某官臨時代行某官的事務。所代行之官，多爲雖有本官，但本官多因休假、出差等，不在署辦公，故由他官臨時代爲處理其事務。〔參見［日］大庭脩著，徐世虹等譯《漢代官吏的兼任》，載《秦漢法制史研究》，第382—385頁〕

二年春，袁術自稱天子。三月，袁紹自爲大將軍。夏五月，蝗。秋九月，漢水溢。[1]

[1]【今注】漢水：一稱漢江。長江最大支流。源出今陝西寧強縣北之嶓冢山，東南流經陝西南部、湖北西北部和中部，在武漢

市入長江，長 1532 千米。

是歲飢，江淮間民相食。袁術殺陳王寵。[1]孫策遣使奉貢。

［1］【今注】陳王寵：東漢明帝劉莊玄孫，陳孝王劉承之子，陳國最後一位國君。中平年間，黄巾軍起義，劉寵徵兵自守衛，擁有部衆達十餘萬人。獻帝初平元年（190），各州郡起兵討伐董卓，劉寵率軍屯駐陽夏，自稱輔漢大將軍。建安二年（197），袁術向陳國求取糧草，遭陳國國相駱俊拒絶，袁術大爲生氣，便派刺客張闓假裝路過陳國，乘機殺死駱俊和劉寵。詳細事迹見本書卷五〇《孝明八王傳》。

三年夏四月，遣謁者裴茂率中郎將段煨討李傕，[1]夷三族。[2]

［1］【今注】謁者：官名。春秋戰國即有此官。秦漢時爲郎中令（光禄勳）屬官，設謁者僕射統領。西漢員七十人，秩比六百石。選孝廉、郎官年不滿五十、儀容威嚴能大聲贊導者充任。本職爲侍從皇帝，擔任賓禮司儀，亦常充任皇帝使者，出使諸侯王國、少數民族，巡視地方，派往災區宣慰存問、發放賑貸，或收捕、考案貴戚、大臣，主持水利工程等。擔任謁者一定期限後，可以拜任其他官職，如縣令、長史等。據文獻記載，西漢還有中謁者、大謁者等名稱，西安漢城出土有“河堤謁者”印。東漢又有常侍謁者、給事謁者、灌謁者等類别。東漢謁者爲外臺，與尚書中臺、御史憲臺並稱三臺。三臺到東漢末年掌握着實際朝政。案，曹金華《後漢書稽疑》謂，“《後漢紀》卷二九作建安二年‘冬十月，遣謁者僕射裴茂督三輔諸軍討李傕也。三年春正月，破傕，斬之，夷三族’。

《魏志·董卓傳》作‘建安二年，遣謁者僕射裴茂率關西諸將誅傕，夷三族’。《范書·董卓傳》作‘三年，使謁者僕射裴茂詔關中諸將段煨等討李傕，夷三族’。其諸説非一，然皆作‘謁者僕射裴茂’也”（第183頁）。　中郎將：官名。秦和西漢時本爲中郎長官，秩比二千石，隸屬郎中令（光禄勳）。職掌宫禁宿衛，隨行護駕，亦常奉詔出使，職位清要。後又設五官、左、右中郎將分領中郎、常侍侍郎、謁者。期門（虎賁）、羽林郎等亦專設中郎將統領。其職多由外戚及親近官員擔任，加中朝官號。東漢省併郎署，中郎、侍郎、郎中悉歸五官、左、右三署，作爲後備官員。五官、左、右中郎將仍隸光禄勳，職掌訓練考核選拔郎官。宫禁宿衛侍從之職歸虎賁、羽林中郎將。别設使匈奴中郎將管理南匈奴事務。亦有單稱中郎將者。〔參見吕宗力主編《中國歷代官制大辭典》（修訂版），第156頁〕　段煨：武威（今甘肅武威市）人。東漢獻帝時爲中郎將，屯華陰，謹修農事。帝東遷，煨迎至營，奉給御膳，贍百官。以討李傕功封侯，後徵爲大鴻臚，病卒。

［2］【李賢注】《獻帝起居注》曰“傳傕首到許，有詔高懸之”也。

吕布叛。[1]

［1］【今注】吕布：字奉先，五原九原（今内蒙古包頭市西）人。傳見本書卷七五、《三國志》卷七。

冬十一月，盜殺大司馬張楊。[1]

［1］【今注】案，曹金華《後漢書稽疑》謂，“此謂建安三年十一月事，而《董卓傳》作‘四年’，《袁紀》卷二九作‘三年春正月’，《魏志·武帝紀》作‘四年春二月’，疑本紀是”（第184

頁）。楊，大德本作“揚”。

十二月癸酉，曹操擊呂布於徐州，[1]斬之。[2]

［1］【今注】徐州：西漢武帝時所置十三刺史部之一。轄境相當於今山東東南部和江蘇長江以北地區。東漢時治郯縣（今山東郯城縣）。

［2］【今注】案，曹金華《後漢書稽疑》謂，“《後漢紀》卷二九作‘四年春，曹操獲呂布，斬之’。然據《呂布傳》《魏志·武帝紀》，曹操十月始圍城，‘灌其城三月’，則斬呂布在三年底四年初也”（第184頁）。

四年春三月，袁紹攻公孫瓚于易京，獲之。[1]

［1］【李賢注】公孫瓚頻失利，乃臨易河築京以自固，故號易京。其城三重，周回六里。今内城中有土京，在幽州歸義縣南。《爾雅》曰：“絶高謂之京，非人力爲之丘（殿本無‘力’字；丘，大德本作‘也’）。”【今注】易京：地名。在今河北雄縣西北。本書卷七三《公孫瓚傳》：據易地，“乃盛修營壘，樓觀數十，臨易河，通遼海”。李賢注：“瓚所居易京故城在今幽州歸義縣南十八里。”東漢獻帝建安四年（199）爲袁紹所破。

衛將軍董承爲車騎將軍。

夏六月，袁術死。

是歲，初置尚書左右僕射。[1]武陵女子死十四日復活。[2]

［1］【今注】尚書左右僕射：官名。秦、西漢時爲尚書令副貳，秩六百石。東漢時爲尚書臺次官，職權益重，若公爲之，增秩至二千石。本書《百官志三》："尚書僕射一人，六百石。本注曰：署尚書事，令不在則奏下衆事。"尚書僕射之職不限於啓封文書，也不僅是尚書令不在時"奏下衆事"，平時還有言、議、平事之責，能够論列尚書劾奏之是非，甚至可以反駁尚書令的奏議。有監察和諫諍之責，類似後來唐代的諫官。尚書僕射原爲一人，自此分置左右。王先謙《後漢書集解》引惠棟曰："應劭《漢官儀》曰，以執金吾榮郃爲左僕射，衛臻爲右僕射。《晉志》僕射分置左右，蓋自此始。"

［2］【李賢注】《續漢志》曰："女子李娥，年六十餘死，瘞於城外（外，殿本、大德本作'中'）。有行人聞冢中有聲，告家人出之。"【今注】武陵：郡名。治義陵縣（今湖南溆浦縣南）。東漢時移治臨沅縣（今湖南常德市武陵區）

五年春正月，車騎將軍董承、偏將軍王服、越騎校尉种輯受密詔誅曹操，[1]事洩。壬午，曹操殺董承等，夷三族。

［1］【今注】偏將軍：將軍名。西漢置，爲主將之下的副將、小將。　案，越騎校尉，王先謙《後漢書集解》引錢大昕曰："《董卓傳》作長水校尉。"

秋七月，立皇子馮爲南陽王。[1]壬午，南陽王馮薨。[2]

［1］【今注】皇子馮：東漢獻帝子，建安五年（200）七月受

封南陽王，壬午日（200年8月9日）去世。獻帝死後，劉馮長子劉康繼承山陽公封號。

［2］【今注】案，大德本無“馮”字。

九月庚午朔，日有食之。詔三公舉至孝二人，[1]九卿、校尉、郡國守相各一人。[2]皆上封事，[3]靡有所諱。[4]

［1］【今注】三公：職官合稱。東漢時指司徒、司馬、司空。較爲普遍的三公職官理論出現於戰國時期，並被上推古制。班固在《漢書·百官公卿表》中即把太師、太保、太傅，或司徒、司馬、司空視爲三公。然西周和春秋實際上並無三公制，戰國諸國亦未實行三公制。戰國晚期秦國開始把丞相稱爲三公，但是秦代並未將御史大夫、太尉和丞相並稱三公，因此秦代不存在三公制。西漢時期，不晚於景帝時，御史大夫被冠上三公的頭銜，至成帝時太尉也被列爲三公，三公分職開始形成。宣帝時置大司馬，成帝時將御史大夫改稱大司空，哀帝時將丞相改爲大司徒，三公制正式形成。東漢一世基本實行司徒、司馬、司空並稱的三公制。（參見卜憲群《秦漢三公制度淵源考》，《安徽史學》1994年第4期）

［2］【今注】九卿：職官合稱。東漢時指列入“卿”一級位次中，秩級爲中二千石的中央職官，包括奉常、光禄勳、衛尉、太僕、大鴻臚、廷尉、少府、宗正、司農等九職。先秦政制中有公、卿、大夫、士的位次排列，列國政制中也有“二卿”“三卿”等執政的事實，但是並無九卿制。秦及西漢初年既無九卿制，也無將中央部分官僚視爲九卿的説法。文景之後始將中央部分高級官吏泛稱爲九卿，非特指九人，其秩次既有中二千石也有二千石。西漢末年在儒家思想影響下九卿有向實際政制轉變之趨勢。至王莽時確定了九卿九職的制度，此制被東漢所繼承，東漢的九卿成爲專稱，具體

指九種職官。（參見卜憲群《秦漢九卿源流及其性質問題》，《南都學壇》2002年第6期）　校尉：職官類名。“校”是軍事編制單位，“尉”是武官通稱。校尉爲中級武官，地位低於將軍，高於都尉，西漢時秩二千石，東漢時秩比二千石。西漢武帝時置中壘、屯騎、步兵、越騎、長水、胡騎、射聲、虎賁等八校尉，屬官有丞及司馬。東漢將中壘校尉省去，又將胡騎併入長水，虎賁併入射聲，衹剩五校尉。此外還有司隸校尉、戊己校尉、護烏桓校尉、護羌校尉等。　守相：指郡守和王國相。

［3］【今注】封事：上呈皇帝的秘密奏章。漢代的普通奏章，先經尚書之文書作業，再送呈皇帝。封事則直接上呈皇帝，由皇帝本人或皇帝所指定的人開閱。（參見廖伯源《漢“封事”雜考》，載《秦漢史論叢》，中華書局2008年版，第195頁）

［4］【今注】靡：無。

曹操與袁紹戰於官度，[1]紹敗走。

［1］【李賢注】裴松之《北征記》曰：“中牟臺下臨汴水，是爲官度（度，大德本作‘渡’），袁紹、曹操壘尚存焉。”在今鄭州中牟縣北。【今注】官度：地名。或作“官渡”“中牟臺”。在今河南中牟縣東北。官度，大德本作“官渡”。

冬十月辛亥，有星孛于大梁。[1]

［1］【李賢注】大梁，酉之分。【今注】大梁：星次名。十二星次之一，在二十八宿中爲胃、昴、畢三星。《國語·晉語四》：“歲在大梁，將集天行。”韋昭注：“自胃七度至畢十一度爲大梁。”

東海王祗薨。[1]

[1]【今注】東海王祗：劉祗，東海孝王劉臻之子，東漢桓帝永壽二年（156）襲父爵爲東海王，獻帝建安五年（200）去世，謚號爲懿，其子劉羨嗣東海王位。一説，根據本書卷七〇《孔融傳》所載，此東海王祗爲獻帝子。

是歲，孫策死，[1]弟權襲其餘業。[2]

[1]【李賢注】爲許貢客所射傷。

[2]【李賢注】權字仲謀。【今注】權：孫權，字仲謀，孫堅子，孫策弟。傳見《三國志》卷四七。　餘業：遺留的功業。

六年春三月丁卯朔，[1]日有食之。

[1]【今注】案，紹興本"月"前無"三"字。中華本改"三"爲"二"，校勘記謂，"《集解》引錢大昕説，謂《五行志》作'十月癸未'。按：推是年二月丁卯朔，日食可見，'三月'乃'二月'之誤，今改，與《通鑑目録》引本志合"。

七年夏五月庚戌，袁紹薨。

于寘國獻馴象。[1]

[1]【李賢注】馴象謂隨人意也。【今注】于寘國：漢西域三十六國之一，屬西域都護府。都城在西城（今新疆和田市西二十里約特幹遺址）。詳見本書卷八八《西域傳》。

是歲，越嶲男子化爲女子。[1]

［1］【今注】越嶲：郡名。治邛都縣（今四川西昌市東南）。

八年冬十月己巳，公卿初迎冬於北郊，[1]總章始復備八佾舞。[2]

［1］【李賢注】斯禮久廢，故曰初。

［2］【李賢注】《袁宏紀》云（宏，大德本、殿本作“紹”）：“迎氣北郊，始用八佾。”佾，列也。謂舞者之行列。往因亂廢，今始備之。總章，樂官名。古之安代樂。【今注】總章：樂官名。掌管郊祀、明堂、宗廟之樂舞，亦掌管佾舞人員的選拔、管理、訓練及其舞制的編排等。總章亦是一種樂舞名，爲八佾女樂，稱“安世樂”。“安世樂”爲西漢祭祀宗廟之樂，屬西漢掖庭女樂之一種。“總章”原爲古代明堂之西堂的專名，學者或認爲，因此樂舞常用於明堂（總章）之祀五帝，故得名。東漢始設總章樂官，蓋爲大予令屬官。一度因戰亂停廢，獻帝建安八年（203）始復備。後歷代多沿置，至北齊以後無聞。（參見黎國韜《總章考》，《音樂研究》2008 年第 5 期；許繼起《樂府總章考論》，《文學評論》2013 年第 4 期）　案，曹金華《後漢書稽疑》謂，“建安八年十月壬午朔，是月無‘己巳’，《後漢紀》卷二九作‘九月，公卿迎氣北郊，始用八佾’。九月壬子朔，‘己巳’十八日，‘十月’當是‘九月’之訛”（第 184—185 頁）。

初置司直官，督中都官。[1]

［1］【李賢注】司直，秩比二千石，武帝元狩五年置，掌佐

丞相，舉不法也。建武十一年省，今復置之。【今注】司直：丞相司直，官名。丞相屬官，佐助丞相舉不法，秩比二千石。《漢書·百官公卿表上》："武帝元狩五年初置司直，秩比二千石，掌佐丞相舉不法。"西漢哀帝元壽二年（前1）將丞相更名大司徒，故稱丞相司直爲大司徒司直。東漢光武帝即位，依西漢武帝故事，置司直居丞相府，助督録諸州事。建武十一年（35）省。此處獻帝建安八年（203）復置丞相司直，然掌督中都官，不領諸州事。王先謙《後漢書集解》引惠棟曰："《漢名臣奏》張禹奏曰：'案今丞相奏事，司直持案，長史持簿。'棟案其時司直，掌督中都官，不屬司徒也。"　中都官：官署合稱。《漢書》卷八《宣帝紀》顏師古注："中都官，謂在京師諸官也。"宋傑認爲，中都官即在京的中央機構，具體指朝廷列卿所屬的諸官署。中都官附設監獄，稱"中都官獄"。西漢國内的行政組織基本上分爲三大系統，即中都官、三輔和郡國，代表中央各官署、首都特别行政區和地方行政部門，它們各有自己的司法機構，分别管轄屬下的監獄和囚犯，而中都官獄"或是泛指中央機構囚禁犯人的各種監獄，或是代表武帝以降設立的二十六所兼有司法審判職能的'詔獄'"。（參見宋傑《西漢的中都官獄》，載《漢代監獄制度研究》，第60—97頁）

九年秋八月戊寅，曹操大破袁尚，[1]平冀州，[2]自領冀州牧。[3]

[1]【今注】袁尚：字顯甫。袁紹少子。紹死，被審配等擁立嗣位。與其兄袁譚素不合，互相攻殺。遭曹軍進攻時兄弟即合兵同拒，曹軍一撤又互相殘殺。曹操圍鄴，率軍自平原回援，大敗於滏水之濱。後奔遼西烏丸，被公孫康誘斬。傳見《三國志》卷六。

[2]【今注】冀州：西漢武帝時所置十三刺史部之一。轄境相當於今河北中、南部，山東西端及河南北端。東漢時治高邑縣（今

河北柏鄉縣北)。後移治鄴縣（今河北臨漳縣西南)。

[3]【今注】案，曹金華《後漢書稽疑》謂，“《後漢紀》卷二九作九月‘戊辰，以司空曹操領冀州牧’，《魏志·武帝紀》作‘九月……天子以公領冀州牧’。而是年八月丁丑朔，戊寅爲初二，九月丁未朔，戊辰二十二日。故疑破袁尚在八月戊寅，領冀州牧在九月戊辰也”(第185頁)。

冬十月，有星孛于東井。[1]

[1]【今注】東井：星官名。又稱井宿。二十八宿之一。屬於朱雀七宿。詳見《史記·天官書》。

十二月，賜三公已下金帛各有差。自是三年一賜，以爲常制。

十年春正月，曹操破袁譚於青州，斬之。[1]

[1]【李賢注】《魏書》曰：“操攻譚不剋，乃自執桴鼓，應時破之。”【今注】袁譚：字顯思，袁紹長子。紹信後妻言，偏愛少子袁尚，令譚出爲青州刺史。紹卒，譚攻尚，敗還南皮。尚復攻譚，譚請救於曹操。後譚背操，軍敗被殺。傳見本書卷七四下。案，曹金華《後漢書稽疑》謂，“《後漢紀》卷二九作‘曹操攻袁譚於南皮，大破斬之’，《袁紹傳》作‘譚夜遁走南皮……軍未合而破’，是曹、袁戰於南皮也。而《郡國志》云南皮屬冀州勃海郡，《魏志·武帝紀》作‘攻譚，破之，斬譚，誅其妻子，冀州平’，故‘青州’乃‘冀州’之訛”(第185頁)。

夏四月，黑山賊張燕率衆降。[1]

［1］【李賢注】《魏書》（書，大德本、殿本作“志”）曰：“燕，本姓褚，常山真定人也。黄巾起，燕合聚少年爲群盗，萬餘人，博陵人張牛角爲主。牛角死，燕代爲主，故改姓張。燕剽勇，軍中號曰張飛燕。衆至百萬，號曰黑山賊（賊，曹金華《後漢書稽疑》謂，此出《魏志·張燕傳》，章懷注引多有删略，而‘號曰黑山賊’則擅增‘賊’字，豈有號稱‘黑山賊’之理？‘賊’字當删）。”【今注】黑山賊：指黑山軍，東漢末年農民起義軍的一支。黄巾主力被鎮壓後，冀州地區農民又相繼起義，大部二三萬人，小部六七千人，各部自立名號。其中以博陵（今河北蠡縣南）張牛角和常山（今河北元氏縣西北）褚燕所部勢力較大。張牛角犧牲後，其衆奉褚燕爲帥。褚燕改姓張，因勇敢敏捷，軍中號曰“飛燕”。部衆發展至百萬，號黑山軍。各部先後被袁紹消滅，張燕歸降曹操。 張燕：本姓褚，常山真定（今河北正定縣）人。漢末農民起義軍領袖。傳見《三國志》卷八。

秋九月，賜百官尤貧者金帛各有差。

十一年春正月，有星孛于北斗。[1]

［1］【今注】北斗：星名。亦稱杓星。北天排列成斗形的七顆亮星，是大熊星座最爲顯著的亮星。本書《天文志下》：“十一年正月，星孛于北斗，首在斗中，尾貫紫宫，及北辰。占曰：‘彗星掃太微宫，人主易位。’其後魏文帝受禪。”

三月，曹操破高幹於并州，[1]獲之。[2]

［1］【今注】高幹：字元才，陳留（今河南開封市）人。袁紹甥。東漢獻帝時爲并州刺史，素貴有名，士多歸附。仲長統謂其有雄志而無雄才，好士而不能擇人。後降曹操，復爲刺史。旋復叛，

操自征之，爲上洛都尉王琰捕斬。　并州：西漢武帝時所置十三刺史部之一。轄境相當於今山西大部及内蒙古、河北的一部。東漢時治太原（今山西太原市晉源鎮），轄境擴大，包括今陝西北部及河套地區。

［2］【李賢注】《典論》曰："上洛都尉王琰敗之，追斬其首。"

秋七月，武威太守張猛殺雍州刺史邯鄲商。[1]

［1］【李賢注】袁宏《漢紀》曰"雍州"作"涼州"也（雍，大德本、殿本作"廱"）。【今注】武威：郡名。治姑臧縣（今甘肅武威市）。　張猛：字叔威，敦煌（今甘肅敦煌市）人。張奂子。初爲郡功曹，後爲武威太守。殺刺史邯鄲商，韓遂發兵來攻，他自焚而死。　雍州：東漢獻帝興平元年（194）分涼州河西四郡置，治姑臧縣（今甘肅武威市），建安十八年（213）移治長安縣（今陝西西安市西北）。秦嶺以北弘農以西諸郡悉屬雍州。雍州，大德本、殿本作"廱州"。　邯鄲商：複姓邯鄲，陳留（今河南開封市）人，興平元年六月，受詔爲雍州刺史。建安十一年七月（一説在建安十四年），武威太守張猛叛亂，邯鄲商爲張猛所殺。

是歲，立故琅邪王容子熙爲琅邪王。齊、北海、阜陵、下邳、常山、甘陵、濟陰、平原八國皆除。[1]

［1］【今注】案，齊，大德本作"濟"。濟陰，中華本改爲"濟北"，校勘記謂據《集解》引錢大昕説及《校補》引錢大昭説改。

十二年秋八月，曹操大破烏桓於柳城，[1]斬其蹋頓。[2]

[1]【今注】烏桓：古族名。又作“烏丸”。東胡族的一支。秦漢之際，東胡遭匈奴冒頓單于的攻擊，部分遷居烏桓山（今内蒙古阿魯科爾沁旗北境，即大興安嶺山脉南端），因以爲名。以游牧射獵爲生。西漢武帝時，遷至上谷、漁陽、右北平、遼西、遼東五郡塞外，在今内蒙古錫林郭勒盟、赤峰市、通遼市南部長城以北地。東漢初入居塞内，置護烏桓校尉管理，駐寧城（今河北張家口市萬全區）。傳見本書卷九〇。　柳城：縣名。治所在今遼寧朝陽縣西南。

[2]【李賢注】蹋頓，匈奴王號。柳城，縣名，屬遼西郡，今營州縣。【今注】蹋頓：人名。烏桓人。東漢獻帝初平間，代其叔遼西烏桓大人丘力居爲首領，有武略，總攝遼西、遼東、右北平三郡。建安初助袁紹擊破公孫瓚，賜單于印綬。官渡之戰後，紹子尚來投，乃出兵，欲圖中原，爲曹操破於柳城，被斬。詳細事迹見本書卷九〇《烏桓傳》。

冬十月辛卯，有星孛于鶉尾。[1]

[1]【李賢注】鶉尾，巳之分也（殿本無“也”字）。【今注】鶉尾：星次名。十二星次之一，指翼、軫二宿，古以爲楚之分野。《國語·晉語四》：“二三子志之：歲在壽星及鶉尾，其有此土乎！”韋昭注：“自張十七度至軫十一度爲鶉尾之次。”本書《天文志下》載“有星孛于鶉尾”，徵兆曹操取荊州之事。

乙巳，黄巾賊殺濟南王贇。[1]

[1]【李賢注】河間孝三五代孫（三，紹興本、大德本、殿本作“王”，底本誤；五代孫，曹金華《後漢書稽疑》謂依范書例則爲六代孫）。【今注】濟南王贇：劉贇。熹平三年（174），靈帝封河間安王劉利之子劉康爲濟南王，劉康薨，子劉贇嗣位。獻帝建安十二年（207）十月，劉贇被黄巾軍所殺，子劉開嗣位，在位十三年。延康元年（220）魏文帝曹丕代漢稱帝，劉開被貶爲崇德侯。

十一月，遼東太守公孫康殺袁尚、袁熙。[1]

[1]【今注】遼東：郡名。治襄平縣（今遼寧遼陽市白塔區）。公孫康：公孫度子。東漢獻帝建安九年（204）承襲父位，繼續割據遼東。十二年將投奔於遼東的袁紹之子袁尚斬首，送於曹操，被封襄平侯，拜大將軍。卒後被魏文帝追贈大司馬。傳見《三國志》卷八。　袁熙：字顯雍，汝南汝陽（今河南商水縣）人。袁紹中子。爲幽州刺史。弟袁尚爲曹操所敗，熙與尚同奔遼東太守公孫康，爲康所殺。詳細事迹見《三國志》卷八《魏書·公孫康傳》。

十三年春正月，司徒趙温免。

夏六月，罷三公官，置丞相、御史大夫。[1]癸巳，曹操自爲丞相。

[1]【今注】丞相：官名。最高國務長官，掌助天子理萬機，領導百官。戰國秦始置，或設一員，或分設左、右。秦朝沿置，增設御史大夫爲其副貳，以相制約。西漢因襲秦制，職司機構更加完備。秩萬石，金印紫綬。秉承帝命，處理全國政務。丞相府組織日

益龐大，至武帝時有屬吏三百餘人，設東、西、奏、集、議等諸曹。武帝時形成參與決策的中朝（内朝）體制，丞相作爲外朝官首領，成爲執行成命的行政長官。成帝時號丞相、大司馬、大司空爲三公，同稱宰相，三分相權。哀帝元壽二年（前1）更名大司徒，東漢光武帝建武二十七年（51）改稱司徒。到東漢末年，司徒、相國、丞相並存，王允爲司徒，董卓自稱太尉進爲相國，而曹操又稱丞相。曹操將東漢司徒、司空、司馬三公廢除，重新設置丞相、御史大夫。〔參見吕宗力主編《中國歷代官制大辭典》（修訂版），第438頁〕　御史大夫：官名。秦始皇時始置，位僅次於丞相，輔佐丞相處理全國政務。西漢沿置，仍爲丞相副貳，秩中二千石，與丞相對稱"二府"，協調處理天下政務，而以監察、執法爲主要職掌。位上卿，銀印青綬。有兩丞，俸千石。一曰中丞，在殿中蘭臺，掌圖籍秘書，外督部刺史，内領侍御史十五人，受公卿奏事，舉劾按章。武帝以後，章奏詔命之出納轉歸尚書、中書，監察、彈劾之職權實移御史中丞，御史大夫職權逐漸旁落。成帝綏和元年（前8）改名大司空，列位三公。哀帝建平二年（前5）復舊，元壽二年復改大司空。東漢時稱司空，参議朝政，職掌土木工程，不復領御史、掌監察。御史中丞始成爲御史臺主，代御史大夫成爲一個獨立的監察官。東漢末曹操廢除三公制，重新設置御史大夫。

秋七月，曹操南征劉表。

八月丁未，光禄勳郗慮爲御史大夫。[1]

［1］【李賢注】《續漢書》曰："慮字鴻豫，山陽高平人也。少受學於鄭玄。"【今注】郗慮：字鴻豫，山陽高平（今山東鄒城市西南）人。少受學於鄭玄，官至御史大夫。與少府孔融不睦，承曹操意旨，以微法奏免融官。

壬子，曹操殺太中大夫孔融，夷其族。[1]

［1］【今注】太中大夫：官名。“大夫”類職官之一。西漢時秩比千石，東漢時秩千石，無員額。侍從皇帝左右，掌顧問應對，參謀議政，奉詔出使，多以寵臣貴戚充任。名義上隸屬郎中令（光禄勳）。〔參見吕宗力主編《中國歷代官制大辭典》（修訂版），第124頁〕《漢書·百官公卿表上》：“大夫掌論議，有太中大夫、中大夫、諫大夫，皆無員，多至數十人。武帝元狩五年初置諫大夫，秩比八百石，太初元年更名中大夫爲光禄大夫，秩比二千石，太中大夫秩比千石如故。”　孔融：字文舉，魯國（今山東曲阜市）人。孔子二十世孫。傳見本書卷七〇。

是月，劉表卒，少子琮立，[1]琮以荆州降操。[2]

［1］【今注】琮：劉琮，劉表少子。表死，在蔡瑁、張允等人支持下繼位，與其兄劉琦勢同水火。曹操攻荆州，他率部迎降，被授爲青州刺史，封列侯。

［2］【今注】案，曹金華《後漢書稽疑》謂，“‘琮以荆州降操’前疑奪‘九月’。《後漢紀》卷三十作‘九月，劉琮降曹操’，《魏志·武帝紀》作‘九月，公到新野，琮遂降’”（第186頁）。

冬十月癸未朔，日有食之。

曹操以舟師伐孫權，權將周瑜敗之於烏林、赤壁。[1]

［1］【今注】周瑜：字公瑾，廬江舒（今安徽廬江縣西南）人。少與孫策爲友，隨策征戰有功，任建威中郎將。策死，與張昭

同輔孫權，任前部大督。東漢獻帝建安十三年（208），曹操率軍南下，他與魯肅堅決主戰，並親率大軍大破操軍於赤壁。後官至偏將軍、南郡太守。建議孫權西取益州，北收漢中，未及實施，病卒。傳見《三國志》卷五四。　烏林：古地名。即今湖北洪湖市東北長江北岸鄔林磯。　赤壁：古稱石頭關。在今湖北赤壁市區西北 36 千米的長江南岸，隔江與烏林相望（或説即湖北武漢市江夏區西赤磯山，與紗帽山隔江相對）。

十四年冬十月，荆州地震。

十五年春二月乙巳朔，日有食之。

十六年秋九月庚戌，曹操與韓遂、馬超戰於渭南，遂等大敗，關西平。[1]

[1]【李賢注】《曹瞞傳》曰（瞞，大德本作“操”）：“時婁子伯説操曰：‘今天寒，可起沙爲城，以水灌之，可一夜而成。’公從之，比明城立。超、遂數挑戰不利，操縱虎騎夾擊，大破之，超、遂走涼州。”【今注】馬超：字孟起，右扶風茂陵（今陝西興平市東北）人。東漢末征西將軍馬騰子。初代父統領部衆，與韓遂聯兵攻曹操，兵敗後逃入諸戎。又率諸戎攻取涼州，不久被魏將楊阜擊敗，遂歸附劉備。從征益州劉璋有功，官至驃騎將軍。卒後謚威侯。　渭南：地區名。當指渭河之南。　關西：地區名。亦稱關右。漢、唐時泛指函谷關或潼關以西地區。

是歲，趙王赦薨。[1]

[1]【今注】趙王赦：劉赦。趙懷王劉豫之子。襲爵趙王，在位時長不詳，於東漢獻帝建安十六年（211）卒，謚獻王，子劉珪

嗣位。建安十八年，曹操廢趙國，劉珪被徒封博陵王。

十七年夏五月癸未，[1]誅衛尉馬騰，夷三族。

［1］【今注】案，曹金華《後漢書稽疑》謂，“《後漢紀》卷三十、《通鑑》卷六十六同，然是年五月壬辰朔，是月無‘癸未’，下文‘六月庚寅晦’亦可證其誤”（第186頁）。

六月庚寅晦，日有食之。

秋七月，洧水、潁水溢。[1]螟。[2]

［1］【今注】洧水：河流名。即今河南雙洎河。《説文》：“洧，水。出潁川陽城山，東南入潁。”《左傳》襄公元年：“晉韓厥、荀偃帥諸侯之師伐鄭，入其郛，敗其徒兵於洧上。”《漢書·地理志上》載潁川郡陽城縣：“陽城山，洧水所出，東南至長平入潁。”漢、唐故道，源出今河南登封市東陽城山，東流至西華縣西入潁水。　潁水：河流名。淮水支流。《説文》：“潁，水。出潁川陽城乾山，東入淮。”《山海經·海内東經》：“潁水出少室，少室山在雍氏南，入淮西鄢北。”《漢書·地理志上》載潁川郡陽城縣：“陽乾山，潁水所出，東至下蔡入淮。過郡三，行千五百里。”今潁河源出河南登封市嵩山西南，東南流到周口市，納沙河、賈魯河，至安徽壽縣正陽關入淮河，長557千米。

［2］【今注】螟：昆蟲。《説文》：“蟲食穀心者，吏冥冥犯法即生螟。”今一般認爲即螟蛾的幼蟲，危害農作物。

八月，馬超破涼州，殺刺史韋康。[1]

[1]【今注】韋康：字元將，京兆（今陝西西安市）人。雅度有才幹，孔融譽爲偉世之器。代父韋端爲涼州刺史。後爲馬超攻殺。

九月庚戌，立皇子熙爲濟陰王，懿爲山陽王，邈爲濟北王，敦爲東海王。[1]

[1]【李賢注】《山陽公載記》曰："時許靖在巴郡，聞立諸王，曰：'將欲歙之，必姑張之；將欲奪之，必姑與之。其孟德之謂乎！'"【今注】案，王先謙《後漢書集解》引錢大昕曰："東海王祗以建安五年薨，子羨嗣，魏受禪，始除。不應別封皇子，當是北海之訛。"

冬十二月，星孛于五諸侯。[1]

[1]【李賢注】五諸侯，星名也。【今注】五諸侯：星官名。屬三垣之中的太微垣，指的是天庭的五位地方諸侯。五諸侯星官由五顆星組成。案，據本書《天文志下》有星孛于五諸侯，"周群以爲西方專據土地者，皆將失土"。詳見本書《天文志下》。

十八年春正月庚寅，復《禹貢》九州。[1]

[1]【李賢注】《獻帝春秋》曰："時省幽、并州，以其郡國并於冀州；省司隸校尉及涼州，以其郡國并爲雍州；省交州（交，大德本、殿本作'兖'），并荆州、益州。於是有兖、豫、青、徐、荆、楊、冀、益、雍也（楊，大德本、殿本作'揚'）。"九數雖同，而《禹貢》無益州有梁州，然梁、益亦一地也。【今注】

禹貢九州：《尚書·禹貢》所載大禹所劃分之九州，分别爲冀州、兖州、青州、徐州、揚州、荆州、豫州、梁州、雍州。此處所復，與《禹貢》九州並不完全吻合，即有益州而無梁州，李賢等認爲益州、梁州本爲一地。王先謙《後漢書集解》引胡三省曰："割司州之河東、河内、馮翊、扶風及幽、并二州併入冀州；涼州所統，悉入雍州，又以司州之京兆入焉；又以司州之弘農、河南入豫州。交州併入荆州，則省司、涼、幽、并而復《禹貢》之九州矣。此曹操自領冀州牧，欲廣其所統以制天下耳。"

夏五月丙申，曹操自立爲魏公，加九錫。[1]

[1]【李賢注】案《禮含文嘉》曰："九錫謂一曰車馬，二曰衣服，三曰樂器，四曰朱户，五曰納陛，六曰虎賁士百人（士，大德本、殿本作'七'），七曰斧鉞，八曰弓矢，九曰秬鬯。"

大雨水。[1]

[1]【今注】案，王先謙《後漢書集解》引惠棟曰："《續志》六月，《獻帝起居注》七月。"

徙趙王珪爲博陵王。[1]

[1]【今注】案，曹金華《後漢書稽疑》謂，"此皆係於五月之後，而《五行志》作'十八年六月，大水'，《後漢紀》卷三十作'六月己巳，徙趙王珪爲博陵王'。據此，'大雨'前當有'六月'二字"（第187頁）。　趙王珪：劉珪。東漢獻帝建安十六年（211），趙獻王赦卒，子劉珪嗣位。建安十八年，曹操廢趙國，劉

珪被徙封博陵王。　博陵：郡名。東漢桓帝延熹元年（158）析中山郡置博陵郡，獻帝建安十八年，徙趙王珪爲博陵王，博陵郡爲博陵國，治博陵縣（今河北蠡縣南）。

是歲，歲星、鎮星、熒惑俱入太微。[1] 彭城王和薨。[2]

[1]【李賢注】是年秋，三星逆行入太微，守帝坐五十日（坐，殿本作“座”）。【今注】歲星：星名。即木星。古人認識到木星約十二年運行一周天，其軌道與黄道相近，因將周天分爲十二分，稱十二次。木星每年行經一次，即以其所在星次來紀年，故稱歲星。　太微：星官名。即太微垣，星座名。爲三垣之一，是三垣的上垣，位於紫微垣之下的東北方，北斗之南。

[2]【今注】彭城王和：劉和。東漢桓帝建和三年（149），彭城頃王劉定逝世，其子劉和嗣位。獻帝建安十八年（213），劉和逝世，在位 64 年，謚號“孝”，其孫劉祇繼位。彭城，國名。東漢章帝章和二年（88）改楚國置，徙六安王劉恭爲彭城王。治彭城縣（今江蘇徐州市雲龍區）。

十九年，夏四月，旱。五月，雨水。
劉備破劉璋，[1] 據益州。

[1]【今注】劉備：字玄德，涿郡涿縣（今河北涿州市）人。三國蜀皇帝，亦稱先主。在位三年。謚昭烈。傳見《三國志》卷三二。　劉璋：字季玉，劉焉子。焉死，襲益州牧，繼續割據益州地區。繼位之初，與張魯斷交，屢爲所敗；趙韙起兵反叛，他依靠東州兵纔鎮壓下去。曾遣使向曹操通好，後從張松建議，迎劉備入

蜀。東漢獻帝建安十九年（214），劉備圍成都，遂開城出降，被遷於南郡公安。後孫權取荆州，一度又立他爲益州牧，駐秭歸。傳見《三國志》卷三一。

冬十月，曹操遣將夏侯淵討宋建于枹罕，獲之。[1]

［1］【李賢注】抱罕（抱，紹興本、大德本、殿本作“枹”），縣，屬金城郡，今河州縣也。《魏志》曰：“淵字妙才，沛國譙人（大德本、殿本句末有‘也’字）。”【今注】夏侯淵：字妙才。夏侯惇族弟。初以别部司馬、騎都尉從曹操起兵，後從征袁紹、昌豨，並鎮壓濟南、樂安等郡黄巾軍。東漢獻帝建安十七年（212）任護軍將軍，鎮守長安，先後擊敗秦隴地區馬超、韓遂、宋建等勢力。張魯降曹，他又奉命以征西將軍鎮守漢中。二十四年遭蜀軍襲擊，戰亡。謚滑侯。傳見《三國志》卷九。　宋建：枹罕（今甘肅臨夏市）人，東漢末年涼州軍閥之一。早年隨韓遂、邊章等起事於西州。自稱河首平漢王，聚集部下於枹罕，改元，置百官，割據三十餘年。獻帝建安十九年，爲曹操派遣大將夏侯淵所破，滅亡。案，宋建，大德本、殿本作“朱建”。中華本校勘記謂，“汲本、《集解》本‘宋建’作‘朱建’。《集解》引錢大昕説，謂《天文志》作‘宋建’，《董卓傳》作‘宗建’，《三國志》亦作‘宋建’”。　枹罕：縣名。治所在今甘肅臨夏市南。

十一月丁卯，曹操殺皇后伏氏，滅其族及二皇子。[1]

［1］【李賢注】《山陽公載記》曰：“劉備在蜀聞之，遂發喪。”

二十年春正月甲子，立貴人曹氏爲皇后。[1]賜天下男子爵，人一級，孝悌、力田二級。[2]賜諸王侯公卿以下穀各有差。

[1]【今注】曹氏：史稱漢獻穆曹皇后，名節，曹操女。初入宮爲夫人，伏皇后被廢殺，進號皇后，曹魏代漢，爲山陽公夫人。紀見本書卷一〇下。

[2]【今注】孝悌力田：又作“孝弟力田”。漢代官府設置的兩類身份，亦爲鄉官之名。“孝悌”指孝敬父母、尊敬兄長，“力田”指努力耕作。《漢書》卷二《惠帝紀》：“（孝惠四年）春正月，舉民孝弟力田者，復其身。”是爲漢廷舉“孝弟力田”之始。吕后時期將“孝弟力田”設置爲鄉官。西漢文帝時開始按照户口設置“孝弟力田”的“常員”。終兩漢之世，舉“孝弟力田”成爲一種固定的制度。被推舉出來的“孝弟力田”，或免除徭役，或厚加賞賜，其作用是使其爲民表率。除個别例外，一般都不是到政府去做官，至多和三老相似，做一個鄉官而已。（參見安作璋、熊鐵基《秦漢官制史稿》，第802頁）

秋七月，曹操破漢中，[1]張魯降。[2]

[1]【今注】漢中：郡名。治南鄭縣（今陝西漢中市漢臺區）。

[2]【今注】張魯：字公祺，沛國豐（今江蘇豐縣）人。祖父張陵創立五斗米道。他初被益州牧劉焉授以督義司馬，奉命與張修進攻漢中。後殺張修並收編其衆，占據漢中。推行五斗米道，實行政教合一。境内安定，生産發展，户口增加。東漢獻帝建安二十年（215）遣弟張衛迎戰曹操於陽平關，兵敗，封府庫而奔巴中，不久降操，拜鎮南將軍，封閬中侯。卒後謚原侯。傳見《三國志》卷八。

二十一年夏四月甲午，曹操自進號魏王。

五月己亥朔，日有食之。

秋七月，匈奴南單于來朝。[1]

［1］【今注】匈奴：中國古代北方民族。又稱“胡”。東漢光武帝時，匈奴分裂爲二：南下歸附漢朝者稱南匈奴，入居漢沿邊北地、朔方、五原、西河、雲中、定襄、雁門、代諸郡，主要在今内蒙古黄河南北之地，單于庭在美稷縣（今内蒙古准格爾旗西北）。留在漠北者稱北匈奴，單于庭仍在燕然山（今蒙古國杭愛山）地區。詳見《漢書》卷九四《匈奴傳》和本書卷八九《南匈奴傳》。南單于：“單于”爲漢時匈奴對其國君的稱謂。《漢書》卷九四上《匈奴傳上》：“單于姓攣鞮氏，其國稱之曰‘撑犂孤塗單于’。匈奴謂天爲‘撑犂’，謂子爲‘孤塗’，單于者，廣大之貌也，言其象天單于然也。”東漢光武帝建武二十三年（47），匈奴發生王位之争。次年，部領匈奴南邊的薁鞬日逐王比自立爲單于，依附東漢稱臣，史稱“南單于”，自此匈奴分爲南北。

是歲，曹操殺琅邪王熙，國除。[1]

［1］【李賢注】坐謀欲度江（度，殿本作“渡”），被誅。【今注】琅邪王熙：劉熙。東漢獻帝初平四年（193），琅邪王劉容去世，謚號“順”，國絶。建安十一年（206），在曹操的運作下，復立劉容之子劉熙爲琅邪王。琅邪王劉熙在位十一年，坐謀欲過江，被曹操誅殺，琅邪國被廢爲郡。

二十二年夏六月，丞相軍師華歆爲御史大夫。[1]

［1］【今注】華歆：字子魚，平原高唐（今山東禹城市）人。初舉孝廉，後爲郎中。曹魏時期歷官議郎、尚書令、司徒、太尉等職，是魏初名臣。持身儉素，常賑濟故舊宗族，家無餘財。卒後謚敬侯。傳見《三國志》卷一三。案，王先謙《後漢書集解》引錢大昕曰："《魏志·華歆傳》：魏國初建，爲御史大夫。是歆爲魏國之御史大夫，非漢廷之御史大夫也。劉昭注《百官志》云：建安十三年，罷司空，置御史大夫。御史大夫郗慮免，不得補。考建安十九年廢皇后伏氏，慮尚在職，至二十一年封魏王操，則宗正劉艾行御史大夫事，二十五年禪位，則太常張音行御史大夫事，然則郗慮以後漢廷無真授御史大夫，其説信矣。《魏志·太祖紀》書華歆爲御史大夫而不書郗慮，慮爲漢臣，歆爲魏臣故也。歆之除授，不當書於漢紀，且使歆而得書，則鍾繇爲相國，何以轉不書乎？蔚宗未達官制，因有此誤。"

冬，有星孛于東北。

是歲大疫。

二十三年春正月甲子，少府耿紀、丞相司直韋晃起兵誅曹操，不克，夷三族。[1]

［1］【李賢注】《三輔決録》曰（中華本"録"後有"注"字，其校勘記謂"《三輔決録》趙岐著。《集解》引陳景雲説，謂'決録'下當有'注'字，趙岐卒於建安六年，不及見此事。今據補"）："時有京兆全禕（全，大德本、殿本作'金'），字德偉，自以代爲漢臣，乃發憤，與耿紀、韋晃欲挾天子以攻魏，南援劉備。事敗，夷三族。"【今注】耿紀：扶風茂陵（今陝西興平市東北）人。耿秉曾孫。少有美名，辟公府，曹操甚敬異之，遷少府。東漢獻帝建安末，紀以操將篡漢，與丞相司直韋晃等謀起兵誅操。事敗，夷三族。　韋晃：東漢獻帝時爲丞相司直。與少府耿紀

等謀起兵誅曹操，南援劉備，事敗被殺，夷三族。

三月，有星孛于東方。[1]

［1］【李賢注】杜預注《左傳》云“平旦，衆星皆没，而孛星乃見”，故不言所在之次。【今注】案，本書《天文志下》：“二十三年三月，孛星晨見東方二十餘日，夕出西方，犯歷五車、東井、五諸侯、文昌、軒轅、后妃、太微，鋒炎指帝坐。占曰：‘除舊布新之象也。’”中華本校勘記謂，“《袁紀》‘東方’作‘東井’”。曹金華《後漢書稽疑》謂“此作‘東方’不誤”（第189頁）。

二十四年春二月壬子晦，日有食之。

夏五月，劉備取漢中。

秋七月庚子，[1]劉備自稱漢中王。

［1］【今注】案，曹金華《後漢書稽疑》謂，“建安二十四年七月辛亥朔，不當有‘庚子’。《後漢紀》卷三十作‘秋八月……遂于沔陽設壇場，御王冠於劉備’。是年八月庚辰朔，‘庚子’二十一日”（第189頁）。

八月，漢水溢。

冬十一月，孫權取荆州。

二十五年春正月庚子，魏王曹操薨。[1]子丕襲位。[2]

［1］【李賢注】《魏志》曰，操字孟德，薨時年六十六。

［2］【李賢注】《魏志》曰，丕字子桓，操之太子。【今注】丕：曹丕，即魏文帝，三國魏皇帝。字子桓。曹操次子。東漢獻帝延康元年（220），操死，嗣爲魏王，繼任丞相。行九品中正制，確立士族門閥政治特權。尋廢獻帝爲山陽公，代漢稱帝，改元黄初，建立魏王朝，都洛陽，曾兩次率軍攻吴，無功而返。性好文學，有《魏文帝集》。在位七年。紀見《三國志》卷二。

二月丁未朔，日有食之。

三月，改元延康。[1]

［1］【今注】延康：東漢獻帝劉協年號（220）。

冬十月乙卯，皇帝遜位於魏，[1]魏王丕稱天子。[2]奉帝爲山陽公，[3]邑一萬户，位在諸侯王上，奏事不稱臣，受詔不拜，以天子車服郊祀天地，宗廟、祖、臘皆如漢制，[4]都山陽之濁鹿城。[5]四皇子封王者，皆降爲列侯。

［1］【今注】案，紹興本、大德本、殿本無"於魏"二字。

［2］【李賢注】遜，讓也（殿本無此句）。《獻帝春秋》曰："帝時召群臣卿士告祠高廟，詔太常張音持節，奉策璽綬，禪位于魏王。乃爲壇於繁陽故城，魏王登壇，受皇帝璽綬。"【今注】案，中華本校勘記謂，"《集解》引惠棟説，謂《魏受禪碑》作'十月辛未'。據裴松之注《魏志》，漢實以十月乙卯策詔魏王，使張愔奉璽綬，而魏王辭讓，往返三四而後受也。又據侍中劉廙奏，問太史令許芝，今月十七日乙未，可治壇墠。又據尚書桓階等奏，云輒下太史令擇元辰，今月二十九日可登壇受命。蓋自十七日乙未至二

十九日，正得辛未。以此據之，《漢》《魏》二紀皆謬，而獨此碑爲是也”。曹金華《後漢書稽疑》謂，“據《魏志·文帝紀》裴注，‘張愔’當作‘張音’；‘太史令許芝’當作‘太史丞許芝’；‘尚書桓階’當作‘尚書令桓階’；‘十七日乙未’當作‘十七日己未’。又‘奉帝未山陽公’，《袁紀》卷三十、《魏志·文帝紀》皆作十一月癸酉朔，本紀亦當補足爲是”（第189頁）。

［3］【李賢注】山陽，縣名，屬河内郡，故城在今懷州脩武縣西北。【今注】山陽：縣名。治所在今河南焦作市東南。

［4］【今注】臘：臘祭。《説文》：“冬至後三日臘祭百神。”臘祭是一種重要的祭祀活動，亦爲節日，秦時稱爲“嘉平”。睡虎地漢簡所載漢律律名有“臘律”，可能是規範臘祭相關禮儀的法律。

［5］【李賢注】濁鹿一名濁城，亦名清陽城，在今懷州脩武東北（殿本“武”後有“縣”字）。【今注】濁鹿城：又名濁城、清陽城。在今河南修武縣東北。三國時曹丕稱帝，漢獻帝被廢爲山陽公，居於此城，死後葬於城西北。

明年，劉備稱帝于蜀，[1]孫權亦自王於吴，[2]於是天下遂三分矣。

［1］【今注】蜀：郡名。治成都縣（今四川成都市）。

［2］【今注】吴：郡名。東漢順帝永建四年（129）分會稽郡置。治吴縣（今江蘇蘇州市）。

魏青龍二年三月庚寅，[1]山陽公薨。自遜位至薨，十有四年，年五十四，謚孝獻皇帝。八月壬申，以漢天子禮儀葬于禪陵，[2]置園邑令丞。[3]

[1]【今注】青龍：三國魏明帝曹叡年號（233—237）。

[2]【李賢注】《續漢書》曰："天子葬，太僕駕四輪輈爲賓車，大練爲屋幙。中黄門、虎賁各二十人執紼。司空擇土造穿，太史卜日，將作作黄腸、題湊、便房，如禮。大駕，太僕御（太，紹興本、大德本作'大'）。方相氏黄金四目，蒙熊皮，玄衣朱裳，執戈揚楯，立乘四馬先駈（駈，大德本、殿本作'驅'）。旂長三刃，十有二旒曳地，畫日、月、升龍。書旐曰'天子之柩'。謁者二人，立乘六馬爲次。太常跪哭，日十五舉音（太常跪哭日十五，大德本作'太常跪曰哭日十五'，中華本據《刊誤》改作'太常跪曰哭十五'），止哭。晝漏上，請發。司徒、河南尹先引車轉，太常曰請拜送。車著白絲三糾（三，殿本作'参'），紼長三十丈（三十，大德本作'二十'），圍七寸；六行，行五十人。公卿已下子弟凡三百人（已，大德本、殿本作'以'），皆素幘，委貌冠，衣素裳，挽。校尉三百人，皆赤幘，不冠，持幢幡，皆銜枚。羽林孤兒、巴俞櫂歌者六十人（俞，殿本作'歈'），爲六列。司馬八人，執鐸。至陵南羨門，司徒跪請就下房，都導東園武士奉入房，執事下明器，太祝進醴獻。司空將校復土。"櫂音徒了反。《帝王紀》曰："禪陵在濁鹿城西北十里，在今懷州脩武縣北二十五里。陵高二丈，周回二百步（二，大德本作'一'）。"劉澄之《地記》云："以漢禪魏，故以名焉。"【今注】禪陵：東漢獻帝劉協陵。在今河南修武縣北。

[3]【今注】園邑令丞：官名。即園邑令和園邑丞。漢代有園令、園丞，爲太常屬官。園令爲陵園令省稱，掌守護陵園，案行掃除，秩六百石，先帝陵每陵員一人。《史記》卷一一七《司馬相如列傳》："相如拜爲孝文園令。"《索隱》引《百官志》云"陵園令，六百石，掌案行掃除"也。本書《百官志二》："先帝陵，每陵園令各一人，六百石。本注曰：掌守陵園，案行掃除。丞及校長各一人。"

太子早卒，孫康立五十一年，晉太康六年薨。[1]子瑾立四年，太康十年薨。子秋立二十年，永嘉中爲胡賊所殺，[2]國除。[3]

［1］【今注】太康：西晉武帝司馬炎年號（280—289）。

［2］【今注】永嘉：西晉懷帝司馬熾年號（307—313）。

［3］【今注】案，曹金華《後漢書稽疑》謂，“前文劉康‘晉太康六年薨，子瑾立四年，太康十年薨’，與《晉書·武帝紀》正合，而《懷帝紀》謂永嘉元年‘山陽公劉秋遇害’，太康十年爲公元 289 年，永嘉元年爲 307 年，秋不當立二十年也”（第 191 頁）。

論曰：傳稱鼎之爲器，雖小而重，故神之所寶，不可奪移。[1]至令負而趨者，此亦窮運之歸乎！[2]天厭漢德久矣，山陽其何誅焉！[3]

［1］【李賢注】《左氏傳》王孫滿曰：“桀有昏德（昏，大德本作‘昬’，本注下同），鼎遷於商；商紂暴虐，鼎遷於周。德之休明，雖小，重也；其姦回昏亂，雖大，輕也。”故言神之所寶，不可奪移。

［2］【李賢注】言神器至重，被人負而趨走者（趨，大德本作‘趍’，本注下同），斯亦窮盡之運歸於此時乎，言不可復振也。莊子曰：“藏舟於壑，藏山於澤，謂之固矣。然而有力者負之而趨，而昧者不知。”【今注】負：背。　趨：快走。

［3］【李賢注】厭，倦；誅，責也。漢自和帝以後，政教陵遲，故言天厭漢德久矣。禍之來也，非獨山陽公之過，其何所誅責乎？《左傳》曰宋子魚曰（殿本“傳”後無“曰”字）：“天既厭商德。”孔子曰：“於予予何誅（第二個‘予’，大德本作‘與’）。”

贊曰：獻生不辰，身播國屯。[1]終我四百，永作虞賓。[2]

［1］【李賢注】辰，時也。播，遷也。言獻帝生不逢時，身既播遷，國又屯難。《詩》曰："我生不辰。"《左傳》曰："震蕩播趙（趙，紹興本、大德本作'越'）。"【今注】屯：艱難、困頓。

［2］【李賢注】《春秋孔演圖》曰："劉四百歲之際，褒漢王輔，皇王以期，有名不就。"宋均注曰："雖褒族人爲漢王以自輔，以當有應期，名見攝録者，故名不就也。"虞賓謂舜以堯子丹朱爲賓，《尚書》曰（尚，紹興本、大德本作"商"，中華本改爲"虞"）"虞賓在位"兄也（兄，紹興本、大德本、殿本作"是"，底本當誤）。以喻也公爲魏之賓也（第一個"也"，紹興本、大德本、殿本作"山陽"，底本或誤）。【今注】虞：指虞舜或虞朝。

後漢書　卷一〇上

皇后紀第十上[1]

光武郭皇后　光烈陰皇后　明德馬皇后　章德竇皇后
和帝陰皇后　和熹鄧皇后

[1]【今注】案，后，底本殘，據紹興本補。又殿本無“皇”字。

夏、殷以上，后妃之制，其文略矣。《周禮》王者立后，[1]三夫人，九嬪，二十七世婦，八十一女御，以備內職焉。后正位宮闈，同體天王。[2]夫人坐論婦禮，[3]九嬪掌教四德，[4]世婦主喪、祭、賓客，[5]女御序于王之燕寢。[6]頒官分務，各有典司。女史彤管，記功書過。[7]居有保阿之訓，動有環佩之響。[8]進賢才以輔佐君子，哀窈窕而不淫其色。[9]所以能述宣陰化，修成內則，[10]閨房肅雍，險謁不行也。[11]故康王晚朝，《關雎》作諷；[12]宣后晏起，姜氏請愆。[13]及周室東遷，禮序凋缺。[14]諸侯僭縱，軌制無章。齊桓有如夫人者六人，[15]晉獻升戎女爲元妃，[16]終於五子作亂，[17]

家嗣遘屯。[18]爰逮戰國，[19]風憲逾薄，適情任欲，顛倒衣裳，[20]以至破國亡身，不可勝數。斯固輕禮弛防，先色後德者也。[21]

［1］【李賢注】鄭玄注《禮記》曰："后之言後。"言在夫之後也。

［2］【今注】天王：天子。周天子本稱王，因吴、楚等諸侯僭稱王，故加"天"字以尊之。《公羊傳》隱公元年《經》："秋七月，天王使宰咺來歸惠公、仲子之賵。"《傳》："言天王者，時吴、楚上僭稱王，王者不能正，而上自繫於天也。《春秋》不正者，因以廣是非。"另說，兩周之際，周平王本爲太子，被立爲王後，故稱"天王"。《左傳》昭公二十六年孔穎達《正義》引《汲冢書紀年》云："先是，申侯、魯侯及許文公立平王于申，以本大子，故稱'天王'。"

［3］【李賢注】鄭玄注《周禮》云"夫人之於后，猶三公之於王，坐而論婦禮"也。

［4］【李賢注】九嬪比九卿。《周禮》曰"九嬪掌婦學之法，以教九御"也。四德謂婦德、婦言、婦容、婦功也。

［5］【李賢注】婦，服也，明其能服事於人也，比二十七大夫。《周禮》："世婦掌祭祀、賓客、喪紀之事。祭之日，涖陳女宫之具，凡内羞之物，掌弔臨于卿大夫之喪。"

［6］【李賢注】御，謂進御于王也，比八十一元士。《周禮》曰"女御叙于王之燕寢，以歲時獻功事"也。【今注】燕寢：帝王起居休息的宫室。《禮記·曲禮下》："天子有后，有夫人。"唐孔穎達疏："周禮：王有六寢，一是正寢，餘五寢在後，通名燕寢。其一在東北，王春居之；一在西北，王冬居之；一在西南，王秋居之；一在東南，王夏居之；一在中央，六月居之。凡后妃以下，更以次序而上御王於五寢之中也。"

［7］【李賢注】《周禮》云“女史掌王后之禮，書内令，凡后之事，以禮從”也。鄭玄注云“亦如大史之於王”也。彤管，赤管筆也。《詩》云：“詒我彤管。”注云“古者，后夫人必有女史彤管之法”也。

［8］【李賢注】《列女傳》曰：“齊孝公孟姬，華氏之女。從孝公遊，車奔，姬墥（墥，大德本作‘墮’，同），車碎，孝公使駟馬立車載姬。姬泣曰：‘妾聞妃下堂，必從傅母保阿，進退則鳴玉佩環；今立車無軿，非敢受命。’”【今注】保阿：保母。古代宫廷或官宦之家撫養子女的婦女。《禮記·内則》：“擇於諸母與可者，必求其寬裕、慈惠、温良、恭敬、慎而寡言者，使爲子師，其次爲慈母，其次爲保母，皆居子室。”鄭玄注：“此人君養子之禮也。諸母，衆妾也。”

［9］【李賢注】《詩序》云：“《關雎》樂得淑女以配君子，憂在進賢，不淫其色，哀窈窕，思賢才，而無傷善之心。”毛萇注云：“窈窕，幽閒也。”

［10］【李賢注】《周禮·内宰職》曰：“以陰禮教六宫，以婦職之法教九御。”

［11］【李賢注】肅，敬也。雍，和也。謁，請也。言能輔佐君子，和順恭敬，不行私謁。《詩序》曰：“雖則王姬，猶執婦道，以成肅雍之德（成肅，底本殘，據紹興本、大德本、殿本補）。”又曰：“而無險詖私謁之心（無險，底本殘，據紹興本、大德本、殿本補）。”【今注】案，險，底本殘，據紹興本補。

［12］【李賢注】《前書音義》曰：“后夫人雞鳴佩玉去君所（去君，底本殘，據紹興本、大德本、殿本補）。周康王后不然，故詩人歎而傷之。”見《魯詩》。

［13］【李賢注】《列女傳》曰：“周宣姜后，齊侯之女也。宣王嘗夜卧晏起（嘗，大德本、殿本作‘常’，二字通），后夫人不出房。姜后既出，乃脱簪珥，待罪於永巷，使傅母通言於王曰：

‘妾不才，淫心見矣，至使君王失禮而晏起，以見君王樂色忘德。敢請罪，惟君王之命。’王曰：‘寡人之過，夫人何辜。’遂勤政事，成中興之名焉。”

［14］【李賢注】幽王時，西夷、犬戎共攻殺幽王于驪山之下（共，殿本誤作“兵”）。大子宜臼立，是爲平王，東遷洛邑，以避犬戎，政遂微弱。【今注】周室東遷：周幽王寵愛褒姒，廢掉申后與太子宜臼，立褒姒爲王后、褒姒子伯盤爲太子。申侯聯合繒、犬戎攻殺幽王於驪山（今陝西西安市臨潼區東南）脚下，擄走褒姒，並將豐鎬之地洗劫一空。諸侯擁立宜臼爲王，是爲周平王。但周已無力抵抗犬戎，在晉文公、鄭武公的護送下，東遷洛邑（今河南洛陽市）。平王東遷的歷史，清華簡《繫年》亦有記載，作：“周幽王取妻於西申，生平王，王或取褒人之女，是褒姒，生伯盤。褒姒嬖于王，王與伯盤逐平王，平王走西申。幽王起師，圍平王于西申，申人弗畀。繒人乃降西戎，以攻幽王，幽王及伯盤乃滅，周乃亡。邦君諸正乃立幽王之弟余臣于虢，是攜惠王。立廿又一年，晉文侯仇乃殺惠王于虢。周亡王九年，邦君諸侯焉始不朝於周。晉文侯乃逆平王於少鄂，立之于京師。三年，乃東徙，止於成周，晉人焉始啓於京師，鄭武公亦東正東方之諸侯。”〔參閲清華大學出土文獻研究與保護中心編，李學勤主編《清華大學藏戰國竹簡（貳）》，中西書局 2011 年版，第 138 頁〕

［15］【李賢注】《左傳》曰：桓公多內寵，有如天人者六人（天，紹興本、大德本、殿本作“夫”，底本誤）：長衛姬，少衛姬、鄭姬（姬，底本殘，據紹興本、大德本、殿本補）、葛嬴、密姬、宋華子也。

［16］【李賢注】元妃，嫡夫人也。《史記》曰，晉獻公伐驪戎，得驪姬（姬，底本殘，據紹興本、大德本、殿本補），愛幸，立以爲妃。【今注】元妃：嫡妻。《左傳》隱公元年：“惠公元妃孟子。”杜預注：“言元妃，明始適夫人也。”

［17］【李賢注】桓公六夫人，生六子。桓公卒，立公子昭，於是公子無虧（虧，底本殘，據紹興本、大德本、殿本補）、公子元、公子潘、公子商人、公子雍等五公子皆求立，公子昭奔宋，是作亂也。

［18］【李賢注】冢，大也。遘，遇也。屯，難也。晉獻公受驪姬之譖，殺太子申生，故曰遇屯。

［19］【今注】戰國：《史記·六國年表》始於周元王元年，即公元前476年，一般將周元王元年至秦始皇二十六年（前221）這一歷史階段稱作戰國時期。但關於戰國開始時間，古今學人的認識並不完全一致。

［20］【李賢注】上曰衣，下曰裳。《詩》曰："緑兮衣兮，緑衣黄裳。"鄭玄曰："褖衣黑，今反以黄爲裹，非其禮制，諭妾上僭也。"

［21］【今注】先色後德：君主如何處理色與德的關係，是中國古代一個十分重要的哲學、倫理學與政治學的命題。《論語·子罕》："子曰：'吾未見好德如好色者也。'"古人往往將王朝的治亂興衰歸結於君主沉溺女色所導致的政治混亂與腐敗，如妲己之於商紂王、褒姒之於周幽王。

秦并天下，多自驕大，宫備七國，[1]爵列八品。[2]漢興，因循其號，而婦制莫釐。[3]高祖帷薄不修，[4]孝文衽席無辯。[5]然而選納尚簡，飾翫少華。自武、元之後，世增淫費，至乃掖庭三千，增級十四。[6]妖倖毀政之符，[7]外姻亂邦之迹，前史載之詳矣。

［1］【李賢注】《史記》曰："始皇破六國，寫放其宫室，作之咸陽北坂上，南臨渭水，殿屋複道，周閣相屬，所得諸侯美人，

以充入之。并秦爲七也。”【今注】秦并天下：秦始皇二十六年（前221），秦剪滅六國，統一天下。《史記》卷六《秦始皇本紀》載是年始皇詔曰：“寡人以眇眇之身，興兵誅暴亂，賴宗廟之靈，六王咸伏其辜，天下大定。”

［2］【李賢注】《前書》曰：“漢興，因秦之稱號，正嫡稱皇后，妾皆稱夫人。又有美人、良人、八子、七子、長使、少使之號。”【今注】案，秦、漢初二十等爵制在社會秩序的構建中仍發揮重要的功能，如《漢書》卷二《惠帝紀》載漢高祖十二年（前195）惠帝即位後，規定：“爵五大夫、吏六百石以上及宦皇帝而知名者有罪當盜械者，皆頌繫。”在爵本位思想仍然占主導地位的時期，一般會通過與爵位的比附，來確定相關人員的社會地位與待遇等問題，如《漢書》卷九七上《外戚傳上》：“昭儀位視丞相，爵比諸侯王。倢伃視上卿，比列侯。娙娥視中二千石，比關内侯。傛華視真二千石，比大上造。美人視二千石，比少上造。八子視千石，比中更。充依視千石，比左更。七子視八百石，比右庶長。良人視八百石，比左庶長。長使視六百石，比五大夫。少使視四百石，比公乘。五官視三百石。順常視二百石。無涓、共和、娛靈、保林、良使、夜者皆視百石。上家人子、中家人子視有秩斗食云。”

［3］【李賢注】釐，理。

［4］【李賢注】《大戴禮》曰：“大臣坐污穢男女無別者，不曰污穢，曰惟薄不修（惟，紹興本、大德本、殿本作‘帷’，底本誤）。”謂周昌入奏事，高帝擁戚姬（大德本、殿本無“戚”字），是不修也。

［5］【李賢注】鄭玄注《禮記》曰：“衽，卧席也。”孝文幸慎夫人，每與皇后同坐，是無辯也（辯，大德本、殿本作“辨”，二字通）。

［6］【李賢注】婕妤一，娙娥二，容華三，充衣四，已上武帝置；昭儀五（五，底本殘，據紹興本、大德本、殿本補），元帝

置（元，底本殘，據紹興本、大德本、殿本補）；美人六（六，底本殘，據紹興本、大德本、殿本補），良人十（良，底本殘，據紹興本、大德本、殿本補。十，紹興本、大德本、殿本作“七”，底本誤），七子八，八子九，長使十，少使十一，五官十二，順常十三（順常，底本殘，據紹興本、大德本補），無涓（無，殿本作“舞”。涓，底本殘，據紹興本、大德本補）、共和（共，底本殘，據紹興本、大德本補）、娱靈、保林、良使（良使，大德本、殿本作“良娣使”）、夜者十四，此六官品秩同爲一等也。【今注】掖庭：後宫中嬪妃居住的地方。

［7］【今注】案，妖，底本殘，據紹興本、大德本、殿本補。倖，大德本作“幸”，二字通。

及光武中興，[1]斲彫爲朴，[2]六宫稱號，唯皇后、貴人。[3]貴人金印紫綬，[4]奉不過粟數十斛。[5]又置美人、宫人、采女三等，[6]並無爵秩，歲時賞賜充給而已。漢法常因八月算人，[7]遣中大夫與掖庭丞及相工，[8]於洛陽鄉中閲視良家童女，[9]年十三以上，二十以下，姿色端麗，合法相者，[10]載還後宫，擇視可否，乃用登御。所以明慎聘納，詳求淑哲。明帝聿遵先旨，[11]宫教頗修，登建嬪后，必先令德，内無出閫之言，[12]權無私溺之授，可謂矯其敝矣。向使因設外戚之禁，編著《甲令》，[13]改正后妃之制，貽厥方來，豈不休哉！雖御己有度，而防閑未篤，故孝章以下，[14]漸用色授，恩隆好合，遂忘淄蠹。[15]

［1］【今注】光武：東漢皇帝劉秀的謚號。本書卷一上《光武帝紀上》李賢注：“《謚法》：‘能紹前業曰光，克定禍亂曰武。’”

中興：《十國春秋》卷二五《南唐·蕭儼傳》："儼獨建言：'帝王已失之，己得之，謂之反正；非己失之，自己復之，謂之中興。'"光武帝劉秀本爲漢宗室，國號仍爲"漢"，故曰"中興"。

［2］【李賢注】彫，謂刻鏤也。《史記》曰（史，大德本誤作"叟"）："漢興，破觚而爲圜，斲琱而爲璞（琱，殿本作'彫'，二字通）。"

［3］【李賢注】鄭玄注《周禮》曰"皇后正寢一，燕寢五，是爲六宫"也。夫人已下分居焉。【今注】六宫：古代后妃居住的地方。《周禮·内宰》："以陰禮教六宫。"鄭玄注："六宫，謂后也。婦人稱寢曰宫。宫，隱蔽之言。后象王，立六宫而居之，亦正寢一，燕寢五。"《禮記·昏義》："古者，天子后立六宫，三夫人、九嬪、二十七世婦、八十一御妻，以聽天下之内治，以明章婦順，故天下内和而家理。"鄭玄注："天子六寢，而六宫在後，六官在前，所以承副施外内之政也。"

［4］【今注】金印紫綬：黄金印章和紫色綬帶。印綬是官員秩級的主要標志之一，如《漢官儀》："綬者，有所承受也，所以別尊卑，彰有德也。"漢印的材質主要有玉、金、銀、銅等；綬有黄赤、赤、緑、紫、青、黑、黄等顏色。參閱本書《輿服志》。

［5］【今注】斛：容量單位。漢代官俸以斛記，如本書《百官志五》："千石奉，月八十斛。六百石奉，月七十斛。"漢代容量主要有龠、合、升、斗、斛五個單位，彼此等量關係，據《漢書·律曆志》記載："量者，龠、合、升、斗、斛也，所以量多少也。本起於黄鐘之龠，用度數審其容，以子穀秬黍中者千有二百實其龠，以井水準其概。合龠爲合，十合爲升，十升爲斗，十斗爲斛，而五量嘉矣。"東漢一斛十斗，一斗十升，一升相當於今天 200 毫升（參閱丘光明、邱隆、楊平《中國科學技術史·度量衡卷》，科學出版社 2001 年版，第 236 頁）。

［6］【今注】采女：漢代宫女的稱號，采自民間，故曰"采

女”。漢應劭《風俗通義·陰教》:“六宫采女凡數千人。案采者,擇也,天子以歲八月,遣中大夫與掖庭丞、相工,率於洛陽鄉中閲視童女,年十三以上,二十以下,長壯皎潔有法相者,因載入後宫,故謂之采女也。”

［7］【李賢注】《漢儀注》曰:“八月初爲筭賦,故曰筭人。”【今注】案,《漢書》卷一上《高帝紀上》載,漢高祖四年(前203)“八月,初爲算賦”。“筭人”,指登記統計國家可徵賦役的人數〔參閲楊振紅《出土簡牘與秦漢社會(續編)》,廣西師範大學出版社2015年版,第169頁〕。

［8］【今注】中大夫:官名。郎中令屬官,西漢武帝太初元年(前104),更名爲光禄大夫。《漢書》卷九九《王莽傳》記載,新始建國元年(9),“更名秩百石曰庶士……比二千石曰中大夫”。本書卷一上《光武帝紀上》注引《東觀記》曰:“受《尚書》於中大夫廬江許子威。”東漢時,王國設中大夫,本書卷五《安帝紀》注引《續漢書》:“王國有中大夫,秩比六百石。”據本書《百官志》光禄勳屬官有光禄大夫、太中大夫、中散大夫、諫議大夫,而此處中大夫顯然也是中央職官,另本書卷七八《宦者傳》:“帝常登永安候臺,宦者恐其望見居處,乃使中大人尚但諫曰:‘天子不當登高,登高則百姓虚散。’自是不敢復升臺榭。”《太平御覽》卷九二引《續漢書》作“中大夫尚坦”。或中大夫亦是東漢中央官制。《皇后紀》《宦者傳》提到的中大夫均涉及皇帝私生活,或係以宦者爲之,故稱中大夫。　掖庭丞:少府屬官掖庭令屬員。宦者爲之,協助掖庭令管理後宫貴人、采女事。　相工:以身體面相特徵判定命運吉凶的人。與“卜”占之術相同,亦有稱“卜相工”者,如本書卷一二《王昌傳》:“王昌,一名郎,趙國邯鄲人也。素爲卜相工,明星曆,常以爲河北有天子氣。”本書卷四八《翟酺傳》:“四世傳《詩》。酺好《老子》,尤善圖緯、天文、曆算。以報舅讎,當徙日南,亡於長安,爲卜相工,後牧羊涼州。”工,殿本誤作“立”。

［9］【今注】良家：漢代特定階層稱謂。《史記》卷一〇九《李將軍列傳》："孝文帝十四年，匈奴大入蕭關，而廣以良家子從軍擊胡。"司馬貞《索隱》："如淳云'非醫、巫、商賈、百工也。'"陳直指出，良家子是男女之通稱，女子除良家子外，亦可稱良家女。西北漢簡中的良家子，不冠以戍卒或田卒字樣，其身份當比戍田卒爲高，是一種資歷名稱，非形容之名詞（參閱陳直《史記新證》，中華書局 2006 年版，第 103、164 頁）。宋艷萍認爲："良家子是指有一定資産，不在商、醫、巫、百工之列，没有家族犯罪史，能遵循倫理道德，品行端正的人家。"（參見宋艷萍《漢代"良家子"考》，《南都學壇》2012 年第 1 期）

［10］【今注】法相：後宫嬪妃、宫女的標準相貌。漢應劭《風俗通義·陰教》："六宫采女凡數千人。案采者，擇也，天子以歲八月，遣中大夫與掖庭丞、相工，率於洛陽鄉中閲視童女，年十三以上，二十以下，長壯皎潔有法相者，因載入後宫，故謂之采女也。"

［11］【今注】明帝：東漢明帝劉莊，公元 57 年至 75 年在位。紀見本書卷二。

［12］【李賢注】閫，門限也。《禮記》曰"外言不入於閫，内言不出於閫"也。

［13］【李賢注】《前書音義》曰："《甲令》者，前帝第一令也，有《甲令》《乙令》《丙令》。"【今注】甲令：漢代令名。《漢書》卷八《宣帝紀》："《令甲》，死者不可生，刑者不可息。此先帝之所重，而吏未稱。"顔師古注引文穎曰："蕭何承秦法所作爲律令，律經是也。天子詔所增損，不在律上者爲令。《令甲》者，前帝第一令也。"引如淳曰："令有先後，故有《令甲》《令乙》《令丙》。"師古曰："如説是也。甲乙者，若今之第一、第二篇耳。"漢代，令可分爲干支令、挈令、事項令等三類。干支令似根據内容或重要性差異編纂而成，目前尚無法定論。挈令，各官署、郡縣等從

國家法令中摘録並進行編纂的與本部門職權相關的令。事項令，關於某一具體事項的令。（參楊一凡、朱騰主編《歷代令考》，社會科學文獻出版社 2017 年版，第 1—147 頁）

［14］【今注】孝章：東漢章帝劉炟，公元 75 年至 88 年在位。紀見本書卷三。

［15］【李賢注】淄，黑也。蠹，食木蟲。以諭傾敗也。

自古雖主幼時艱，王家多釁，必委成冢宰，[1]簡求忠賢，未有專任婦人，斷割重器。[2]唯秦芈大后始攝政事，[3]故穰侯權重於昭王，[4]家富於嬴國。[5]漢仍其謬，知患莫改。東京皇統屢絶，[6]權歸女主，[7]外立者四帝，[8]臨朝者六后，[9]莫不定策帷帟，委事父兄，貪孩童以久其政，抑明賢以專其威。[10]任重道悠，利深禍速。身犯霧露於雲臺之上，[11]家嬰縲紲於圄犴之下。[12]湮滅連踵，傾輈繼路。[13]而赴蹈不息，燋爛爲期，終於陵夷大運，淪亡神寶。[14]《詩》《書》所歎，略同一揆。故考列行迹，以爲《皇后本紀》。雖成敗事異，而同居正號者，並列于篇。其以私恩追尊，非當時所奉者，則隨它事附出。[15]親屬别事，各依列傳。其餘無所見，則係之此紀，[16]以纘西京《外戚》云爾。[17]

［1］【今注】冢宰：官名。《周禮》六官之首。《周禮·天官冢宰第一》："乃立天官冢宰，使帥其屬，而掌邦治，以佐王均邦國。"此處指若君主年幼，應委政於朝廷公卿大臣。

［2］【今注】重器：比喻天下、政權。《史記》卷六一《伯夷

列傳》："示天下重器，王者大統，傳天下若斯之難也。"司馬貞《索隱》："言天下者是王者之重器。"

［3］【李賢注】芈，音亡爾反。【今注】案，大，大德本、殿本作"太"，二字通。本卷"大"字他本作"太"者不再出注。

［4］【李賢注】大后，昭王母也，號宣大后。《史記》曰，昭王立，年少，宣大后自知事，以同母弟魏冉爲將軍，任政，封爲穰侯。大后攝政，始於此也（此，底本殘，據紹興本、大德本、殿本補）。【今注】昭王：秦昭襄王，公元前306年至前251年在位。秦昭襄王十九年（前288），曾稱"西帝"，齊爲"東帝"。不過，齊、秦兩國很快取消了帝號。

［5］【今注】嬴國：相傳秦人祖先柏翳因輔佐舜調訓鳥獸有功，而被賜姓嬴氏，故嬴國即秦國也。

［6］【今注】東京：東漢都城洛陽，在今河南洛陽市。這裏代指東漢王朝。

［7］【今注】案，主，底本殘，據紹興本、大德本、殿本補。

［8］【李賢注】謂安、質、桓、靈。【今注】四帝：指東漢安帝、質帝、桓帝、靈帝。安帝劉祜，章帝劉炟的孫子，清河孝王劉慶的兒子。延平元年（106），殤帝劉隆崩，鄧太后與其兄車騎將軍鄧騭定策禁中，拜劉祜爲長安侯，隨後立爲皇帝。質帝劉纘，章帝劉炟玄孫。曾祖父千乘貞王劉伉，祖父樂安夷王寵，父渤海孝王劉鴻。永憙（嘉）元年（145），沖帝劉炳崩，梁太后與其兄大將軍梁冀定策禁中，封劉纘爲建平侯，是日即皇帝位。本初元年（146），爲梁冀鴆弑，年僅九歲。桓帝劉志，章帝劉炟曾孫。祖父河間孝王劉開，父蠡吾侯劉翼。劉翼死後，劉志襲爵。本初元年質帝劉纘崩，梁太后與其兄大將軍梁冀定策禁中，立劉志爲皇帝。靈帝劉宏，章帝劉炟玄孫。曾祖河間孝王劉開，祖父解瀆亭侯劉淑，父解瀆亭侯劉萇，劉宏襲爵爲侯。永康元年（167），桓帝劉志崩，竇太后與其父城門校尉竇武定策禁中，迎立劉宏爲皇帝，於建寧元

年（168）即位。

［9］【李賢注】章帝竇大后、和熹鄧大后、安思閻大后、順烈梁大后、桓思竇大后、靈思何大后也。

［10］【李賢注】《周禮》："幕人，掌帷帟幄幕之事。"鄭玄注曰："帟，幄中坐上承塵也。"殤帝崩，鄧大后與兄騭等迎立安帝，年十三。沖帝崩，梁大后與兄冀迎立質帝，年八歲。質帝崩，大后與兄冀迎立桓帝，年十五。桓帝崩，竇大后與父武迎立靈帝，年十二（二，大德本誤作"三"）。【今注】帷帟：帷幔、帷幕。《周禮·幕人》："掌帷幕幄帟綬之事。"帷幕若今之帳篷，立於四周者爲帷，張於帷上者爲幕。幄，似帳，張於帷幕之内。帟，平張於王座之上，以遮蔽灰塵，故又名承塵。綬，絲帶也，用於繫連帷幕幄帟。此處以帷帟代指皇宫内帝后生活與處理政務禁中。

［11］【李賢注】霧露，謂疾病也。不可指言死，故假霧露以言之。靈帝時，中常侍曹節矯詔遷大后於雲臺。謝弼上封事曰："伏惟皇大后援立明聖，幽居空宫，如有霧露之疾，陛下當何面目以見天下？"【今注】霧露：代指疾病。反應了時人對自然環境與疾病之間關係的認識，如《史記》卷一二九《貨殖列傳》中有"江南卑溼，丈夫早夭"的説法。《漢書》卷六四下《賈捐之傳》："駱越之人父子同川而浴，相習以鼻飲，與禽獸無異，本不足郡縣置也。顓顓獨居一海之中，霧露氣濕，多毒草蟲蛇水土之害，人未見虜，戰士自死。"《史記》卷一一八《淮南衡山列傳》："淮南王爲人剛，今暴摧折之，臣恐卒逢露霧病死。陛下爲有殺弟之名，奈何！"　雲臺：殿名。東漢東都洛陽有南北二宫，雲臺殿位於南宫。皇帝或居南宫或居北宫。本書卷一〇下《皇后紀下》："時太后父大將軍武謀誅宦官，而中常侍曹節等矯詔殺武，遷太后於南宫雲臺，家屬徙比景。"

［12］【李賢注】縲，索也。紲，繫也。囹圄，周獄名也（名也，底本殘，據紹興本、大德本、殿本補）。鄉亭之獄曰犴（鄉，

底本殘，據紹興本、大德本、殿本補），音五旦反。謂外戚等被誅也（被誅，底本殘，據紹興本、大德本、殿本補）。

［13］【李賢注】踵，跡也。輈，車轅也。賈誼曰："前車覆，後車誡。"

［14］【李賢注】陵夷猶頹替。神寶，帝位也（帝位，底本殘，據紹興本、大德本、殿本補）。【今注】案，大德本無"於"字。　大運：天命也。本書卷二《明帝紀》："朕承大運，繼體守文。"

［15］【李賢注】謂安帝母左姬及祖母宋貴人之類（姬及祖，底本殘，據紹興本、大德本補），並見《清河孝王傳》。

［16］【李賢注】謂賈貴人、虞美人之類是（類，底本殘，據紹興本、大德本、殿本補。殿本句末有"也"字）。

［17］【李賢注】纘，繼也。【今注】西京：西漢都城長安，在今陝西西安市西北。這裏代指西漢王朝。　外戚：即《漢書》卷九七《外戚傳》。

光武郭皇后諱聖通，真定槀人也。[1]爲郡著姓。父昌，讓田宅財産數百萬與異母弟，國人義之。仕郡功曹。[2]娶真定恭王女，號郭主，[3]生后及子況。昌早卒。郭主雖王家女，而好禮節儉，有母儀之德。更始二年春，[4]光武擊王郎，[5]至真定，因納后，有寵。及即位，以爲貴人。

［1］【李賢注】槀，縣名，故城在今恒州槀城縣西。【今注】真定：國名。西漢武帝元鼎三年（前114）置，轄真定（今河北正定縣南）、槀城（今河北石家莊市藁城區西南）、肥纍（今河北石家莊市藁城區西）、緜曼（今河北石家莊市鹿泉區北）四縣。

稾：縣名。即藁城。

［2］【今注】功曹：漢代郡守、縣令長之佐吏。主選舉、考課與賞罰等，可代行郡守、縣令長之職。

［3］【李賢注】恭三名普（三，"王"之訛字），景帝七代孫。

［4］【今注】更始：更始帝劉玄年號（23—25）。

［5］【今注】王郎：趙國邯鄲（今河北邯鄲市）人。一名昌，卜相公，明星曆。與趙繆王子劉林親善。更始元年，王郎被劉林等人立爲天子，都邯鄲，次年爲劉秀所破。傳見本書卷一二。

建武元年，[1]生皇子彊。[2]帝善況小心謹慎，年始十六，拜黄門侍郎。[3]二年，貴人立爲皇后，彊爲皇大子，封況緜蠻侯。[4]以后弟貴重，賓客輻湊。況恭謙下士，頗得聲譽。十四年，遷城門校尉。[5]其後，后以寵稍衰，數懷怨懟。十七年，遂廢爲中山王大后，進后中子右翊公輔爲中山王，[6]以常山郡益中山國。[7]徙封況大國，爲陽安侯。[8]后從兄竟，[9]以騎都尉從征伐有功，[10]封爲新郪侯，官至東海相。[11]竟弟匡爲發干侯，[12]官至太中大夫。[13]后叔父粱，早終，無子。[14]其壻南陽陳茂，[15]以恩澤封南緣侯。[16]

［1］【今注】建武：東漢光武帝劉秀年號（25—56）。劉秀在鄗（今河北柏鄉縣北）南千秋亭五成陌設壇即皇帝位，建元建武。

［2］【今注】彊：東漢光武帝劉秀長子劉彊。傳見本書卷四二。

［3］【今注】黄門侍郎：官名。秩六百石。無員。名義上隸屬於少府。掌侍從左右，給事中，關通中外。諸王朝見，與殿上引王就坐。

［4］【今注】緜蠻：即《漢書·地理志》真定國緜曼縣。本書卷二一《耿純傳》作“綿曼”，《後漢紀》卷四作“緜蔓”。“蠻”“曼”二字古通假。（參曹金華《後漢書稽疑》，中華書局 2014 年版，第 194 頁）

［5］【今注】城門校尉：官名。秩比二千石，掌洛陽城門屯兵，下設司馬一人，秩千石；城門候十二人，秩六百石。

［6］【今注】右翊公：劉輔，漢光武帝子，以建武十五年封爲右翊公。傳見本書卷四二。

［7］【今注】常山郡：治元氏縣（今河北元氏縣西北）。

［8］【李賢注】陽安，縣，屬汝南郡，故城在今豫州朗山縣，故道國城是也。【今注】陽安：縣名。治所在今河南確山縣北。

［9］【今注】從兄：堂兄。

［10］【今注】騎都尉：官名。秩比二千石，名義上隸屬於光禄勳，無常員，掌監羽林騎。西漢武帝太初元年（前 104），置建章營騎，後更名爲羽林騎。宣帝令中郎將、騎都尉監羽林。

［11］【李賢注】新郪，縣，屬汝南郡，故城在今潁州汝陰縣西北郪丘城是也（潁，底本殘，據紹興本、大德本、殿本補）。音七私反。【今注】新郪：縣名。治所在今安徽太和縣北。　東海：國名。治郯縣（今山東郯城縣西北）。建武十五年，光武帝封皇子劉陽爲東海公。建武十七年劉陽進爵東海王。建武十九年立劉陽爲皇太子，改名莊，廢故皇太子劉彊爲東海王。建武二十八年，光武帝徙魯王劉興爲北海王，以魯國益東海國。因故魯恭王宫室甚壯，光武帝下詔東海國都魯。明帝永平元年（58），劉彊病，上疏歸還東海郡。朝廷收回東海爲郡，僅以魯封劉彊子劉政，易國名爲魯，但東海王的封號未更。（參見周振鶴《後漢的東海王與魯國》，《歷史地理》第 3 輯）　相：官名。王國内最高行政長官。初名相國，西漢惠帝元年（前 194），更名丞相，景帝中元五年（前 145）更名相。

［12］【李賢注】發干（干，底本殘，據紹興本、大德本、殿本補），縣，屬東郡，故城在今博州堂邑縣西南（博，底本殘，據紹興本、大德本、殿本補）。【今注】發干：縣名。治所在今山東冠縣東北。

［13］【今注】太中大夫：官名。名義上隸屬於光禄勳。秩千石。無員。掌顧問應對，無常事，唯詔令所使。

［14］【今注】案，子，底本殘，據紹興本、大德本、殿本補。

［15］【今注】南陽：郡名。治宛縣（今河南南陽市卧龍區）。陳茂：光武郭皇后叔父郭梁女婿，以恩澤封南䜌侯。

［16］【李賢注】䜌音力全反。【今注】南䜌：縣名。治所在今河北鉅鹿縣北。

二十年，中山王輔復徙封沛王，[1]后爲沛大后。況遷大鴻臚。[2]帝數幸其第，[3]會公卿諸侯親家飲燕，賞賜金錢縑帛，[4]豐盛莫比，京師號況家爲“金穴”。[5]二十六年，后母郭主薨，[6]帝親臨喪送葬，百官大會，遣使者迎昌喪柩，與主合葬，追贈昌陽安侯印綬，謚曰思侯。二十八年，[7]后薨，葬于北芒。[8]帝憐郭氏，詔況子璜尚淯陽公主，[9]除璜爲郎。[10]顯宗即位，[11]況與帝舅陰識、陰就並爲特進，[12]數授賞賜，恩寵俱渥。禮待陰、郭，每事必均。永平二年，[13]況卒，[14]贈賜甚厚，帝親自臨喪，謚曰節侯，[15]子璜嗣。

［1］【今注】沛王：東漢光武帝建武二十年（44），以沛郡（治相縣，今安徽濉溪縣西北）爲沛國，徙中山王劉輔王之。建安末復爲沛郡。

［2］【今注】大鴻臚：官名。秩中二千石。掌諸侯及四方歸義

蠻夷。

［3］【今注】案，帝，底本殘，據紹興本、大德本、殿本補。

［4］【今注】案，帛，底本殘，據紹興本、大德本、殿本補。

［5］【今注】京師：東漢都城雒陽。故址在今河南洛陽市東。

［6］【今注】案，郭主，底本殘，據紹興本、大德本、殿本補。

［7］【今注】案，年，底本殘，據紹興本、大德本、殿本補。

［8］【今注】北芒：山名。又名“北芒山”“邙山”“郟山”“北山”等。在今河南洛陽市北。

［9］【今注】璜：郭璜，真定槀城（今河北石家莊市藁城區西南）人。光武郭皇后弟況子。光武帝詔郭璜尚淯陽公主，除爲郎。明帝永平二年（59），襲父爵爲陽安侯。和帝時，郭璜爲長樂少府，子郭舉爲侍中兼射聲校尉。郭舉爲竇憲女婿。永元四年（92），竇憲敗，郭璜與子舉俱下獄死。　淯陽公主：光武帝長女，名劉禮劉，建武十七年封爲淯陽公主。坐竇憲謀反，被殺。

［10］【今注】郎：皇帝侍從官員，主要職責爲宿衛、顧問、出充車騎等。議郎、中郎秩比六百石，侍郎秩比四百石，郎中秩比三百石。秦、西漢初年，隸屬於郎中令，武帝太初元年（前104）更名爲光禄勳。

［11］【今注】顯宗：漢明帝劉莊廟號。

［12］【今注】陰識：字次伯，南陽新野（今河南新野縣）人。陰皇后異母弟。傳見本書卷三二。　案，爲，底本殘，據紹興本、大德本、殿本補。　特進：官名。位三公下，二千石上。多授予功德俱重的大臣，以示恩寵。

［13］【今注】永平：東漢明帝劉莊年號（58—75）。

［14］【今注】案，殿本無“況卒”二字。

［15］【今注】案，節，底本殘，據紹興本、殿本補。

元和三年，[1]肅宗北巡狩，[2]過真定，會諸郭，朝見上壽，引入倡飲甚歡。[3]以大牢具上郭主家，[4]賜粟萬斛，錢五十萬。永元初，[5]璜爲長樂少府，[6]子舉爲侍中，[7]兼射聲校尉。[8]及大將軍竇憲被誅，[9]舉以憲女壻謀逆，故父子俱下獄死，家屬徙合浦，[10]宗族爲郎吏者，悉免官。新郪侯竟初爲騎將，[11]從征伐有功，拜東海相。永平中，卒，子嵩嗣；嵩卒，追坐染楚王英事，[12]國廢。建初二年，[13]章帝紹封嵩子勤爲伊亭侯。勤無子，國除。發干侯匡，官至大中大夫，建武三十年卒，子勳嗣；勳卒，子駿嗣，永平十三年，亦坐楚王英事，失國。建初三年，復封駿爲觀都侯，卒，無子，國除。郭氏侯者，凡三人，皆絕國。

［1］【今注】元和：東漢章帝劉炟年號（84—87）。

［2］【今注】肅宗：漢章帝廟號。　巡狩：天子巡行諸侯郡國的行爲。《孟子·梁惠王下》："天子適諸侯曰巡狩。巡狩者，巡所守也。"《白虎通·巡狩》："王者所以巡狩者何？巡者，循也。狩者，牧也。爲天下巡行狩牧民也。"

［3］【李賢注】《説文》曰："倡，樂也。"《聲類》曰"俳"。

［4］【今注】大牢：太牢。帝王祭祀時，以牛、羊、豕爲犧牲，稱作太牢。羊、豕二牲，稱作少牢。

［5］【今注】永元：東漢和帝劉肇年號（89—105）。

［6］【李賢注】長樂少府，掌皇大后宫，秩二千石。居長信宫曰長信少府，長樂宫曰長樂少府。

［7］【今注】侍中：官名。秩比二千石。加官。無員。名義上隸屬於少府。掌侍左右，贊導衆事，顧問應對。

［8］【今注】射聲校尉：官名。西漢武帝時所置八校尉之一，

掌待詔射聲士。東漢沿置，秩比二千石，爲北軍中候所屬五校尉之一。掌宿衛兵。下設司馬一人，秩千石。有員吏一百二十九人，統領士七百人。

［9］【今注】大將軍：官名。位或在公上，或在公下，因任職者地位而定。外主征伐，内掌國政。東漢專政之外戚，多任此職。竇憲：字伯度，扶風平陵（今陝西咸陽市西北）人。傳見本書卷二三。竇憲擊破北匈奴後，由班固撰寫的記功銘文刻石近年在蒙古國杭愛山一支脈上被發現（參齊木德道爾吉、高建國《有關〈封燕然山銘〉摩崖的三個問題》，《西北民族研究》2019 年第 1 期）。

［10］【李賢注】郡名，今廉州縣。【今注】合浦：郡名。治合浦縣（今廣西合浦縣）。

［11］【李賢注】《前書》曰："車、户、騎將，屬光禄，秩比千石。"

［12］【今注】楚：國名。治彭城縣（今江蘇徐州市）。建武十五年（39），光武帝封皇子劉英爲楚公。建武十七年劉英進爵爲楚王。明帝永平十三年（70），劉英謀反案事發，國除。

［13］【今注】建初：東漢章帝劉炟年號（76—84）。

論曰：物之興衰，情之起伏，理有固然矣。而崇替去來之甚者，必唯寵惑乎？當其接牀笫，承恩色，雖險情贅行，莫不德焉。[1]及至移意愛，析嬿私，雖惠心妍狀，愈獻醜焉。愛升，則天下不足容其高；歡隊，故九服無所逃其命。[2]斯誠志士之所沉溺，君人之所抑揚，未或違之者也。郭后以衰離見貶，恚怨成尤，而猶恩加别館，[3]增寵黨戚。至乎東海逡巡，去就以禮，使後世不見隆薄進退之隙，不亦光於古乎！

[1]【李賢注】《説文》曰："贅，肬也。"《老子》曰："餘食贅行。"河上公注曰："行之無當爲贅。"《莊子》曰："附贅懸肬。"言醜惡也。

[2]【今注】九服：原指王畿之外由近及遠劃分的九等地區，後代指全國各地。《周禮·職方式》："乃辨九服之邦國：方千里曰王畿，其外方五百里曰侯服，又其外方五百里曰甸服，又其外方五百里曰男服，又其外方五百里曰采服，又其外方五百里曰衞服，又其外方五百里曰蠻服，又其外方五百里曰夷服，又其外方五百里曰鎮服，又其外方五百里曰藩服。"

[3]【今注】别館：帝王正宫之外的宫室。《史記》卷八七《李斯列傳》："（秦始皇）治離宫别館，周徧天下。"

光烈陰皇后諱麗華，[1]南陽新野人。[2]初，光武適新野，聞后美，心悦之。後至長安，見執金吾車騎甚盛，[3]因歎曰："仕宦當作執金吾，娶妻當得陰麗華。"更始元年六月，遂納后於宛當成里，[4]時年十九。及光武爲司隸校尉，[5]方西之洛陽，令后歸新野。及鄧奉起兵，[6]后兄識爲之將，后隨家屬徙淯陽，[7]止於奉舍。

[1]【李賢注】《謚法》曰："執德遵業曰烈。"《東觀記》："有陰子公者，生子方，方生幼公，公生君孟，名睦，即后之父也。"今世本"睦"作"陸"。

[2]【今注】新野：縣名。治所在今河南新野縣。

[3]【今注】執金吾：官名。中二千石。掌京師治安。秦名中尉，漢因之。西漢武帝太初元年（前104）更名執金吾。

[4]【今注】宛：縣名。治所在今河南南陽市卧龍區。　當成：里名。　里：漢代設於鄉下面的一級基層行政組織，置里典或

里正等，管理里内事務。

［5］【今注】司隸校尉：官名。秩比二千石。西漢武帝征和四年（前 89）初置，持節，領兵一千二百人，負責糾察京師百官及京師近郡犯法者。元帝初元四年（前 45）去節。成帝元延四年（前 9）省。綏和二年（前 7），哀帝即位時復置，稱司隸，屬大司空。東漢光武帝建武中復置。與御史中丞、尚書令號稱“三獨坐”。

［6］【今注】鄧奉：南陽新野（今河南新野縣）人。光武帝建武二年（26），時任破虜將軍的鄧奉謁歸新野，怒吴漢征伐之時掠其鄉里，遂反。建武三年，光武帝親自帥兵破斬之。

［7］【今注】淯陽：縣名。《漢書・地理志》、本書《郡國志》作“育陽”。治所在今河南南陽市宛城區瓦店鎮。

光武即位，令侍中傅俊迎后，[1]與胡陽、寧平主諸宮人俱到洛陽，以后爲貴人。[2]帝以后雅性寬仁，欲崇以尊位，后固辭，以郭氏有子，終不肯當，故遂立郭皇后。建武四年，從征彭寵，[3]生顯宗於元氏。[4]九年，有盜劫殺后母鄧氏及弟訢，[5]帝甚傷之，乃詔大司空曰：[6]“吾微賤之時，娶於陰氏，因將兵征伐，遂各別離。幸得安全，俱脱虎口。[7]以貴人有母儀之美，宜立爲后，而固辭弗敢當，列於媵妾。[8]朕嘉其義讓，許封諸弟。未及爵土，而遭患逢禍，母子同命，愍傷于懷。《小雅》曰：‘將恐將懼，惟予與汝。將安將樂，汝轉棄予。’[9]風人之戒，可不慎乎？其追爵謚貴人父陸爲宣恩哀侯，[10]弟訢爲宣義恭侯，以弟就嗣哀侯後。及尸柩在堂，使大中大夫拜授印綬，如在國列侯禮。[11]魂而有靈，嘉其寵榮！”

[1]【今注】傅俊：字子衞，潁川襄城（今河南襄城縣）人。傳見本書卷二二。

[2]【李賢注】寧平，縣，屬淮陽，故城在今亳州谷陽縣西南。【今注】胡陽：當作“湖陽”，縣名。治所在今河南唐河縣西南。　寧平：縣名。治所在今河南鄲城縣東北。據本書卷一四《宗室四王三侯傳》記載，劉秀母樊嫺都“生三男三女：長男伯升，次仲，次光武；長女黄，次元，次伯姬”。建武二年（26），封劉黄爲湖陽長公主，劉伯姬爲寧平長公主。

[3]【今注】彭寵：字伯通，南陽宛（今河南南陽市卧龍區）人。傳見本書卷一二。

[4]【今注】元氏：縣名。治所在今河北元氏縣西北。

[5]【李賢注】音欣。

[6]【今注】大司空：官名。三公之一。掌水土之事。西漢成帝綏和元年（前8），改御史大夫爲大司空，大司馬驃騎大將軍爲大司馬，哀帝元壽二年（前1），改丞相爲大司徒，三公制度正式形成。三公制爲王莽和光武帝繼承，並有所發展。東漢光武帝建武二十七年，改大司馬爲太尉，去“大司徒”“大司空”之“大”字，爲“司徒”“司空”。

[7]【李賢注】《莊子》曰，孔子見盜跖，謂柳下惠曰：“幾不免於虎口。”

[8]【李賢注】《爾雅》曰：“媵，送也。”孫炎曰：“送女曰媵。”

[9]【李賢注】《谷風》之詩。【今注】案，出自《詩·小雅·谷風》，原文作：“將恐將懼，維予與女。將安將樂，女轉棄予。”

[10]【今注】案，哀，底本殘，據紹興本、大德本、殿本補。

[11]【今注】列侯：漢代二十等爵的第二十級。根據張家山漢簡《二年律令·户律》記載，列侯以下的爵位分别是：第十九級

關内侯、第十八級大庶長、第十七級駟車庶長、第十六級大上造、第十五級少上造、第十四級右更、第十三級中更、第十二級左更、第十一級右庶長、第十級左庶長、第九級五大夫、第八級公乘、第七級公大夫、第六級官大夫、第五級大夫、第四級不更、第三級簪裹、第二級上造、第一級公士〔參閱張家山二四七號漢墓竹簡整理小組：《張家山漢墓竹簡［二四七號墓］（釋文修訂本）》，文物出版社 2006 年版，第 52 頁〕。

十七年，廢皇后郭氏而立貴人。制詔三公曰：[1]"皇后懷執怨懟，數違教令，不能撫循它子，訓長異室。宫闈之内，若見鷹鸇。[2]既無《關雎》之德，[3]而有吕、霍之風，[4]豈可託以幼孤，恭承明祀。今遣大司徒涉、[5]宗正吉持節，[6]其上皇后璽綬。陰貴人鄉里良家，歸自微賤。[7]'自我不見，于今三年。'[8]宜奉宗廟，爲天下母。主者詳案舊典，時上尊號。異常之事，非國休福，不得上壽稱慶。"后在位恭儉，少嗜玩，不喜笑謔。性仁孝，多矜慈。七歲失父，雖已數十年，言及未曾不流涕。[9]帝見，常歎息。

［1］【今注】制詔三公：漢代詔令有策書、制書、詔書、戒敕等。"制詔三公"，東漢制書的起首語。蔡邕《獨斷》卷上："制書，帝者制度之命也。其文曰：制詔三公，赦令、贖令之屬是也。刺史、太守、相劾奏，申下土遷書，文亦如之。其徵爲九卿，若遷京師近官，則言官，具言姓名；其免若得罪，無姓。凡制書，有印、使符，下遠近皆璽封，尚書令印重封。唯赦令、贖令，召三公詣朝堂受制書，司徒印封，露布下州郡。"

［2］【李賢注】《爾雅》曰："宫中小門謂之闈。"

[3]【今注】關雎之德：比喻后妃之德。《毛詩序》："《關雎》，后妃之德也，風之始也，所以風天下，而正夫婦也。"

[4]【今注】吕霍之風：指吕雉與霍顯。吕雉在劉盈即位後，毒殺趙王如意，並將其母戚夫人斬去雙手雙脚，挖掉雙目，熏聾雙耳，毒啞，做成"人彘"。霍顯，霍光之妻，爲讓自己的女兒霍成君成爲皇后，毒殺許皇后。

[5]【李賢注】戴涉也。【今注】大司徒：官名。三公之一，主教化，掌民事等。東漢光武帝建武二十七年，去"大"字，稱"司徒"。 涉：戴涉，字叔平，冀州清河（今河北清河縣東南）人。建武初，以功封關内侯。建武十五年，遷大司徒。建武二十年，因罪，下獄死。

[6]【今注】宗正：官名。秩中二千石。掌皇族和外戚事務。 節：古代使者所持的憑證。《史記》卷八《高祖本紀》《索隱》引《釋名》："節爲號令賞罰之節也。又節毛上下相重，取象竹節。"《漢書》卷一上《高帝紀上》顔師古注："節以毛爲之，上下相重，取象竹節，因以爲名，將命者持之以爲信。"本書卷一上《光武帝紀上》李賢注："節，所以爲信也，以竹爲之，柄長八尺，以旄牛尾爲其眊三重。"

[7]【李賢注】《公羊傳》曰："婦人謂嫁曰歸。"

[8]【李賢注】《詩·豳風·東山》之詞也。【今注】案，自，大德本誤作"目"。

[9]【今注】案，曾，大德本、殿本作"甞"。

顯宗即位，尊后爲皇太后。永平三年冬，帝從太后幸章陵，[1]置酒舊宅，會陰、鄧故人諸家子孫，並受賞賜。七年，崩，在位二十四年，年六十，合葬原陵。[2]明帝性孝愛。追慕無已。十七年正月，當謁原陵，夜夢先帝、大后如平生歡。既寤，悲不能寐，即案歷，明旦日吉，遂率百官及故客上陵。其日，降甘露於陵樹，帝令百官采取以薦。會畢，帝從席前伏御牀，[3]視大后鏡奩中物，[4]感動悲涕，令易脂澤裝具。[5]左右皆泣，莫能仰視焉。

［1］【今注】章陵：縣名。治所在今湖北棗陽市西南。本書卷一下《光武帝紀下》載，建武六年（30），"改舂陵鄉爲章陵縣。世世復徭役，比豐、沛，無有所豫"。

［2］【今注】原陵：光武帝劉秀陵。本書卷二《明帝紀》注引《帝王紀》："原陵方三百二十步，高六丈，在臨平亭東南，去洛陽十五里。"本書《禮儀志》注引《古今注》："光武原陵，山方三百二十三步，高六丈六尺。垣四出司馬門。寢殿、鐘虡皆在周垣内。隄封田十二頃五十七畝八十五步。"洛陽東漢帝陵分爲南、北兩個陵區，北陵區位於洛陽城北的邙山之上，在今河南洛陽市孟津縣境内，葬有五帝，分别爲光武帝原陵、安帝恭陵、順帝憲陵、沖帝懷陵、靈帝文陵；南陵區位於洛陽城南的萬安山北麓，在今河南洛陽市伊濱區、偃師市境内，葬有六帝，分别爲明帝顯節陵、章帝敬陵、和帝順陵、殤帝康陵、質帝静陵、桓帝宣陵。目前顯節陵的具體位置，學界尚有争議。東漢帝陵的考古發現與研究等相關情況，參閲嚴輝《洛陽東漢帝陵地望問題研究綜述》（《中原文物》2019年第5期），韓國河、張鴻亮《東漢陵園建築布局的相關研究》（《考古與文物》2019年第6期）等文。

［3］【今注】席：古代的坐卧具，用草、竹等材料編成。牀：古代的坐卧具。《説文解字·木部》："牀，安身之坐者。"《釋名·釋牀帳》："人所坐卧曰牀。"

［4］【李賢注】奩，鏡匣也。音廉。【今注】鏡奩：鏡匣。《急就篇》卷三："鏡籢疏比各異工。"籢，即奩。顔師古注："鏡籢，盛鏡之器，若今鏡匣也。"

［5］【今注】脂澤：脂粉、香膏等化妝用品。《韓非子·顯學》："故善毛嗇、西施之美，無益吾面；用脂澤粉黛，則倍其初。" 裝具：婦女梳妝時所用的鏡奩等物。

明德馬皇后諱某，［1］伏波將軍援之小女也。［2］少喪父母。兄客卿敏惠早夭，母藺夫人悲傷發疾慌惚。后時年十歲，幹理家事，敕制僮御，［3］内外諮稟，事同成人。初，諸家莫知者，後聞之，咸歎異焉。后嘗久疾，大夫人令筮之，［4］筮者曰："此女雖有患狀而當大貴，兆不可言也。"後又呼相者使占諸女，見后，大驚曰："我必爲此女稱臣。然貴而少子，若養它子者得力，［5］乃當踰於所生。"

［1］【李賢注】《謚法》曰："忠和純淑曰德。"諱某者，史失其名。下皆類此。

［2］【今注】伏波將軍：東漢雜號將軍之一。 援：馬援，字文淵，扶風茂陵（今陝西興平市東北）人。傳見本書卷二四。

［3］【李賢注】幹，正也。 《廣雅》曰"僮、御，皆使者"也。

［4］【今注】大夫人：太夫人。漢制，列侯之母稱太夫人。

［5］【今注】案，它，大德本、殿本作"他"。

初，援征五溪蠻，［1］卒於師，虎賁中郎將梁松、黄門侍郎竇固等因譖之，［2］由是家益失埶，又數爲權貴所侵侮。后從兄嚴不勝憂憤，［3］白大夫人絶竇氏婚，求進女掖庭。乃上書曰："臣叔父援孤恩不報，［4］而妻子特獲恩全，戴仰陛下，[5]爲天爲父。人情既得不死，便欲求福。竊聞太子、諸王妃匹未備，援有三女，大者十五，次者十四，小者十三，儀狀髮膚，上中以上。[6]皆孝順小心，婉静有禮。[7]願下相工，簡其可否。如有萬一，援不朽於黄泉矣。[8]又援姑姊妹並爲成帝婕妤，[9]葬於延陵。[10]臣嚴幸得蒙恩更生，冀因緣先姑，當充後宫。"由是選后入大子宫。時年十三。奉承陰后，傍接同列，禮則脩備，上下安之。遂見寵異，常居後堂。[11]

[1]【今注】五溪蠻：秦漢時期南方少數民族之一，槃瓠蠻的分支，主要活動在武陵郡，稱"武陵蠻"。又因境内有雄溪、樠溪、辰溪、西溪（一説酉溪）、舞溪（一作潕溪），而稱爲五溪蠻，一作"武谿蠻"。參見本書卷八六《南蠻傳》。本書卷二四《馬援傳》："二十四年，武威將軍劉尚擊武陵五溪蠻夷。"李賢注："酈元注《水經》云：'武陵有五溪，謂雄溪、樠溪、酉溪、潕溪、辰溪，悉是蠻夷所居，故謂五溪蠻'。皆槃瓠之子孫也。土俗'雄'作'熊'，'樠'作'朗'，'潕'作'武'，在今辰州界。"

[2]【今注】虎賁中郎將：官名。秩比二千石。屬光禄勳。西漢武帝建元三年（前138）置期門，掌執兵送從，秩比郎，無員，多至千人，置僕射，秩比千石。平帝元始元年（1）更名爲虎賁郎，置中郎將。本書《郡國志二》劉昭注："虎賁舊作'虎奔'，言如虎之奔也，王莽以古有勇士孟賁，故名焉。孔安國曰：'若虎賁獸'，言其甚猛。"　梁松：字伯孫，安定烏氏（今寧夏固原市東南）人。傳見本書卷三四。　竇固：字孟孫，扶風平陵（今陝西咸陽市西北）人。傳見本書卷二三。

[3]【今注】嚴：馬嚴，字威卿，扶風茂陵（今陝西興平市東

北）人。馬援兄子。傳見本書卷二四。

［4］【李賢注】孤，負也。

［5］【今注】陛下：君主的尊稱。蔡邕《獨斷》卷上："陛下者：陛，階也，所由升堂也。天子必有近臣執兵陳於陛側，以戒不虞。謂之陛下者，群臣與天子言，不敢指斥天子，故呼在陛下者而告之，因卑達尊之意也。上書亦如之。及群臣庶士相與言殿下、閤下、執事之屬，皆此類也。"

［6］【李賢注】《東觀記》曰："明帝馬皇后美髮，爲四起大髻，但以髮成，尚有餘，繞髻三匝。眉不施黛，獨左眉角小缺，補之如粟。常稱疾而終身得意（常，大德本、殿本作'嘗'）。"

［7］【李賢注】婉，順。

［8］【今注】黄泉：陰間。《左傳》隱公元年："不及黄泉，無相見也。"杜預注："地中之泉，故曰黄泉。"本書卷六五《張奂傳》："父母朽骨，孤魂相託，若蒙矜憐，壹惠咳唾，則澤流黄泉，施及冥寞，非奂生死所能報塞。"

［9］【今注】成帝：西漢成帝劉驁，公元前 33 年至前 7 年在位。紀見《漢書》卷一〇。　婕妤：女官名。位視上卿，爵比列侯。

［10］【今注】延陵：西漢成帝陵，位於今陝西咸陽市周陵街道辦嚴家溝、馬家窑村一帶。相關考古勘探情況參閱陝西省考古研究院、咸陽市文物考古研究所《西漢成帝延陵考古勘探調查簡報》，《考古與文物》2019 年第 4 期。

［11］【今注】後堂：后妃的居室。

顯宗即位，以后爲貴人。時后前母姊女賈氏亦以選入，[1]生肅宗。帝以后無子，命令養之。謂曰："人未必當自生子，但患愛養不至耳。"后於是盡心撫育，勞悴過於所生。肅宗亦孝性淳篤，恩性天至，母子慈愛，始終無纖介之間。[2]后常以皇嗣未廣，[3]每懷憂歎，薦達左右，若恐不及。後宫有進見者，每加慰納。若數所寵引，輒增隆遇。永平三年春，有司奏立長秋宫，[4]帝未有所言。皇大后曰："馬貴人德冠後宫，即其人也。"遂立爲皇后。

[1]【今注】前母：子女對父親前妻的稱呼。

[2]【李賢注】纖介猶細微也。間，隙也。

[3]【今注】皇嗣：皇子。

[4]【李賢注】皇后所居宫也。長者久也，秋者萬物成孰之初也，故以名焉。請立皇后，不敢指言，故以宫稱之。【今注】案，《漢書》卷九九上《王莽傳上》："皇帝即位三年，長秋宫未建，液廷媵未充。"

先是數日，夢有小飛蟲無數赴著身，又入皮膚中而後飛出。既正位宫闈，[1]愈自謙肅。身長七尺二寸，方口，美髮。能誦《易》，[2]好讀《春秋》《楚辭》，[3]尤善《周官》《董仲舒書》。[4]常衣大練，裙不加緣。[5]朔望諸姬主朝請，[6]望見后袍衣疏麤，反以爲綺縠，就視，乃笑。后辭曰："此繒特宜染色，故用之耳。"六宫莫不歎息。帝嘗幸苑囿離宫，[7]后輒以風邪露霧爲戒，[8]辭意款備，多見詳擇。帝幸濯龍中，[9]並召諸才人，[10]下邳王已下皆在側，[11]請呼皇后。帝笑曰："是家志不好樂，雖來無歡。"是以遊娱之事希嘗從焉。

[1]【今注】宫闈：後宫。

［2］【今注】易：儒家經典。又名《周易》《易經》，包括經和傳兩部分。經是占筮之書，用以預卜吉凶。傳稱爲《易傳》，或《易大傳》，是最早解釋《周易》的著作，包括《彖傳》上下、《象傳》上下、《繫辭傳》上下、《文言》《説卦》《序卦》和《雜卦》七部分十篇，稱爲“十翼”。

［3］【今注】春秋：儒家經典。編年體史書。孔子據《魯春秋》編纂而成。記事上起魯隱公元年（前722），下訖魯哀公十四年（前481），共242年歷史。《春秋》的記事方法，杜預《春秋經傳集解·序》：“春秋者，魯史記之名也。記事者，以事系日，以日系月，以月系時，以時系年，所以紀遠近，别同異也。” 楚辭：詩歌總集。西漢劉向輯十六篇，今本十七篇，爲東漢王逸所增。王逸於漢安帝元初中爲校書郎，則馬皇后所讀《楚辭》爲劉向輯本。内容包括屈原《離騷》《九歌》《天問》《九章》《遠遊》《卜居》《漁文》《招魂》以及宋玉、芈景差等人的作品。

［4］【李賢注】《周官》，《周禮》也。《仲舒書》，《玉杯》《蕃露》《清明》《竹林》之屬也。蕃音繁。【今注】周官：即《周禮》。儒家經典。《周禮》的成書年代，衆説紛紜，比較而言戰國時期成書較爲可信。《周禮》是一部未完成的著作，《天官》《地官》《春官》《夏官》《秋官》《冬官》中缺《冬官》，漢人取《考工記》補之。《考工記》成書年代亦爲戰國時期。

［5］【李賢注】大練，大帛也。杜預注《左傳》曰：“大帛，厚繒也。”大后兄廖上書曰“今陛下躬服厚繒”是也。【今注】常衣大練：平時所穿服裝是用粗絲織成厚帛所做。今有成語“馬后大練”，喻節儉，即源於此。 裙不加緣：指裙不鑲邊。《禮記·玉藻》：“緣廣寸半”。

［6］【李賢注】《漢律》春曰朝，秋曰請。【今注】朔：每月初一。《説文解字·月部》：“朔，月一日始蘇也。” 望：每月十五日、十六日。《釋名·釋天》：“望，月滿之名也。月大十六日，小

十五日，日在東，月在西，遥相望也。”　朝請：漢律，諸侯春天朝見皇帝曰朝，秋天朝見皇帝曰請。這裏“朝”“請”連用，泛指朝見太后。《史記》卷一〇七《魏其武安侯列傳》：“太后除竇嬰門籍，不得入朝請。”裴駰《集解》：“律，諸侯春朝天子曰朝，秋曰請。”

［7］【今注】苑囿：皇家園林。《説文·艸部》：“苑，所以養禽獸。”《説文·口部》：“囿：苑有垣也。從口有聲。一曰禽獸曰囿。”　離宫：正宫之外，供皇帝外出巡行時居住的宫室。《漢書》卷五一《賈山傳》：“秦非徒如此也，起咸陽而西至雍，離宫三百，鐘鼓帷帳，不移而具。”顔師古注：“凡言離宫者，皆謂於别處置之，非常所居也。”

［8］【今注】風邪：中醫將風、寒、暑、濕、燥、火六種外感病邪稱爲“六淫”。邪指引起疾病的環境因素。　露霧：同前“霧露”。

［9］【李賢注】《續漢志》曰，濯龍，園名也，近北宫。【今注】案，本書《百官志三》“濯龍監”條本注：“濯龍亦園名，近北宫。”《初學記》卷二四《居處部·園圃》引司馬彪《續漢書》曰：“濯龍園在洛陽西北角。”

［10］【今注】才人：後宫女官名。這裏指後宫諸妃嬪。

［11］【今注】下邳王：東漢明帝永平十五年（72）封皇子衍爲下邳王。獻帝建安十一年（206）國除。此處下邳王即惠王劉衍，傳見本書卷五〇。

十五年，帝案地圖，將封皇子，悉半諸國。后見而言曰：“諸子食數縣，[1]於制不已儉乎？”帝曰：“我子豈宜與先帝子等乎？歲給二千萬足矣。”時楚獄連年不斷，[2]囚相證引，坐繫者甚衆。后慮其多濫，乘間言及，惻然。帝感悟之，夜起彷徨，爲思所納，[3]卒多有所降宥。時諸將奏事及公卿較議難平者，[4]帝數以試后。后輒分解趣理，各得其情。每於侍執之際，輒言及政事，多所毗補，而未嘗以家私干。故寵敬日隆，始終無衰。

[1]【今注】案，紹興本"食"前有"裁"字。

[2]【今注】楚獄：即楚王劉英之獄。劉英在光武帝劉秀十一子中排行第三，生母爲許美人。建武十五年（39）封爲楚公，十七年晉爵爲王。明帝永平十三年（70），燕廣告劉英謀反，楚獄大興。

[3]【李賢注】思后所納之言。

[4]【李賢注】《廣雅》曰："較，明也。"

及帝崩，肅宗即位，尊后曰皇大后。諸貴人當徙居南宫，[1]大后感析别之懷，各賜王赤綬，加安車駟馬，[2]白越三千端，[3]雜帛二千匹，黄金十斤。自撰《顯宗起居注》，削去兄防參醫藥事。[4]帝請曰："黄門舅旦夕供養且一年，既無褒異，又不録勤勞，[5]無乃過乎！"大后曰："吾不欲令後世聞先帝數親後宫之家，故不著也。"

[1]【今注】南宫：宫殿名。在今河南洛陽市東北漢魏故城内。東漢皇帝或居南宫或居北宫，南北二宫的政治地位根據皇帝居住與否發生變化（參陳蘇鎮《東漢的南宫和北宫》，《文史》2018年第1輯）。

[2]【今注】安車：可坐乘的車。《周禮·春官·巾車》："安車，雕面鷖總，皆有容蓋。"鄭玄注："安車，坐乘車。凡婦人車皆坐乘。"本書《輿服志上》："皇太子、皇子皆安車，朱班輪，青蓋，

金華蚤，黑槾文，畫轓文輈，金塗五末。”　駟馬：四匹馬。

［3］【李賢注】白越，越布。

［4］【今注】防：馬防，字江平，扶風茂陵（今陝西興平市）人。傳見本書卷二四。

［5］【今注】勤勞：功勞。漢代，功是官僚升遷和獎勵的憑據之一，可分爲軍功和事功。事功是指各級行政官吏，包括軍吏，在日常工作中所從事各種事務的積累。勞是工作時間長短的記載（參卜憲群《西漢東海郡長吏升遷考述》，《商丘師範學院學報》1999年第1期）。如居延漢簡37.57功勞文書：“肩水候官始安隧長、公乘許宗：中功一勞一歲十五日。能書、會計、治官民，頗知律令，文。年卅六，長七尺二寸。觻得千秋里，家去官六百里。”（謝桂華、李均明、朱國炤：《居延漢簡釋文合校》，文物出版社1987年版，第63頁）。勞與功的關係，“勞四歲”等於一“功”（參胡平生《居延漢簡中的“功”與“勞”》，《文物》1995年第4期）。

建初元年，欲封爵諸舅，大后不聽。明年夏，大旱，言事者以爲不封外戚之故，有司因此上奏，宜依舊典。[1]大后詔曰：“凡言事者皆欲媚朕以要福耳。昔王氏五侯同日俱封，[2]其時黄霧四塞，不聞澍雨之應。又田蚡、竇嬰，寵貴横恣，傾覆之禍，爲世所傳。[3]故先帝防慎舅氏，不令在樞機之位。[4]諸子之封，裁令半楚、淮陽諸國，常謂‘我子不當與先帝子等’。今有司奈何欲以馬氏比陰氏乎！吾爲天下母，而身服大練，食不求甘，左右但著帛布，無香熏之飾者，欲身率下也。以爲外親見之，當傷心自勑，但笑言大后素好儉。前過濯龍門上，[5]見外家問起居者，車如流水，馬如游龍，倉頭衣緑褠，[6]領袖正白，[7]顧視御者，不及遠矣。故不加譴怒，但絶歲用而已，冀以默愧其心，而猶懈怠，無憂國忘家之慮。知臣莫若君，況親屬乎？吾豈可上負先帝之旨，下虧先人之德，重襲西京敗亡之禍哉！”固不許。[8]

［1］【李賢注】漢制，外戚以恩澤封侯，故曰舊典也。

［2］【李賢注】成帝封大后弟王譚、王商、王立、王根、王逢時等，同時爲關内侯。

［3］【李賢注】田蚡，景帝王皇后同母弟武安侯也。爲丞相，貪驕，與淮南王霸上私語。後薨，武帝曰：“使武安侯在者，族矣！”竇嬰，文帝竇皇后從兄子魏其侯也，爲丞相，坐與灌夫朋黨棄市也。

［4］【李賢注】樞機，近要之官也（官，紹興本誤作“宫”）。《春秋運斗樞》曰：“北斗，第一天樞，第二旋，第三機也。”

［5］【今注】濯龍門：濯龍園門。《文選》張平子《東京賦》：“濯龍芳林，九谷八溪。”清胡紹煐《昭明文選箋證》卷三：“蓋濯龍本園名，中有宫、有池，外有門。”

［6］【今注】倉頭：漢代奴僕用青色的布包頭，故稱倉頭。

［7］【李賢注】韝，臂衣，今之臂韝，以縛左右手，於事便也。

［8］【李賢注】西京外戚吕禄、吕産、竇嬰、上官桀安父子、霍禹等皆被誅。

帝省詔悲歎，復重請曰：“漢興，舅氏之封侯，猶皇子之爲王也。大后誠存謙虚，奈何令臣獨不加恩三舅乎？且衛尉年尊，兩校尉有大病，[1]如令不諱，[2]使臣長抱刻骨之恨。宜及吉時，不可稽留。”

［1］【李賢注】衛尉，大后兄廖。兩校尉，兄防、兄光也。【今注】衛尉：官名。中二千石。掌宫門衛士，宫中徼循事。此指馬廖，字敬平。東漢明帝崩時，受遺詔典掌宫省門禁，爲衛尉。“兩校尉”指馬防、馬光。章帝即位，拜馬防、馬光爲中郎將，後遷城門校尉。馬廖傳見本書卷二四。

［2］【今注】不諱：死亡的婉稱。《漢書》卷六八《霍光傳》：“如有不諱，誰當嗣者?”顔師古注：“不諱，言不可諱也。”卷七四《丙吉傳》：“君即有不諱，誰可以自代者?”顔師古注：“不諱，言死不可復言也。”《説文》：“諱，誋也。”

大后報曰：“吾反覆念之，思令兩善。豈徒欲獲謙讓之名，而使帝受不外施之嫌哉![1]昔竇大后欲封王皇后之兄，[2]丞相條侯言受高祖約，無軍功，非劉氏不侯。[3]今馬氏無功於國，豈得與陰、郭中興之后等邪?[4]常觀富貴之家，禄位重疊，猶再實之木，其根必傷。[5]且人所以願封侯者，欲上奉祭祀，下求温飽耳。今祭祀則受四方之珍，衣食則蒙御府餘資，[6]斯豈不足，而必當得一縣乎?吾計之孰矣，勿有疑也。夫至孝之行，安親爲上。今數遭變異，穀價數倍，憂惶晝夜，不安坐卧，而欲先營外封，[7]違慈母之拳拳乎![8]吾素剛急，有匈中氣，[9]不可不順也。若陰陽調和，邊境清静，然後行子之志。吾但當含飴弄孫，[10]不能復關政矣。”[11]

［1］【李賢注】以恩澤封爵外家爲外施也。

［2］【李賢注】竇大后，文帝后也。王皇后，景帝后也。兄即王信，後封爲蓋侯。

［3］【李賢注】條侯，周亞夫也。《前書》曰："高帝與功臣約，非劉氏不王，非有功不侯。不如約，天下共擊之。"【今注】丞相：官名。掌丞天子理萬機。相，起源甚早，春秋戰國時期各諸侯國設置有相國或丞相。秦置左、右丞相。西漢高祖即皇帝位後，置一丞相，十一年（前196），更名爲相國。惠帝、高后置左右丞相，文帝前元二年（前178），復置一丞相。哀帝元壽二年（前1），改丞相爲大司徒。除置大司徒外，更始政權還繼承了西漢前期丞相制度，設立了左右丞相。東漢光武帝建武二十七年（51），去"大"字，稱"司徒"。靈帝中平六年（189），董卓自爲相國，司徒官並存。獻帝建安十三年（208），曹操爲丞相。　條侯：周亞夫。西漢文帝後元二年（前162），絳侯周勃子亞夫被紹封爲條侯。竇太后欲封景帝王皇后兄王信爲侯，景帝向時任丞相的周亞夫徵求意見，周亞夫説："高皇帝約'非劉氏不得王，非有功不得侯。不如約，天下共擊之'。今信雖皇后兄，無功，侯之，非約也。"景帝默然而止。後周亞夫下獄死，景帝封王信爲蓋侯。事詳見《史記》卷五七《絳侯周勃世家》。

［4］【今注】中興之后：光武帝劉秀中興漢朝，故稱光烈陰皇后麗華、光武郭皇后聖通爲中興之后。

［5］【李賢注】《文子》曰"再實之木根必傷，掘藏之家後必殃"也。

［6］【今注】御府：帝王的府庫。《史記·平準書》："而胡降者皆衣食縣官，縣官不給，天子乃損膳，解乘輿駟，出御府禁藏以贍之。"《資治通鑑》卷四六《漢紀》肅宗孝章皇帝建初二年胡三省注："自西都以來，皇后家祀其父母，太官供具。御府令，掌中衣服及補澣之屬；飲食則太官主之。此言衣食皆資於御府，概言

之也。"

［7］【今注】外封：同"外施"。

［8］【李賢注】拳拳，猶勤勤也，音權。

［9］【今注】匈："胸"的古字。大德本作"胸"。

［10］【李賢注】《方言》曰："飴，餳也。陳、楚、宋、衛之間通語。"【今注】含飴弄孫：嘴含飴糖，逗弄孫子。飴，用麥芽製成的糖漿，糖稀。

［11］【今注】關政：參與政治。《資治通鑑》卷四六《漢紀》肅宗孝章皇帝建初二年胡三省注："關，豫政也。"

時新平主家御者失火，[1]延及北閣後殿。大后以爲己過，起居不歡。時當謁原陵，自引守備不慎，慙見陵園，遂不行。初，大夫人葬，起墳微高，[2]大后以爲言，兄廖等即時減削。其外親有謙素義行者，輒假借温言，[3]賞以財位。如有纖介，則先見嚴恪之色，然後加譴。其美車服不軌法度者，便絶屬籍，[4]遣歸田里。廣平、鉅鹿、樂成王車騎朴素，[5]無金銀之飾，帝以白大后，大后即賜錢各五百萬。於是内外從化，被服如一，諸家惶恐，倍於永平時。乃置織室，蠶於濯龍中，[6]數往觀視，以爲娱樂。常與帝旦夕言道政事，及教授諸小王，[7]論語經書，[8]述叙平生，雍和終日。

［1］【今注】新平主：新平公主。

［2］【今注】案，《周禮·春官·冢人》鄭玄注引《漢律》："列侯墳高四丈，關内侯以下至庶人各有差。"雲夢睡虎地 M77 漢簡《葬律》："徹侯衣衾毋過盈棺，衣衾斂束。（荒）所用次也。其殺：小斂用一特牛，棺、開各一大牢，祖一特牛，遣一大牢。棺中

之廣毋過三尺二寸，深三尺一寸，袤丈一尺，厚七寸。椁二，其一厚尺一八寸；臧椁一，厚五寸，得用炭。叡（壑）、斗、羨深淵上六丈，墳大方十三丈，高三丈。榮（塋）東西四十五丈，北南四十二丈，重園（?）垣之，高丈。祠（?）舍蓋，蓋地方六丈。中垣爲門，外爲闕，垣四陬爲不（罘）思（罳）。”（湖北省文物考古研究所、雲夢縣博物館：《湖北雲夢睡虎地 M77 发掘簡報》，《江漢考古》2008 年第 4 期；彭浩：《讀雲夢睡虎地 M77 漢簡〈葬律〉》，《江漢考古》2009 年第 4 期）

［3］【今注】温言：温和的語言。

［4］【今注】屬籍：宗室譜籍。《史記》卷一〇七《魏其侯列傳》：“舉適諸竇宗室毋節行者，除其屬籍。”

［5］【今注】廣平鉅鹿樂成王：皆東漢明帝子。廣平王劉羨，明帝永平三年（60）封廣平王，章帝建初七年（82）徙爲西平王，章和二年（88）章帝崩，遺詔徙封陳王，是年就國。鉅鹿王劉恭，明帝永平十五年封鉅鹿王，章帝建初三年徙封江陵王，元和二年（85）徙封六安王，章和二年章帝崩，遺詔徙封彭城王，是年就國。樂成王劉黨，明帝永平十五年封樂成王，章和二年章帝崩，就國。章帝建初三年，有司奏請遣廣平王、鉅鹿王、樂成王各自就國，章帝“不認與諸王乖離”，俱留京師。三王傳均見本書卷五〇。

［6］【李賢注】《前書》有東織、西織，屬少府，平帝改名織室。

［7］【今注】小王：年紀尚幼未就國的諸侯王。《資治通鑑》卷四六《漢紀》肅宗孝章皇帝建初二年胡三省注：“小王，諸王年尚幼，未就國者。”

［8］【今注】案，語，紹興本作“議”。

四年，天下豐稔，方垂無事，帝遂封三舅廖、防、光爲列侯。並辭讓，願就關内侯。[1] 大后聞之，曰：

“聖人設教，各有其方，知人情性莫能齊也。[2]吾少壯時，但慕竹帛，志不顧命。[3]今雖已老，而復‘戒之在得’，[4]故日夜惕厲，思自降損。[5]居不求安，食不念飽。冀乘此道，不負先帝。所以化導兄弟，共同斯志，欲令瞑目之日，無所復恨。何意老志復不從哉？萬年之日長恨矣！”[6]廖等不得已，受封爵而退位歸第焉。

［1］【今注】關内侯：秦漢二十等爵的第十九級，僅次於列侯。除一般被封予的食邑户數外，據張家山漢簡《二年律令・户律》載，西漢初年關内侯還受田九十五頃，受宅九十五宅〔張家山二四七號漢墓竹簡整理小組：《張家山漢墓竹簡［二四七號墓］（釋文修訂本）》，第25頁〕。

［2］【李賢注】《禮記・王制》曰：“凡居人材，必因天地寒煖燥濕，廣谷大川異制，人居其間異俗。修其教不易其俗，齊其政不易其宜。中國戎夷五方之人，皆有性也，不可推移。”

［3］【李賢注】言少慕古人，書名竹帛，不顧命之長短。

［4］【李賢注】《論語》孔子曰：“少之時，戒之在色；及其老也，戒之在得。”得，貪嗇也。言彌復吝惜封爵（封，底本殘，據紹興本補），不欲濫封親戚也。

［5］【李賢注】惕，懼也。厲，危也。

［6］【今注】萬年：死的婉辭。

大后其年寢疾，[1]不信巫祝小醫，數勑絶禱祀。至六月，崩。[2]在位二十三年，年四十餘。合葬顯節陵。[3]

［1］【今注】其年：本年。　寢疾：卧病。

［2］【今注】案，本書卷三《章帝紀》載，建初四年（79），“六月癸丑，皇太后馬氏崩。秋七月壬戌，葬明德皇太后”。

［3］【今注】顯節陵：東漢明帝陵。本書《禮儀志》劉昭注引《古今注》：“明帝顯節陵，山方三百步，高八丈。無周垣，爲行馬，四出司馬門。石殿、鐘虡在行馬内。寢殿、園省在東。園寺吏舍在殿北。隄封田七十四頃五畝。”本書《章帝紀》李賢注引《帝王紀》：“顯節陵方三百步，高八丈。其地故富壽亭也，西北去洛陽三十七里。”

賈貴人，南陽人。建武末選入大子宫，中元二年生肅宗，[1]而顯宗以爲貴人。帝既爲大后所養，專以馬氏爲外家，故貴人不登極位，[2]賈氏親族無受寵榮者。及大后崩，乃策書加貴人王赤綬，[3]安車一駟，永巷宫人二百，[4]御府雜帛二萬匹，[5]大司農黄金千斤，[6]錢二千萬。諸史並闕後事，故不知所終。[7]

［1］【今注】中元：亦稱建武中元，東漢光武帝劉秀年號（56—57）。

［2］【今注】極位：最高位置。此指皇后位。

［3］【李賢注】《續漢書》曰諸侯王赤綬也。【今注】策書：漢代皇帝詔令的一種。蔡邕《獨斷》卷上：“策書，策者簡也。《禮》曰：‘不滿百文，不書於策。’其制長二尺，短者半之，其次一長一短兩編，下附篆書，起年月日，稱‘皇帝曰’，以命諸侯王、三公。其諸侯王、三公之薨於位者，亦以策書誄謚其行而賜之，如諸侯之策。三公以罪免，亦賜策，文體如上策而隸書，以一尺木兩行，唯此爲異者也。”　王赤綬：本書《輿服志下》：“諸侯王赤綬，四采，赤黄縹紺，淳赤圭，長二丈一尺，三百首。”

［4］【李賢注】永巷，宫中署名也，後改爲掖庭。永巷宫人，即官婢也。

［5］【今注】雜帛：用色絲織成的絲織品。

［6］【今注】大司農：官名。中二千石。掌管國家財政。秦名治粟内史，漢因之。西漢景帝後元元年（前143）更名爲大農令，武帝太初元年（前104）更名爲大司農。

［7］【今注】案，大德本、殿本無“諸史並闕後事故不知所終”十一字。

章德竇皇后諱某，扶風平陵人，[1]大司徒融之曾孫也。[2]祖穆，父勳，坐事死，事在《竇融傳》。勳尚東海恭王彊女沘陽公主，[3]后其長女也。家既廢壞，數呼相工問息秏，[4]見后者皆言當大尊貴，非臣妾容貌。年六歲能書，親家皆奇之。建初二年，后與女弟俱以選例入見長樂宫，[5]進止有序，風容甚盛。肅宗先聞后有才色，數以訊諸姬傅。[6]及見，雅以爲美，馬大后亦異焉，因入掖庭，見於北宫章德殿。[7]后性敏給，傾心承接，稱譽日聞。明年，遂立爲皇后，牀爲貴人。[8]七年，追爵謚后父勳爲安成思侯。[9]后寵幸殊特，專固後宫。

［1］【今注】扶風：政區名。全稱“右扶風”，漢代三輔之一。西漢右扶風治長安（今陝西西安市西北），東漢遷至槐里（今陝西興平市東南）。　平陵：縣名。治所在今陝西咸陽市西北。

［2］【今注】融：竇融，字周公，扶風平陵人。傳見本書卷二三。

［3］【今注】東海恭王彊：東漢光武帝郭皇后子劉彊。傳見本

書卷四二。 沘陽公主：也作“比陽公主”，如本書卷四《和帝紀》載，永元三年“夏六月辛卯，尊皇太后母比陽公主爲長公主”。《漢書·地理志》、本書《郡國志》均作“比陽”，縣名，治所在今河南泌陽縣。案，沘，殿本誤作“泚”。

［4］【李賢注】薛氏《韓詩章句》曰：“秏。惡也。”息秏猶言善惡也。

［5］【今注】長樂宫：皇太后所居宫名。

［6］【李賢注】訊，問也。傅謂傅母。

［7］【今注】北宫章德殿：皇帝日常辦公和居住的場所。參閲陳蘇鎮《東漢的“東宫”與“西宫”》（《“中央研究院”歷史語言研究所集刊》第八十九本第三分，第515—539頁）。

［8］【今注】案，眛，紹興本、大德本作“妹”。

［9］【李賢注】安成，縣，屬汝南郡，故城在今豫州吴房縣東南。【今注】安成：縣名。治所在今河南汝南縣東南。《漢書·地理志上》作“安成”，侯國。《漢書·外戚恩澤侯表》記載，成帝建始元年（前32），封王崇爲安成侯，王莽敗時，國絶。本書卷二〇《銚期傳》記載：“光武即位，封安成侯。”本書《郡國志二》作“安城”，侯國，中華本校勘記云：“錢大昕謂銚期封安成侯，即此安城也。”後銚期子丹徙爲葛陵侯。本書卷一四《安成孝侯賜傳》記載，建武十三年，光武帝封族兄劉賜爲安成侯，劉賜孫商被徙爲白牛侯。據本書卷二三《竇融傳》記載，竇融七世祖即孝文帝竇皇后之弟竇廣國。《漢書》卷九七上《外戚傳上》：“竇皇后親蚤卒，葬觀津。於是薄太后乃詔有司追封竇后父爲安成侯，母曰安成夫人。”本書卷二九《周磐傳》：“汝南安成人。”本書卷五三《周燮傳》：“汝南安城人。”本書卷八一《獨行傳》：“（周嘉）汝南安城人。”

初，宋貴人生皇大子慶，[1]梁貴人生和帝。[2]后既無子，並疾忌之，數間於帝，漸致疏嫌。因誣宋貴人挾邪媚道，[3]遂自殺，廢慶爲清河王，語在《慶傳》。[4]

［1］【今注】皇大子慶：劉慶。傳見本書卷五五。

［2］【今注】和帝：東漢和帝劉肇，公元 88 年至 105 年在位。紀見本書卷四。

［3］【今注】媚道：巫蠱邪術。本書卷五五《清河孝王慶傳》載："竇皇后寵盛，以貴人姊妹並幸，慶爲太子，心内惡之，與母比陽主謀陷宋氏。外令兄弟求其纖過，内使御者偵伺得失。後於掖庭門邀遮得貴人書，云'病思生菟，令家求之'，因誣言欲作蠱道祝詛，以菟爲厭勝之術，日夜毁譖，貴人母子遂漸見疏。"

［4］【今注】慶傳：即本書卷五五《清河孝王慶傳》。

梁貴人者，梁竦之女也。[1]少失母，爲伯母舞陰長公主所養。[2]年十六，建初二年亦與中姊俱選入掖庭爲貴人。[3]四年，生和帝。后養爲己子。欲專名外家而忌梁氏。[4]八年，乃作飛書以陷竦，[5]竦坐誅，貴人姊妹以憂卒。自是宫房惵息，[6]后愛日隆。

［1］【今注】梁竦：安定烏氏（今寧夏固原市東南）人。梁統子。少習《孟氏易》，作《七序》。爲竇氏陷害，死於漢陽獄中。東漢和帝永元九年（97），竇太后崩，和帝迎梁竦喪歸洛陽，追封謚號爲褒親愍侯。案，紹興本"梁竦"前有"褒親愍侯"四字。

［2］【李賢注】長公主，光武女，梁松尚焉。【今注】舞陰長公主：劉義王，光武帝劉秀長女。據本書卷一〇下《皇后紀附皇女傳》，建武十五年（39）封爲舞陽長公主，李賢注："松，梁統之

子。其傳云：‘尚光武女舞陰公主。’又《鄧訓傳》：‘舞陰公主子梁扈，有罪，訓與交通。’此云舞陽，誤也。”又本書卷三四《梁竦傳》：“長嫂舞陰公主贍給諸梁，親疏有序，特重敬竦，雖衣食器物，必有加異。”劉義王所封當爲舞陰。舞陰，縣名，治所在今河南泌陽縣北。

［3］【今注】案，建初二年亦與中姊，紹興本作“亦以建初二年與中姊”。

［4］【今注】專名：獨享名位。

［5］【李賢注】飛書，若今匿名書也。【今注】飛書：匿名文書。本書卷三四《梁松傳》：“（梁）松數爲私書請託郡縣，二年，發覺免官，遂懷怨望。四年冬，乃縣飛書誹謗，下獄死，國除。”李賢注：“飛書者，無根而至，若飛來也，即今匿名書也。”秦漢時期的匿名文書，也被稱爲“投書”，有嚴格的法律規定，如睡虎地秦簡《法律答問》：“‘有投書，勿發，見輒燔之；能捕者購臣妾二人，毄（繫）投書者鞫審讞之。’所謂者，見書而投者不得，燔書，勿發；投者得，書不燔，鞫審讞之之謂也。”〔陳偉主編，彭浩、劉樂賢等撰著：《秦簡牘合集（釋文注釋修訂本·壹）》，武漢大學出版社 2016 年版，第 202 頁〕張家山漢簡《二年律令·具律》：“毋敢以投書者言毄（繫）治人。不從律者，以鞫獄故不直論。”〔張家山二四七號漢墓竹簡整理小組：《張家山漢墓竹簡［二四七號墓］（釋文修訂本）》，第 25 頁〕可見，正常情況下匿名文書的法律效力是受到否定的，梁竦却因飛書被治罪，對此，趙凱指出，“這個案例展示給我們的司法過程，與《睡虎地秦墓竹簡·法律答問》《二年律令·具律》的律條規定大相徑庭：匿名書非但未被焚毀，相反却被帶入司法程序；投書人逍遥法外，被告者則受到嚴懲”，表明“事涉君主、朝廷、權貴的匿名信案件，在具體處理過程中並不嚴格遵守正常的司法制度”（趙凱：《漢代匿名文書犯罪諸問題再探討》，《河北學刊》2009 年第 3 期）。

［6］【李賢注】慄，懼也，音牒。《周書》曰“臨捕以威，而

氣慄懼”也。

及帝崩，和帝即位，尊后爲皇大后。皇大后臨朝，尊母沘陽公主爲長公主，[1]益湯沐邑三千户，[2]兄憲，[3]弟篤、景，[4]並顯貴，擅威權，後遂密謀不軌，永元四年，發覺被誅。

［1］【今注】長公主：漢代公主名號之一。本書卷一〇下《皇后紀下》："漢制，皇女皆封縣公主，儀服同列侯。其尊崇者，加號長公主，儀服同蕃王。"李賢注："蔡邕曰：'帝女曰公主，姊妹曰長公主。'建武十五年，封舞陽公主爲長公主，即是帝女尊崇亦爲長，非惟姊妹也。"

［2］【今注】湯沐邑：皇帝、皇后、皇太后、公主等收取賦税的私邑。

［3］【今注】憲：竇憲。

［4］【今注】篤：竇篤，竇憲弟。初爲黄門侍郎。東漢章帝崩，遺詔爲虎賁中郎將。後遷衛尉。和帝永元二年（90），封郾侯。永元四年，就國，自殺。事見本書卷二三《竇憲傳》。　景：竇景，初爲中常侍，後遷侍中，永元二年，封汝陽侯。後爲執金吾，數犯法，爲竇太后免官，以特進就朝位。永元四年，就國，自殺。事見本書《竇憲傳》。

九年，大后崩，未及葬，而梁貴人姊嫕[1]上書陳貴人枉殁之狀。大尉張酺、司徒劉方、司空張奮上奏，[2]依光武黜吕大后故事，[3]貶大后尊號，不宜合葬先帝。百官亦多上言者。帝手詔曰："竇氏雖不遵法度，而大后常自減損。朕奉事十年，深惟大義，禮，臣子無貶尊上之文。恩不忍離，義不忍虧。案前世上官大后亦無降黜，[4]其勿復議。”於是合葬敬陵。[5]在位十八年。

[1]【李賢注】音一計反。

[2]【今注】大尉：太尉。官名。三公之一。掌四方兵事功課等。東漢光武帝建武元年（25）爲大司馬。建武二十七年改爲太尉。 張酺：字孟侯，汝南細陽（今安徽太和縣東南）人。東漢和帝永元中爲太尉。傳見本書卷四五。 劉方：字伯況，平原（今山東平原縣南）人。東漢章帝末年，爲襄城令。後爲宗正。和帝永元四年（92）爲司空。六年遷司徒，九年，策免，自殺。 張奮：字稚通，京兆杜陵（今陝西西安市東南）人。東漢和帝永元六年爲司空。傳見本書卷三五。

[3]【李賢注】中元元年，黜吕后不宜配食高廟。【今注】案，本書卷一下《光武帝紀下》載，建武中元元年（56），冬十月“甲申，使司空告祠高廟曰：‘高皇帝與群臣約，非劉氏不王。吕太后賊害三趙，專王吕氏，賴社稷之靈，禄、産伏誅，天命幾墜，危朝更安。吕太后不宜配食高廟，同祧至尊。薄太后母德慈仁，孝文皇帝賢明臨國，子孫賴福，延祚至今。其上薄太后尊號曰高皇后，配食地祇。遷吕太后廟主于園，四時上祭。’”

[4]【李賢注】上官大后，昭帝后也。父安與燕王謀反誅。大后以年少，又霍光外孫，故不廢也。

[5]【今注】敬陵：東漢章帝陵。本書卷四《和帝紀》李賢注：“在洛陽城東南三十九里。《古今注》曰：‘陵周三百步，高六丈二尺。’”本書《禮儀志下》劉昭注引《古今注》：“章帝敬陵，山方三百步，高六丈二尺。無周垣，爲行馬，四出司馬門。石殿、鐘虡在行馬内。寢殿、園省在東。園寺吏舍在殿北。隄封田二十五頃五十五畝。《帝王世記》曰：‘在雒陽東南，去雒陽三十九里。’”

帝以貴人酷殁，斂葬禮闕，乃改殯於承光宫，[1]上尊謚曰恭懷皇后，[2]追服喪制，百官縞素，與姊大貴人俱葬西陵，[3]儀比敬園。[4]

［1］【今注】承光宫：東漢和帝居北宫，追悼生母之禮儀當在正宫之内舉行，故承光宫應位於北宫内。約安帝時，承光宫成了太子宫。本書卷五六《种暠傳》："順帝末，爲侍御史……擢暠監太子於承光宫。"《資治通鑑》卷五二《漢紀》孝順帝建康元年："太子居承光宫，帝使侍御史种暠監太子家。"關於東漢太子宫，可參閲宋傑《兩漢時期的太子宫》，《南都學壇》2019 年第 3 期。

［2］【李賢注】《謚法》曰："敬事尊上曰恭，慈仁哲行曰懷。"【今注】案，本書卷四《和帝紀》載，永元九年（97），九月"甲子，追尊皇妣梁貴人爲皇太后。冬十月乙酉，改葬恭懷梁皇后于西陵"。李賢注："《謚法》：'正德美容曰恭，執義揚善曰懷。'《東觀記》曰：'改殯承光宫，儀比敬園。初，后葬有闕，竇后崩後，乃議改葬。'"

［3］【今注】西陵：陵名。本書《祭祀志下》："永元中，和帝追尊其母梁貴人曰恭懷皇后，陵。以竇后配食章帝，恭懷后别就陵寢祭之。"王先謙《後漢書集解》引錢大昕曰："當云'陵曰西陵'，史脱去三字。"《資治通鑑》卷四八《漢紀》孝和皇帝九年胡三省注："蓋以其地在敬陵之西，故稱西陵，猶薄太后陵在霸陵南，因謂之南陵也。"

［4］【李賢注】敬園，安帝祖母宋貴人之園也。【今注】案，王鳴盛《十七史商榷》卷三一："案《和紀》'章和二年三月癸卯，葬孝章皇帝于敬陵'，即所謂'敬園'也。注反以後事爲比，大謬。"曹金華《後漢書稽疑》謂："此説大謬。《集解》引錢大昕説，謂章帝葬敬陵，以竇皇后合葬，而梁太后别葬西陵。史稱儀比敬園者，謂置令丞守衛如敬陵之制。敬陵曰敬園，猶西京之高園、

文園也。若清河王慶之母宋貴人别葬樊濯聚，和帝時慶欲求作祠堂，恐有自同恭懷梁后之嫌，遂不敢言，安得有敬園之稱乎？其後安帝嗣立，追尊祖母爲敬隱皇后，距恭懷改葬二十餘年矣。《祭祀志》安帝建光元年追尊祖母陵曰敬北陵，亦就陵寢祭，太常領如西陵，此則敬北陵之儀比西陵耳。章懷何不考其年代，而妄爲之説乎？其説是也。”（中華書局2014年版，第196—197頁）

和帝陰皇后諱某，光烈皇后兄執金吾識之曾孫也。[1]后少聰慧，善書藝。永元四年，選入掖庭，以先后近屬，[2]故得爲貴人。有殊寵。八年，遂立爲皇后。自和熹鄧后入宫，[3]愛寵稍衰，數有恚恨。后外祖母鄧朱出入宫掖。[4]十四年夏，有言后與朱共挾巫蠱道，[5]事發覺，帝遂使中常侍張慎與尚書陳褒於掖庭獄雜考案之。[6]朱及二子奉、毅與后弟軼、輔、敞辭語相連及，[7]以爲祠祭祝詛，[8]大逆無道。[9]奉、毅、輔考死獄中。[10]帝使司徒魯恭持節賜后策，[11]上璽綬，遷于桐宫，[12]以憂死。立七年，葬臨平亭部。[13]父特進綱自殺，[14]軼、敞及朱家屬徙日南比景縣，[15]宗親外内昆弟皆免官還田里。[16]永初四年，[17]鄧太后詔赦陰氏徙者歸故郡，[18]還其資財五百餘萬。

［1］【今注】案，大德本無“也”字。

［2］【今注】近屬：血緣關係較近的親屬。

［3］【李賢注】熹，音許其反。

［4］【今注】宫掖：嬪妃居住的地方稱爲掖庭，故宫掖代指宫中。

［5］【李賢注】巫師爲蠱，故曰巫蠱。《左傳》注曰：“蠱，

惑也。”【今注】巫蠱：埋置偶人祝詛敵人的巫術。

［6］【今注】中常侍：官名。無定員。千石，後增秩比二千石。掌侍左右，從入内宫，贊導内衆事，顧問應對給事。中常侍本秦官，漢因之，人選參用士人與閹人。本書卷七八《宦者傳》：“漢興，仍襲秦制，置中常侍官。然亦引用士人，以參其選，皆銀璫左貂，給事殿省。”和熹鄧太后臨朝，始純用閹人。本書卷四三《朱穆傳》載：“臣聞漢家舊典，置侍中、中常侍各一人，省尚書事，黄門侍郎一人，傳發書奏，皆用姓族。自和熹太后以女主稱制，不接公卿，乃以閹人爲常侍，小黄門通命兩宫。”　案，張慎，《後漢紀》卷一四《孝和皇帝紀》作“張禎”。　尚書：官名。六百石。其執掌主要有三：一是臣民給君主的章奏由尚書平處呈上；二是君主給臣民的詔令由尚書製作發下；三是所有呈上發下文件之應歸檔者均由尚書保存（參見楊鴻年《漢魏制度叢考》，武漢大學出版社1985年版，第74頁）。東漢有尚書六人，分曹治事。尚書職能原爲掌管文書，西漢中後期以後，無論職能還是機構都有較大發展，由純粹保管、傳遞文書的小吏，發展爲擁有議政、行政權的顯要人物，擁有公文轉呈權、責事權、劾奏權、選舉和考績權、監察和諫諍權等（參見卜憲群《秦漢官僚制度》，社會科學文獻出版社2002年版，第185—186頁）。　陳褒：字伯仁，廬江舒（今安徽廬江縣西南）人，安帝永寧元年（120）由衛尉遷司空，延光元年（122）以地震雨雹等災異策免。　掖庭獄：隸屬於掖庭的監獄。本書《百官志三》：“掖庭令一人，六百石。本注曰：宦者。掌後宫貴人采女事。左右丞、暴室丞各一人。本注曰：宦者。暴室丞主中婦人疾病者，就此室治；其皇后、貴人有罪，亦就此室。”暴室隸屬於掖庭，但暴室獄與掖庭獄並非同一處監獄（參見宋傑《漢代監獄制度研究》，中華書局2013年版，第42—53頁）。陳直謂：“《漢舊儀》紀載西漢九卿屬官，往往加以獄令名稱，如若盧令稱爲若盧獄令，掖庭令稱爲掖庭詔獄令，寺互令稱爲寺互獄令，都船令稱爲都船獄令，别火令稱爲别火獄令，郡邸長稱爲郡邸獄長之類。因各令長丞

署中，皆有奴婢徒隸，有犯法紀者，即就署入獄，亦有其他官犯，分繫於各獄。”（陳直：《漢書新證》，天津人民出版社 1959 年版，第 108 頁） 雜考：會審。雜，共。 案：察。本書卷四一《鍾離意傳》：“府下記案考之。”李賢注：“案，察之也。”張家山漢簡《二年律令·户律》：“恒以八月令鄉部嗇夫、吏、令史相襍案户籍，副臧（藏）其廷。”〔張家山二四七號漢墓竹簡整理小組：《張家山漢墓竹簡［二四七號墓］（釋文修訂本）》，第 54 頁〕

［7］【今注】辭語：口供。

［8］【今注】祠祭祝詛：漢代的巫蠱常常與“祝詛”和“祠祭”兩項活動同時進行。祝詛是在埋偶人的同時對攻擊對象實施詛咒，祠祭則是祈求鬼神佑助巫蠱術的成功（參胡新生《論漢代巫蠱術的历史淵源》，《中國史研究》1997 年第 3 期）。

［9］【今注】大逆無道：漢代“不道”罪包括大逆、誣罔、罔上、迷國、誹謗、狡猾、惑衆、虧恩、奉使無狀、巫蠱、祝詛上、匿反者、妖言、毆辱鳩杖主、上僭等罪行。其中以大逆不道最嚴重，指具有以下特徵的行爲：一是取代現在的天子，或加害於天子身體的企圖及行爲；二是破壞宗廟及器物；三是危害天子的後繼者的企圖及行爲〔參見［日］大庭脩著，林劍鳴等譯《秦漢法制史研究》，上海人民出版社 1991 年版，第 81—135 頁；鄔文玲《漢代赦免制度研究》，博士學位論文，中國社會科學院研究生院，2003 年，第 77 頁〕。

［10］【今注】考死：審訊時，以刑具拷打致死。

［11］【今注】魯恭：字仲康，扶風平陵（今陝西咸陽市西北）人。傳見本書卷二五。

［12］【今注】桐宫：相傳伊尹曾放太甲於桐宫，如《史記》卷三《殷本紀》：“帝太甲既立三年，不明，暴虐，不遵湯法，亂德，於是伊尹放之於桐宫。”後借指被貶的帝后或幽禁帝后的地方。

［13］【李賢注】葬於亭部内之地也。

［14］【今注】綱：陰綱，南陽新野（今河南新野縣）人。光

烈皇后陰麗華前母兄陰識孫。本書卷三二《陰識傳》載，陰識子“躬弟子綱女爲和帝皇后，封綱吴房侯，位特進，三子軼、輔、敞，皆黄門侍郎。后坐巫蠱事廢，綱自殺，輔下獄死，軼、敞徙日南”。據《後漢紀》卷一四《孝和帝紀下》記載，陰綱以永元九年(97)，夏五月封爲吴房侯。本書卷一六《鄧禹傳》載，鄧禹孫高密侯“乾尚顯宗女沁水公主。永元十四年，陰皇后巫蠱事發，乾從兄奉以后舅被誅，乾從坐，國除”。本書卷二二《朱祐傳》:“子商嗣。商卒，子演嗣，永元十四年，坐從兄伯爲外孫陰皇后巫蠱事，免爲庶人。”李賢注:“和帝陰后，吴房侯陰綱女也，爲巫蠱事廢。”中華本校勘記按:“李慈銘謂《和帝陰皇后紀》言后外祖母鄧朱及二子奉、毅，俱坐巫蠱事下獄考治，奉、毅皆死獄中，朱徙日南。《鄧禹傳》亦言禹之孫高密侯乾以陰皇后巫蠱事發，乾從兄奉以后舅被誅，乾從坐國除。是鄧朱者，朱氏女而嫁鄧氏者也，此‘伯’字誤。”曹金華《後漢書稽疑》:“鄧朱爲朱氏女嫁鄧氏者，其女嫁陰綱，陰綱生陰皇后，陰皇后爲鄧朱之外孫。奉、毅爲鄧朱之子、陰皇后之舅，乾爲奉從弟、亦陰后之舅。而本傳載朱演坐從兄爲伯爲外孫陰皇后巫蠱事，明鄧朱與演、伯爲同輩人。陰皇后既爲鄧朱外孫，則演、伯亦可稱外孫。‘伯’作人名，不誤。”(第326頁)

［15］【今注】日南：郡名。治西卷縣（今越南廣治省東河市）。　比景縣：治所在今越南廣平省争江口。

［16］【今注】昆弟：兄弟。

［17］【今注】永初：東漢安帝劉祜年號（107—113）。

［18］【今注】案，紹興本“徙者”前有“諸”字，後有“悉”字。

和熹鄧皇后諱綏，[1]大傅禹之孫也。[2]父訓，[3]護羌校尉；[4]母陰氏，光烈皇后從弟女也。[5]后年五歲，大傅夫人愛之，自爲翦髮。夫人年高目冥，誤傷后額，忍痛不言。左右見者怪而問之，后曰：“非不痛也，大夫人哀憐爲斷髮，[6]難傷老人意。故忍之耳。”六歲能史書，[7]十二通《詩》《論語》。[8]諸兄每讀經傳，輒下意難問。[9]志在典籍，不問居家之事。母常非之，曰：“汝不習女工以供衣服，[10]乃更務學，寧當舉博士邪？”[11]后重違母言，晝修婦業，暮誦經典，家人號曰“諸生”。[12]父訓異之，事無大小，輒與詳議。

[1]【李賢注】蔡邕曰：“《謚法》，有功安人曰熹。”

[2]【今注】大傅：太傅。官名。上公。無常職，以善導爲務。《漢書·百官公卿表上》：“太傅，古官，高后元年初置，金印紫綬。後省，八年復置。後省，哀帝元壽二年復置。位在三公上。”本書《百官志一》：“世祖以卓茂爲太傅，薨，因省。其後每帝初即位，輒置太傅録尚書事，薨，輒省。”劉昭注：“靈帝之初，以陳蕃爲太傅，蕃誅，以胡廣代，始不止一人也。” 禹：鄧禹，字仲華，南陽新野（今河南新野縣）人。傳見本書卷一六。

[3]【今注】訓：鄧訓，字平叔。鄧禹第六子。傳見本書卷一六。

[4]【今注】護羌校尉：官名。比二千石。主西羌。本書卷一下《光武帝紀下》載，建武九年（33），“省關都尉，復置護羌校尉”。李賢注：“《漢官儀》曰：‘武帝置，秩比二千石，持節，以護西羌。王莽亂，遂罷。’時班彪議，宜復其官，以理冤結。帝從之，以牛邯爲護羌校尉，都於隴西令居縣。”本書《百官志五》劉昭注引應劭《漢官》：“擁節。長史、司馬二人，皆六百石。”

[5]【今注】從弟：堂弟。

[6]【今注】案，大德本、殿本無“大”字。

[7]【李賢注】《史書》，周宣王大史籀所作大篆十五篇也。

《前書》曰"教學童之書"也。【今注】史書：隸書。《說文·叙》："尉律：學童十七已上，始試諷籀書九千字，乃得爲吏。又以八體試之，郡移太史。並課最者，以爲尚書史。書或不正。輒舉劾之。"《漢書·藝文志》小學家云："漢興，蕭何草律，亦著其法，曰：太史試學童，能諷書九千字以上，乃得爲史。又以六體試之，課最者以爲尚書御史史書令史。吏民上書，字或不正，輒舉劾。"《漢書》卷九《元帝紀》："元帝多材藝，善史書。"顔師古注引應劭曰："周宣王太史史籀所作大篆。"錢大昕《考史拾遺》卷二《元帝紀》謂："應説非也。漢律，太史試學童，能諷書九千字以上，乃得爲史。《貢禹傳》：武帝時，盜賊起，郡國擇便巧史書者，以爲右職，俗皆曰：'何以禮義爲？史書而仕宦。'《酷吏傳》：嚴延年'善史書，所欲誅殺奏成於手，中主簿親近史不得聞知'。蓋史書者，令史所習之書，猶言隸書也。善史書者，謂能識字作隸書耳，豈皆盡通史籀十五篇乎？《外戚傳》：許皇后聰慧'善史書'。《西域傳》：楚主侍者馮嫽'能史書'。《王尊傳》：'少善史書。'《後漢書·安帝紀》：'年十歲，好學史書。'《皇后紀》：鄧皇后'六歲能史書'，梁皇后'少好史書'。《章八王傳》：安帝所生母左姬'善史書'。《齊武王傳》：北海敬王睦'善史書，當世以爲楷則'。《明八王傳》：樂成靖王黨'善史書，喜正文字'。諸所稱善史書者，無過諸王后妃嬪侍之流，略知隸楷已足成名，非真精通篆籀也。《魏志·管寧傳》：潁川胡昭'善史書'，與鍾繇、邯鄲淳、衛凱、韋誕並有尺牘之迹。動見模楷，則'史書'之即隸書明矣。"張家山漢簡《二年律令·史律》："史、卜子年十七歲學。史、卜、祝學童學三歲，學佴將詣大史、大卜、大祝，郡史學童詣其守，皆會八月朔日試之。［試］史學童以十五篇，能風（諷）書五千字以上，乃得爲史。有（又）以八桊（體）試之，郡移其八桊（體）課大史，大史誦課，取冣（最）一人以爲其縣令史，殿者勿以爲史。三歲壹並課，取冣（最）一人以爲尚書卒史。［卜學］童能風（諷）書史書三千字，誦卜書三千字，卜六發中一以上，乃得爲卜，以爲官□。其能誦三萬以上者，以爲卜，上計六更。缺，試脩法，以六發中三以上者補之。以祝十四章試祝學童，能誦七千言以上者，乃得爲祝，五更。大祝試祝，善祝、明祠事者，以爲冗祝，冗之。不入史、卜、祝者，罰金四兩，學佴二兩。"〔張家山二四七號漢墓竹簡整理小組：《張家山漢墓竹簡［二四七號墓］（釋文修訂本）》，第80—81頁〕

［8］【今注】詩：五經之一。一百零五篇，傳爲孔子删定。《詩》博士有齊、魯、韓三家。《史記》卷一二一《儒林列傳》："言《詩》於魯則申培公，於齊則轅固生，於燕則韓太傅。"《索隱》："韓嬰也。爲常山王太傅也。"東漢時未有增損。除立爲博士官的齊、魯、韓三家今文《詩》外，還有古文經學派的《毛詩》，《漢書·藝文志》著録有《毛詩故訓傳》三十卷，並曰："又有毛公之學，自謂子夏所傳，而河間獻王好之，未得立。"西漢《毛詩》，傳爲魯國人毛亨所傳（一説毛萇，見本書卷七九下《儒林傳下》："趙人毛萇傳《詩》，是爲《毛詩》，未得立"）。考古出土了不少戰國、西漢時期的《詩經》，如安徽阜陽雙古堆西漢汝陰侯墓西漢早期《詩經》殘簡、湖北荆州夏家臺墓地戰國楚簡《詩經·邶風》、安徽大學藏戰國竹簡《詩經》、江西南昌西漢海昏侯劉賀墓《詩經》等（安徽省文物工作隊等：《阜陽雙古堆西漢汝陰侯墓發掘簡報》，《文物》1978年第8期；田勇、王明欽：《湖北荆州劉家臺與夏家臺墓地發現大批戰國墓葬》，《中國文物報》2016年4月8日；黄德寬：《安徽大學藏戰國竹簡概述》，《文物》2017年第9期；徐在國：《安徽大學藏戰國竹簡〈詩經〉詩序與異文》，《文物》2017年第9期；江西省文物考古研究院等：《江西南昌西漢海昏侯劉賀墓出土簡牘》，《文物》2018年第11期；朱鳳瀚主編：;《海昏簡牘初論》，北京大學出版社2020年版）。　論語：記載孔子及其弟子言論的典籍。《漢書·藝文志》："《論語》者，孔子應答弟子、時人及弟子相與言而接聞於夫子之語也。當時弟子各有所記。夫子既卒，門人相與輯而論纂，故謂之《論語》。"漢代，《論語》

有《魯論》《齊論》兩家。江西南昌海昏侯墓出土了可能與今本《論語》及其源頭"魯論"屬於不同系統的《齊論》(江西省文物考古研究院等:《江西南昌西漢海昏侯劉賀墓出土簡牘》,《文物》2018年第11期;朱鳳瀚主編:《海昏簡牘初論》,北京大學出版社2020年版)。漢人學習的順序,首先是小學,其次爲《孝經》《論語》,然後一經(王國維:《漢魏博士考》,載《觀堂集林》,中華書局1959年版,第181頁)。

[9]【李賢注】下意猶出意也(意,大德本作"氣")。

[10]【今注】女工:也作"女紅""女功"。《周禮·地官·酇長》:"趨其耕耨,稽其女功。"鄭玄注:"女功,絲枲之事。"指婦女從事的紡織、刺綉、縫紉等事務。

[11]【今注】博士:官名。掌通古今。平時以教授弟子爲業,國有疑事,則承問對。漢初秩四百石,西漢宣帝增秩比六百石。博士官,戰國末年已置,秦因之。漢武帝建元五年(前136)置五經博士,宣帝時增員至十二人。東漢增員至十四人,本書《百官志二》:"《易》四,施、孟、梁丘、京氏。《尚書》三,歐陽、大小夏侯氏。《詩》三,魯、齊、韓氏。《禮》二,大、小戴氏。《春秋》二,《公羊》嚴、顏氏。"博士長官,秦、西漢爲僕射,東漢建立後稱博士祭酒,秩六百石。

[12]【今注】諸生:儒生。《史記》卷六《秦始皇本紀》:"始皇長子扶蘇諫曰:'天下初定,遠方黔首未集,諸生皆誦法孔子,今上皆重法繩之,臣恐天下不安。唯上察之。'"《史記》卷九九《叔孫通列傳》:"博士諸生三十餘人前曰:'人臣無將,將即反,罪死無赦。願陛下急發兵擊之。'"陳直按:"《公羊》莊三十二年、昭元年傳並云:'君親無將,將而必誅。'在秦末《公羊傳》尚未著於竹帛,博士諸生已出此言,或從口授傳習《公羊》,故有此對。"又說:"《漢舊儀》云:'博士稱先生。'故《史》《漢》叙事,或簡稱爲'先',或簡稱爲'生'。"(陳直:《史記新證》,第154—155頁)

永元四年，當以選入，會訓卒，后晝夜號泣，終三年不食鹽菜，憔悴毀容，親人不識之。后嘗夢捫天，[1]蕩蕩正青，若有鍾乳狀，乃仰嗽飲之。以訊諸占夢，[2]言堯夢攀天而上，湯夢及天而咶之，[3]斯皆聖王之前占，吉不可言。又相者見后驚曰："此成湯之法也。"[4]家人竊喜而不敢宣。后叔父陔言："常聞活千人者，子孫有封。兄訓爲謁者，[5]使修石臼河，[6]歲活數千人。天道可信，家必蒙福。"初，大傅禹嘗歎曰：[7]"吾將百萬之衆，未嘗妄殺一人，其後世必有興者。"

[1]【李賢注】捫，摸也。

[2]【今注】占夢：解夢者。《周禮·春官·占夢》："占夢，掌其歲時觀天地之會，辨陰陽之氣。以日月星辰占六夢之吉凶：一曰正夢，二曰噩夢，三曰思夢，四曰寤夢，五曰喜夢，六曰懼夢。"《史記》卷六《秦始皇本紀》："始皇夢與海神戰，如人狀。問占夢，博士曰：'水神不可見，以大魚蛟龍爲候。今上禱祠備謹，而有此惡神，當除去，而善神可致。'"

[3]【李賢注】咶音是。【今注】堯：傳説中的聖王之一，司馬遷將其視爲五帝之一。詳見《史記》卷一《五帝本紀》。 湯：商的開國君主，都於西亳（今河南偃師市），在鳴條（今河南封丘縣東）擊敗夏桀。桀南逃，死於南巢（今安徽壽縣東南），夏亡，商建國。

[4]【李賢注】《續漢書》曰："相者待詔相工蘇大曰（大，大德本、殿本作'文'）：'此成湯之骨法。'"

[5]【今注】謁者：官名。掌賓贊受事。《漢書·百官公卿表上》説"秦官"，戰國時已有。西漢，謁者定員七十人，秩比六百石，長官爲謁者僕射，秩比千石。東漢時，謁者臺與尚書臺、御史

臺並稱三臺。本書卷七四上《袁紹傳》李賢引《晉書》曰："漢官尚書爲中臺，御史爲憲臺，謁者爲外臺，是謂三臺。"謁者臺長官亦稱謁者僕射，秩比千石，所主謁者分爲常侍謁者和謁者兩類。常侍謁者五人，比六百石。謁者三十人，又分爲給事謁者和灌謁者郎中兩類，前者秩四百石，後者秩比三百石。擔任灌謁者滿一年，轉爲給事謁者。

[6]【今注】石臼河：本書卷三《章帝紀》載，建初三年(78)，"夏四月己巳，罷常山呼沲石臼河漕"。李賢注："石臼，河名也，在今定州唐縣東北。時鄧訓上言此漕難成，遂罷之。"本書《郡國志二》載，常山國，"南行唐，有石臼谷"。《水經注·汾水》："按司馬彪《後漢郡國志》，常山南行唐縣有石臼谷，蓋資承呼沱之水，轉山東之漕，自都慮至羊腸倉，將憑汾水以漕太原，用實秦、晉。"楊守敬、熊會貞《水經注疏》："《寰宇記》平山縣下云，《隋圖經》，房山，濊水出焉，亦謂之石臼河，又謂之鹿水，出行唐東入博陵，謂之木刀溝，一謂之袈裟水，南流入虖沱。"《太平寰宇記》卷六一《河北道十·鎮州·平山縣》："房山，《隋圖經》云：'嶺上有王母祠，甚靈，俗號爲王母山。後漢章帝元和三年幸趙，祠房山，即謂此也。在縣西北五十里，濊水出焉。亦謂石臼水，又謂之鹿水，出行唐，東入博陵，謂之木刀溝，一謂袈裟水。又從此過石疃山，南流入滹沱河。'"石臼河應位於今河北靈壽縣、平山縣間，石臼河的疏通，主要是溝通今磁河與滹沱河之間的漕運。

[7]【今注】案，紹興本、大德本、殿本無"嘗"字。

七年，后復與諸家子俱選入宮。后長七尺二寸，姿顔姝麗，[1]絶異於衆，左右皆驚。八年冬，入掖庭爲貴人，時年十六。恭肅小心，動有法度。承事陰后，夙夜戰兢。接撫同列，常克己以下之，雖宮人隸役，皆加恩借。帝深嘉愛焉。及后有疾，特令后母兄弟入親醫藥，[2]不限以日數。后言於帝曰："宫禁至重，而使外舍久在内省，[3]上令陛下有幸私之譏，下使賤妾獲不知足之謗。上下交損，誠不願也。"帝曰："人皆以數入爲榮，貴人反以爲憂，深自抑損，誠難及也。"每有讌會，諸姬貴人競自修整，簪珥光采，袿裳鮮明，[4]而后獨省素，[5]裝服無飾。其衣有與陰后同色者，即時解易。若並時進見，則不敢正坐離立，同行則僂身自卑。[6]帝每有所問，常逡巡後對，[7]不敢先陰后言。帝知后勞心曲體，歎曰："修德之勞，乃如是乎！"後陰后漸疏，每當御見，[8]輒辭以疾。時帝數失皇子，后憂繼嗣不廣，數選進才人，[9]以博帝意。

[1]【李賢注】姝，美色也。《詩》曰："彼姝者子。"

[2]【今注】案，親，紹興本、殿本作"視"。

[3]【李賢注】外舍，外家。【今注】外舍：外戚。本書卷七八《單超傳》："延熹二年，皇后崩，帝因如厠，獨呼衡問：'左右與外舍不相得者皆誰乎？'"李賢注："外舍謂皇后家也。"

[4]【李賢注】《説文》（紹興本"説文"後有"曰"字）："簪，笄也。珥，瑱也，以王充耳（王，'玉'的異體字，紹興本、殿本作'玉'）。"《釋名》曰："婦人上服曰袿。"

[5]【今注】案，省，紹興本作"著"，可從；大德本、殿本作"着"。

[6]【李賢注】離，並也。《禮記》曰："離坐離立，無往參焉。"【今注】案，紹興本、大德本、殿本無"同"字。

[7]【今注】逡巡：避讓。

[8]【今注】案，當，大德本作"常"。

[9]【今注】案，紹興本“數選進才人”前，有“恒垂涕歎息”五字。

陰后見后德稱日盛，不知所爲，遂造祝詛，欲以爲害。帝嘗寢病危甚，陰后密言：“我得意，不令鄧氏復有遺類！”后聞，乃對左右流涕言曰：“我竭誠盡心以事皇后，竟不爲所祐，而當獲罪於天。婦人雖無從死之義，然周公身請武王之命，[1]越姬心誓必死之分，[2]上以報帝之恩，中以解宗族之禍，下不令陰氏有人豕之譏。”[3]即欲飲藥，宫人趙玉者固禁之，[4]因詐言屬有使來，上疾已愈。后信以爲然，乃止。明日，帝果瘳。

[1]【李賢注】武王有疾，周公爲之請命於大王、王季、文王，曰“若爾三王有丕子之責于天，以旦代某之身”也。

[2]【李賢注】越姬，楚昭王之姬，越王句踐女也。昭王讌遊，越姬從，謂姬曰（謂，大德本誤作“請”）：“樂乎？”對曰：“樂則樂矣，而不可久也。”王曰：“願與子生死若此。”姬曰：“君王樂遊，要妾以死，不敢聞命。”後王病，有赤雲夾日如飛鳥。王問周大史。史曰：“是害王身，請移於將相。”王曰：“將相於孤，猶股肱也。”不聽。姬曰：“大哉！君王之德。妾請從王死矣。昔日遊樂，是以不敢聽命，今君王復禮，國人爲君王死，何況妾乎？妾願先驅狐狸於地下。昔日口雖不言，心許之矣。妾聞信者不負其心。”遂自殺。故曰“心誓”。事見《列女傳》也。

[3]【李賢注】高帝愛幸戚夫人。帝崩，吕大后斷夫人手足，去眼薰耳，使居鞠室中，名曰“人彘”也。

[4]【今注】宫人：宫女，來自良家子或官婢。《漢書》卷九

七上《外戚傳上》："吕太后時以良家子選入宫。太后出宫人以賜諸王各五人，竇姬與在行中。"《漢舊儀》卷下："宫人，擇官婢年八歲以上，侍皇后以下，年三十五出嫁。"又曰："省中待使令者，皆官婢，擇年八歲以上衣緑曰宦人，不得出省門。"周天游案："'宦人'當作'宫人'。《外戚傳》注引'宫人者，省中侍使官婢，名曰宫人，非天子掖庭中也'。疑此注文。"

十四年夏，陰后以巫蠱事廢，后請救不能得，帝便屬意焉。后愈稱篤疾，[1]深自閉絶。會有司奏建長秋宫，帝曰："皇后之尊，與朕同體，承宗廟，母天下，豈易哉！唯鄧貴人德冠後庭，乃可當之。"至冬，立爲皇后。辭讓者三，然後即位。手書表謝，深陳德薄，不足以充小君之選。[2]是時，方國貢獻，競求珍麗之物，自后即位，悉令禁絶，歲時但供紙墨而已。帝每欲官爵鄧氏，后輒哀請謙讓，故兄騭終帝世不過虎賁中郎。[3]

[1]【今注】案，篤疾，紹興本作"疾篤"。

[2]【今注】小君：皇后。《漢書》卷九七下《外戚傳下》："後月餘，復下詔曰：'皇后自知罪惡深大，朝請希闊，失婦道，無共養之禮，而有狼虎之毒，宗室所怨，海内之讎也，而尚在小君之位，誠非皇天之心。夫小不忍亂大謀，恩之所不能已者義之所割也，今廢皇后爲庶人，就其園。'"

[3]【今注】騭：鄧騭，字昭伯。鄧訓長子。傳見本書卷一六。　案，紹興本"虎賁中郎"後有"將"字，可從。

元興元年，[1]帝崩，長子平原王有疾，[2]而諸皇子夭没，[3]前後十數，後生者輒隱秘養於人間。殤帝生始百日，[4]后乃迎立之。尊后爲皇大后，大后臨朝。和帝葬後，宫人並歸園，大后賜周、馮貴人策曰："朕與貴人託配後庭，共歡等列，十有餘年。不獲福祐，先帝早棄天下，孤心煢煢，[5]靡所瞻仰，夙夜永懷，感愴發中。今當以舊典分歸外園，[6]慘結增歎，燕燕之詩，曷能喻焉？[7]其賜貴人王青蓋車，[8]采飾輅，[9]驂馬各一駟，[10]黄金三十斤，雜帛三千匹，白越四千端。"[11]又賜馮貴人王赤綬，以未有步摇、環珮，[12]加賜各一具。[13]

[1]【今注】元興：東漢和帝劉肇年號（105）。

[2]【今注】平原王：劉勝。傳見本書卷五五。

[3]【今注】案，没，殿本作"歿"，二字同。

[4]【今注】殤帝：東漢殤帝劉隆，公元105年至106年在位。紀見本書卷四。

[5]【李賢注】煢煢，孤特之貌也。《詩》曰："煢煢在疚。"

[6]【今注】案，外，大德本作"後"。

[7]【李賢注】《詩·邶鄘》序曰："衛莊姜送歸妾也。"其詩曰："燕燕于飛，差池其羽。之子于歸，遠送于野。瞻望不及，泣涕如雨。"

[8]【今注】青蓋車：車名。本書卷七《桓帝紀》："（梁太后）使冀持節，以王青蓋車迎帝入南宫，其日即皇帝位，時年十五。"本書《輿服志上》："皇太子、皇子皆安車，朱班輪，青蓋，金華蚤，黑櫎文，畫轓文輈，金塗五末。皇子爲王，錫以乘之，故曰王青蓋車。"

[9]【今注】輅：車轅前牽引車子的横木。又車名，亦作

"路"。據《周禮·春官·巾車》記載，王有五路，即玉路、金路、象路、革路、木路。《白虎通·車旂》："路者，何謂也？路，大也，道也，正也。君至尊，制度大，所以行道德之正也。路者，君車也。"《釋名·釋車》："天子所乘曰路，路亦車也，謂之路者，言行於道路也。金路、玉路，以金、玉飾車也。象路、革路、木路，各隨所以爲飾名之也。"本書《輿服志上》劉昭注引服虔曰："大路，總名也，如今駕駟高車矣。尊卑俱乘之，其采飾有差。"

[10]【今注】驂馬：駕車的馬。

[11]【今注】端：長度單位。《資治通鑑》卷六〇《漢紀》孝獻皇帝初平二年："遺布一端。"胡三省注："布帛六丈曰端，一曰八丈曰端。按古以二丈爲端。"

[12]【今注】案，紹興本、大德本"有"後有"頭上"二字。

[13]【李賢注】《周禮》"王后首服爲副"，所以副首爲飾，若今步摇也。《釋名》曰："皇后首副，其上有垂珠（有垂珠，底本殘，據紹興本、大德本、殿本補），步則摇也。"

是時新遭大憂，法禁未設。宫中亡大珠一篋，[1]大后念，欲考問，必有不辜。乃親閲宫人，觀察顔色，即時首服。又和帝幸人吉成，[2]御者共枉吉成以巫蠱事，[3]遂下掖庭考訊，辭證明白。大后以先帝左右，待之有恩，平日尚無惡言，今反若此，不合人情，更自呼見實覈，果御者所爲。莫不歎服，以爲聖明。常以鬼神難徵，淫祀無福，乃詔有司罷諸祠官不合典禮者。[4]又詔赦除建武以來諸犯妖惡，及馬、竇家屬所被禁錮者，[5]皆復之爲平人。[6]減大官、導官、尚方、内者服御珍膳靡麗難成之物，[7]自非供陵廟，稻粱米不得導擇，朝夕一肉飯而已。舊大官、湯官經用歲且二萬萬，[8]大后敕止，曰殺省珍費，自是裁數千萬。及郡國所貢，皆減其過半。悉斥賣上林鷹犬。[9]其蜀、漢釦器九帶佩刀，並不復調。[10]止畫工三十九種。又御府、尚方、織室錦繡、冰紈、綺縠、金銀、珠玉、犀象、瑇瑁、彫鏤翫弄之物，[11]皆絶不作。離宮別館儲峙米糒薪炭，悉令省之。[12]又詔諸園貴人，其宮人有宗室同族若羸老不任使者，令園監實覈上名，自御北宮增喜觀閱問之，恣其去留，即日免遣者五六百人。

［1］【今注】篋：箱子。

［2］【今注】幸人：寵幸之人。

［3］【今注】御者：侍從。《儀禮·既夕禮》："御者四人皆坐持體。"鄭玄注："御者，今時侍從之人。"《資治通鑑》卷三三《漢紀》孝哀皇帝建平元年："帝與昭儀坐，使御者于客子解篋緘，未已。"胡三省注："御者，侍者也。"

［4］【今注】祠官：官名。掌管祭祀及祠廟等事務。《資治通鑑》卷二〇《漢紀》世宗孝武皇帝五年："太史令談、祠官寬舒等請三歲天子一郊見，詔從之。"胡三省注："祠官，掌祠祀之官。"

［5］【今注】禁錮：禁止爲官。張家山漢簡《二年律令·賊律》："賊殺傷父母，牧殺父母，歐〈毆〉詈父母，父母告子不孝，其妻子爲收者，皆錮，令毋得以爵償、免除及贖。"整理小組注："錮，禁錮。"〔《張家山漢墓竹簡［二四七號墓］（釋文修訂本）》，第14頁〕《漢書》卷七二《貢禹傳》："孝文皇帝時，貴廉絜，賤貪汙，賈人、贅壻及吏坐贓者皆禁錮不得爲吏。"

［6］【今注】平人：齊民百姓。本書卷六五《皇甫規傳》："懸師之費且百億計，出於平人，回入姦吏。"李賢注："平人，齊人也。"

［7］【李賢注】《漢官儀》曰："大官，主膳羞也。"《前書音義》曰："導官，主導擇米以供祭祀。尚方，掌工作刀劍諸物及刻玉爲器。"《漢官儀》曰："內者，主帷帳。"並署名也。【今注】大官：太官，官署名。少府屬官。負責膳食。長官爲太官令，據本書《百官志》記載秩六百石，而《漢官儀》記載秩千石，下設四丞。左丞主飲食，甘丞主膳具，湯官丞主酒，果丞主果。吏員六十九人，衛士三十八人。　導官：官署名。大司農屬官。管理宫廷用米及製作乾糧等事務。長官爲導官令，秩六百石。下設丞一人，吏員一百一十二人。王先謙《後漢書集解》："'導'當作'䆃'，《前書·百官表》少府屬有䆃官。"中華本校勘記："王先謙謂'導'當作'䆃'，《前書·百官表》少府屬有䆃官。今按：《前書》'䆃'亦譌'導'。《説文》段注云擇米曰䆃，漢人語如此，凡作'導'者，譌字也。"王先謙《漢書補注》卷一九："《説文》'䆃，禾也'。《玉篇》'䆃，一莖六穗，瑞禾也。'《史記·司馬相如傳》'䆃，一莖六穗於庖'。此作'導'，以擇米爲義，亦通用字耳。"　尚方：官署名。名義上隸屬於少府。負責宫廷刀劍等器物的製造。長官爲尚方令，秩六百石。下設丞一人，吏員十三人，吏從官六人。　內者：官署名。名義上隸屬於少府。管理宫廷帷帳等。長官內者令，六百石。下設左右丞各一人，從官録事一人，吏員十九人。

［8］【李賢注】經，常也。【今注】湯官：西漢時，湯官設置有令、丞。《漢書·百官公卿表上》："（少府）屬官有尚書、符節、太醫、太官、湯官、導官、樂府、若盧、考工室、左弋、居室、甘泉居室、左右司空、東織、西織、東園匠十六官令丞。"東漢時，湯官令省，僅設丞。本書《百官志三》："少府本六丞，省五。又省湯官、織室令，置丞。"關於湯官的職責，顔師古注："湯官餅餌。"《漢舊儀》："中臣在省中皆白請，其宦者不白請。尚書郎宿留臺，中官給青縑白綾被或錦被、帷帳、氈褥、通中枕，太官供食，湯官

供餅餌果實，下天子一等。”可見，西漢時，湯官主管餅餌果實。據本書《百官志》記載湯官丞主酒，説明其職責發生變化。

［9］【今注】上林：官署名。少府屬官。西漢武帝元鼎二年（前 115），置水衡都尉，掌管上林苑，屬官有上林令、丞等。東漢光武帝時，水衡都尉及其一部分屬官被省併，相關職責併入少府。上林苑置令一人，六百石，主苑中禽獸等。下設丞、尉各一人，吏員五十八人。

［10］【李賢注】蜀，蜀郡也。漢，廣漢郡也。二郡主作供進之器，元帝時貢禹上書“蜀、廣漢主金銀器，各用五百萬”是也。釦音口，以金銀緣器也。

［11］【今注】瑇瑁：同“玳瑁”。海洋生物，爬行綱龜鱉目海龜科玳瑁屬玳瑁種，分布於熱帶、亞熱帶海域。這里指用玳瑁甲殼製成的裝飾品。

［12］【李賢注】儲峙猶蓄積也。糒，乾飯（大德本、殿本句末有“也”字）。

及殤帝崩，大后定策立安帝，[1]猶臨朝政。以連遭大憂，百姓苦役，[2]殤帝康陵方中祕藏，[3]及諸工作，事事減約，十分居一。

［1］【今注】安帝：東漢安帝劉祜，公元 106 年至 125 年在位。紀見本書卷五。

［2］【李賢注】大憂謂和帝、殤帝崩。

［3］【李賢注】方中，陵中也。冢藏之中，故言秘也。【今注】康陵：東漢殤帝劉隆的陵墓。本書卷五《安帝紀》載，延平元年九月“丙寅，葬孝殤皇帝于康陵”。李賢注：“陵在慎陵塋中庚地，高五丈五尺，周二百八步。”本書《禮儀志下》劉昭注引《古今注》曰：“殤帝康陵，山周二百八步，高五丈五尺。行馬四出司

馬門。寢殿、鐘虡在行馬中。因寢殿爲廟。園吏寺舍在殿北。隄封田十三頃十九畝二百五十步。《帝王世記》曰：‘高五丈四尺。去雒陽四十八里。’”

詔告司隸校尉、河南尹、南陽大守曰：[1]“每覽前代外戚賓客，假借威權，輕薄謥詷，[2]至有濁亂奉公，爲人患苦。咎在執法怠懈，不輒行其罰故也。今車騎將軍騭等雖懷敬順之志，[3]而宗門廣大，姻戚不少，賓客姦猾，多干禁憲。[4]其明加檢敕，勿相容護。”自是親屬犯罪，無所假貸。[5]大后愍陰氏之罪廢，赦其徙者歸鄉，敕還資財五百餘萬。永初元年，[6]爵號大夫人爲新野君，萬户供湯沐邑。[7]

[1]【今注】河南尹：官名。秩中二千石。以今洛陽爲中心的黄河以南地區，古稱河南。秦時因黄河、洛河、伊河流經該地，而置三川郡。西漢高祖二年（前205）改置河南郡。東漢時，因都城在洛陽，建武元年（25）改名爲河南尹〔譚其驤：《〈兩漢州制考〉跋》，《長水集（上）》，人民出版社2001年版，第46頁〕。這裏指河南尹的長官。　大守：太守。官名。秦時，郡長官稱郡守，西漢景帝中元二年（前148）更名太守。秩一般爲二千石，因此文獻多以二千石代稱之。

[2]【李賢注】言匆遽也。謥音七洞反。詷音洞。

[3]【今注】車騎將軍：官名。金印紫綬。位比三公或次上卿，在大將軍、驃騎將軍後，衛將軍前。本書《百官志一》：“將軍，不常置。本注曰：‘掌征伐背叛。比公者四：第一大將軍，次驃騎將軍，次車騎將軍，次衛將軍。又有前、後、左、右將軍。’”劉昭注引蔡質《漢儀》曰：“漢興，置大將軍、驃騎，位次丞相，

車騎、衛將軍、左、右、前、後，皆金紫，位次上卿。典京師兵衛，四夷屯警。”東漢末，置左、右車騎將軍。

［4］【李賢注】干，犯也。

［5］【今注】假貸：寬宥。本書卷五《安帝紀》：“今方盛夏，且復假貸，以觀厥後。”李賢注：“假貸猶寬容也。盛夏不可即加刑罰，故且寬容。”

［6］【今注】案，永初，殿本誤作“永平”。

［7］【李賢注】湯沐者，取其賦税以供湯沐之具也。

二年夏，京師旱，親幸洛陽寺録冤獄。有囚實不殺人而被考自誣，羸困輿見，畏吏不敢言，將去，舉頭若欲自訴。太后察視覺之。即呼還問狀，具得枉實，即時收洛陽令下獄抵罪。[1]行未還宫，澍雨大降。[2]

［1］【今注】洛陽令：官名。秩千石。本書《百官志五》劉昭注引《漢官》曰：“雒陽令秩千石，丞三人四百石，孝廉左尉四百石，孝廉右尉四百石。員吏七百九十六人，十三人四百石。鄉有秩、獄史五十六人，佐史、鄉佐七十七人，斗食、令史、嗇夫、假五十人，官掾史、幹小史二百五十人，書佐九十人，脩行二百六十人。”

［2］【今注】澍雨：大雨、暴雨。

三年秋，大后體不安，左右憂惶，禱請祝辭，願得代命。大后聞之，即譴怒，切敕掖庭令以下，[1]但使謝過祈福，不得妄生不祥之言。舊事，歲終當饗遣衛士，[2]大儺逐疫。[3]大后以陰陽不和，軍旅數興，詔饗會勿設戲作樂，減逐疫侲子之半，[4]悉罷象橐駝之屬。[5]豐年復故。大后自入宫掖，從曹大家受經書，[6]兼天文、筭數。晝省王政，夜則誦讀，而患其謬誤，懼乖典章，乃博選諸儒劉珍等及博士、議郎、四府掾史五十餘人，[7]詣東觀讎校傳記。[8]事畢奏御，賜葛布各有差。又詔中官近臣於東觀受讀經傳，[9]以教授官人，[10]左右習誦，朝夕濟濟。及新野君薨，大后自侍疾病，至乎終盡，憂哀毁損，事加於常。贈以長公主赤綬、東園祕器、玉衣繡衾，[11]又賜布三萬匹，錢三千萬。騭等遂固讓錢布不受。使司空持節護喪事，儀比東海恭王，謚曰敬君。大后諒闇既終，[12]久旱，大后比三日幸洛陽，録囚徒，理出死罪三十六人，耐罪八十人，[13]其餘減罪死右趾已下至司寇。[14]

［1］【今注】案，切，大德本作“竊”，二字同。

［2］【李賢注】舊事，衛士得代歸者，上親饗焉。《前書·蓋寬饒傳》曰“歲盡交代，上臨饗罷衛卒”是也。

［3］【李賢注】《禮記·月令》：“有大儺，旁磔，土牛，以送寒氣。”鄭玄注云：“儺，陰氣也。此月之中，日歷虚、危，有墳墓四星之氣爲厲鬼，隨彊陰出以害人。”故儺却之也。

［4］【李賢注】侲子，逐疫之人也，音振。薛綜注《西京賦》云：“侲之言善也，善童幼子也。”《續漢書》曰：“大儺，選中黄門子弟，年十歲以上，十二以下，百二十人爲侲子。皆赤幘皂製，執大鞉。”

［5］【今注】橐駝：駱駝。

［6］【今注】曹大家：班昭，字惠班，一名姬。班彪女。班固著《漢書》，未就而卒，漢和帝詔班昭就東觀藏書閣續而成之。後又作《女誡》七篇。年七十餘卒。傳見本書卷八四。

［7］【今注】劉珍：字秋孫，一名寶，南陽蔡陽（今湖北棗陽市西南）人。傳見本書卷八〇上。 議郎：官名。名義上隸屬於光禄勳。秩六百石。掌顧問應對。 四府：西漢時，丞相、御史大夫、車騎將軍、前將軍合稱四府。《資治通鑑》卷二六《漢紀》中宗孝宣皇帝二年："時充國病，四府舉辛武賢小弟湯。"胡三省注："四府，丞相、御史、車騎將軍、前將軍府也；併後將軍府，爲五府。"東漢時，大將軍府與三公府合稱四府。《資治通鑑》卷五四《漢紀》孝桓皇帝永壽三年："或上言：'民之貧困以貨輕錢薄，宜改鑄大錢。'事下四府。"胡三省注："四府，三公府及大將軍府。"本書卷二七《趙典傳》："建和初，四府表薦。"李賢注："四府，太尉、司徒、司空、大將軍府也。"又本書卷六《質帝紀》："又千石、六百石、四府掾屬、三署郎、四姓小侯先能通經者，各令隨家法，其高第者上名牒，當以次賞進。"李賢注："四府掾屬謂大將軍府掾屬二十九人，太尉府掾屬二十四人，司徒府三十一人，司空府二十九人。"或以太傅、太尉、司徒、司空府爲四府。如本書卷五八《虞詡傳》："誠宜令四府九卿，各辟彼州數人，其牧守令長子弟皆除爲冗官。"李賢注："四府謂太傅、太尉、司徒、司空之府也。"曹金華《後漢書稽疑》："章懷注：'四府謂太傅、太尉、司徒、司空之府也。'余按：李景星《四史評議》云：'四府者，謂太尉、司徒、司空、將軍府也。注以太傅足之，非是。蓋是時無太傅也。'考據諸史，其説甚是。"（第738頁） 掾史：中央及地方官署分曹治事，置掾史員數不等。如據本書《百官志》記載，太尉府掾史二十四人，司徒府掾史三十一人，司空府掾史二十九人，將軍府掾史二十九人。

［8］【李賢注】讎，對也。【今注】東觀：東漢宫中藏書之所，位於南宫。本書卷五《安帝紀》載，永初四年（110）二月乙亥，"詔謁者劉珍及《五經》博士，校定東觀《五經》、諸子、傳記、百家藝術，整齊脱誤，是正文字"。李賢注："《洛陽宫殿名》曰：'南宫有東觀。'"

［9］【今注】中官：宦官。

［10］【今注】案，官人，紹興本、大德本、殿本作“宫人”，底本誤。

［11］【李賢注】東園，署名，屬少府。主作凶器，故言秘也。

［12］【李賢注】諒闇，居喪之廬也。或爲“諒陰”。諒，信也；陰，默也。言居憂信默不言。

［13］【今注】耐罪：一種輕刑，即强制剃去鬢毛與鬍鬚。《漢書》卷一下《高帝紀下》：“令郎中有罪耐以上，請之。”顔師古注：“應劭曰：‘輕罪不至于髡，完其耏鬢，故曰耏。古耐字從彡，髮膚之意也。杜林以爲法度之字皆從寸，後改如是。言耐罪已上，皆當先請也。耐音若能。’如淳曰：‘耐猶任也，任其事也。’師古曰：‘依應氏之説，耏當音而，如氏之解則音乃代反，其義亦兩通。（而）［耏］謂頰旁毛也。彡，毛髮貌也，音所廉反，又先廉反。’”出土的秦漢簡牘中，也有很多關於耐罪的記載。

［14］【今注】右趾：肉刑名。截去右足。張家山漢簡《二年律令·具律》：“有罪當黥，故黥者劓之，故劓者斬左止（趾），斬左止（趾）者斬右止（趾），斬右止（趾）者府（腐）之。”〔《張家山漢墓竹簡［二四七號墓］（釋文修訂本）》，第21頁〕　司寇：刑徒名。《漢舊儀》：“司寇男備守，女爲作。”張家山漢簡《二年律令·具律》：“有罪當耐，其法不名耐者，庶人以上耐爲司寇，司寇耐爲隸臣妾。”〔《張家山漢墓竹簡［二四七號墓］（釋文修訂本）》，第21頁〕　案，大德本無“久旱”至“司寇”三十八字。

七年正月，初入太廟，[1]齋七日，賜公卿百僚各有差。庚戌，謁宗廟，率命婦群妾相禮儀，[2]與皇帝交獻親薦，成禮而還。[3]因下詔曰：“凡供薦新味，多非其節，或鬱養强孰，或穿掘萌牙，[4]味無所至而夭折生長，豈所以順時育物乎！傳曰：'非其時不食。'[5]自今當奉祠陵廟及給御者，皆須時乃上。"凡所省二十三種。

[1]【今注】太廟：帝王的祖廟。

[2]【李賢注】相，助也。《儀禮》曰："命夫者，男子之爲大夫也。命婦者，大夫之妻也。"

[3]【李賢注】周禮，宗廟祭之日，旦，王服兖冕而入（兖，大德本作"袞"，底本誤），立於阼；后服副褘，從王而入。王以圭瓚酌鬱鬯以獻尸，次后以璋瓚酌鬱鬯以獻尸，此謂交獻也。卒事凡九獻焉。

[4]【今注】案，牙，殿本作"芽"。

[5]【李賢注】《論語》曰："不時不食。"言非其時物則不食之。《前書》邵信臣曰（邵，大德本作"召"，二字通）："不時之物，有傷於人，不宜以奉供養。"

自大后臨朝，水旱十載，四夷外侵，盜賊内起。每聞人飢，或達旦不寐，而躬自減徹，以救災戹，故天下復平，歲還豐穰。

元初五年，[1]平望侯劉毅[2]以大后多德政，欲令早有注記，[3]上書安帝曰："臣聞《易》載羲農而皇德著，[4]《書》述唐虞而帝道崇，[5]故雖聖明，必書功於竹帛，流音於管弦。[6]伏惟皇大后膺大聖之姿，體乾坤之德，[7]齊蹤虞妃，比迹任姒。[8]孝悌慈仁，允恭節約，杜絶奢盈之源，防抑逸欲之兆。正位内朝，流化四海。[9]及元興、延平之際，[10]國無儲副，[11]仰觀乾象，參之人譽，援立陛下爲天下主，[12]永安漢室，綏静四海。又遭水潦，東州飢荒。[13]垂恩元元，冠蓋交路，菲薄衣食，躬率群下，損膳解驂，以贍黎苗。[14]惻隱之恩，猶視赤子。[15]克己引愆，顯揚仄陋。崇晏晏之政，[16]敷在寬之教。[17]興滅國，繼絶世，録功臣，復宗室。追還徙人，蠲除禁錮。政非惠和，不圖於心；制非舊典，不訪於朝。弘德洋溢，充塞宇宙；[18]洪澤豐沛，漫衍八方。華夏樂化，[19]戎狄混并。[20]丕功著於大漢，碩惠加於生人。巍巍之業，可聞而不可及；蕩蕩之勳，可誦而不可名。古之帝王，左右置史；[21]漢之舊典，世有注記。[22]夫道有夷崇，治有進退。若善政不述，細異輒書，是爲堯湯負洪水大旱之責，而無咸熙假天之美；[23]高宗成王有雊雊迅風之變，而無中興康寧之功也。[24]上考《詩》《書》，有虞二妃，周室三母，[25]修行佐德，[26]思不踰閾。[27]未有内遭家難，外遇灾害，覽總大麓，經營天物，[28]功德巍巍若兹者也。宜令史官著《長樂宫注》《聖德頌》，以敷宣景燿，勒勳金石，縣之日月，[29]攄之罔極，以崇陛下烝烝之孝。”帝從之。[30]

[1]【今注】元初：東漢安帝劉祜年號（114—120）。

[2]【李賢注】平望，縣，屬北海郡，今青州北海縣西北平望臺是也，一名望海臺也。【今注】平望：縣名。治所在今山東壽光市東北。　劉毅：北海敬王劉睦之子。傳見本書卷八〇上。

[3]【今注】注記：記録。

[4]【李賢注】《易·繫辭》曰：“古者庖羲氏之王天下，仰

觀法於天，俯觀法於地，於是始畫八卦，以通神明之德，以類萬物之情。庖羲氏没（庖，大德本作‘包’），神農氏作，斲木爲耜，揉木爲耒，耒耜之利，以教天下。”伏羲、神農爲三皇，故言皇德也。

［5］【今注】唐虞：唐堯與虞舜。古人認爲堯舜時代是太平盛世，每每稱道之。《論語·泰伯》：“唐虞之際，于斯爲盛。” 帝道：理想的帝王治理國家之道。《史記》卷六八《商君列傳》：“吾説公以帝道，其志不開悟矣。”

［6］【李賢注】竹謂簡册，帛謂縑素。黄帝以下六代樂，皆所以章顯功德（皆，殿本作“音”），是流音於管弦。

［7］【李賢注】《易》曰：“聖人與天地合其德。”

［8］【李賢注】虞妃，即舜妻娥皇、女英也。任，文王母；姒，武王母也。

［9］【李賢注】《易·家人》卦曰：“女正位乎内，正家而天下定矣。”《禮記》曰，東夷、西戎、南蠻、北狄，謂之四海。

［10］【今注】延平：東漢殤帝劉隆年號（106）。

［11］【今注】儲副：太子。本書卷五六《种暠傳》：“暠乃手劍當車，曰：‘太子國之儲副，人命所係。’”

［12］【今注】案，主，大德本作“王”。

［13］【李賢注】延平元年，安帝初即位，六州大水。永初元年，禀司隸、兖、豫、徐、冀、并六州貧人也。

［14］【李賢注】《廣雅》云：“苗，衆也。”

［15］【李賢注】隱，痛也。《尚書》曰“若保赤子，惟人其康乂”也。

［16］【李賢注】《尚書考靈燿》曰：“文塞晏晏（塞，紹興本、大德本、殿本誤作‘基’）。”

［17］【李賢注】敷，布也。《尚書》曰：“五教在寬。”

［18］【李賢注】洋溢，言多（殿本此注在“弘德洋溢”下）。

［19］【今注】華夏：原指中原地區，後來代指中原王朝。

［20］【今注】戎狄：泛指西北少數民族。

［21］【李賢注】《禮記·玉藻》曰："動則左史書之，言則右史書之。"

［22］【今注】案，記，殿本作"紀"。

［23］【李賢注】咸，皆也。熙，廣也。《尚書》曰："庶績咸熙。"言堯之朝政，衆功皆廣。假音格，至也。《尚書》曰："祐我烈祖，格于皇天。"言伊尹佐湯，功至於天也。堯洪水九載，湯大旱七年。

［24］【李賢注】高宗，殷王也，小乙之子（小，大德本、殿本作"祖"），名武丁。當祭成湯，有飛雉升鼎耳而雊，高宗修德，殷道中興。成王疑周公，乃有雷電大風之變，成王改過，幾致刑措也（大德本、殿本無"致"字）。

［25］【李賢注】《尚書》曰："釐降二女于嬀汭，嬪于虞。"三母謂后稷母姜嫄，文王母大任，武王母大姒也。《詩·大雅》曰："厥初生人（人，大德本作'民'，是），時維姜嫄。"又曰："大任有身，生此文王。"又曰"太姒嗣徽音，則百斯男"也。

［26］【李賢注】《詩》云："既有烈考，亦有文母。"是佐德（殿本句末有"也"字）。

［27］【李賢注】閾，門限也。《左傳》曰："婦人送迎不出門，見兄弟不踰閾。"

［28］【李賢注】麓，録也。言大録萬機之政。《書》曰"納於大麓"，又曰"暴殄天物"也。

［29］【李賢注】《易》曰："縣象著明，莫大於日月（於，大德本作'乎'）。"【今注】縣：同"懸"。

［30］【李賢注】《廣雅》曰："攄，舒也。"孔安國注《尚書》曰："烝烝猶進進也。"

六年，大后詔徵和帝弟濟北、河閒王子男女年五歲以上四十餘人，[1]又鄧氏近親子孫三十餘人，並爲開邸第，[2]教學經書，躬自監試。尚幼者，使置師保，朝夕入宫，撫循詔導，恩愛甚渥。[3]乃詔從兄河南尹豹、越騎校尉康等曰：[4]"吾所以引納群子，置之學官者，實以方今承百王之敝，時俗淺薄，巧僞滋生，五經衰缺，不有化導，將遂陵遲，故欲褒崇聖道，以匡失俗。傳不云乎：'飽食終日，無所用心，難矣哉！'[5]今末世貴戚食禄之家，温衣美飯，乘堅驅良，[6]而面牆術學，不識臧否，[7]斯故禍敗所從來也。永平中，四姓小侯皆令入學，[8]所以矯俗厲薄，反之忠孝。先公既以武功書之竹帛，兼以文德教化子孫，[9]故能束脩，不觸羅網。[10]誠令兒曹上述祖考休烈，[11]下念詔書本意，則足矣。其勉之哉！"

[1]【今注】濟北河閒王：東漢章帝子劉壽和劉開，爲同母兄弟，母申貴人。傳見本書卷五五。

[2]【李賢注】《蒼頡篇》曰："邸，舍也。"

[3]【李賢注】詔，告也。【今注】案，循，大德本作"存"。

[4]【今注】豹：鄧豹，鄧太后從兄，鄧騭從弟。鄧太后卒後，遭誣陷自殺。　越騎校尉：官名。西漢武帝時所置八校尉之一，掌越騎。東漢沿置，秩比二千石。北軍中候所屬五校尉之一，掌宿衛兵。下置司馬一人，秩千石，有吏員一百二十七人，統領士七百人。　康：鄧康。鄧禹孫，夷安侯鄧珍子。兄鄧良襲夷安侯爵，無後。安帝永初六年（112），紹封康爲夷安侯。永寧元年（120），因上書諫言鄧太后應自損私權，尊崇公室，遭鄧太后免官，絶屬籍，就國。鄧太后卒，鄧騭等被誅，安帝徵鄧康爲侍中。順帝

立，爲太僕。以病免國，加位特進。順帝陽嘉三年（134），卒。謚義侯。事見本書卷一六《鄧禹傳》。

［5］【李賢注】《論語》孔子言也。言人終日飽食，不措心於道義。難矣哉，言終無遠大也。

［6］【李賢注】堅謂好車，良謂善馬也。《墨子》曰："聖王爲衣服之法，堅車良馬，不知貴也。"

［7］【李賢注】《尚書》曰"弗學牆面"也（牆面，殿本作"面牆"）。

［8］【李賢注】小侯，解見《明紀》。【今注】小侯：東漢時期特封給外戚子弟的爵位。本書卷二《明帝紀》載，永平九年（66），"爲四姓小侯開立學校，置五經師"。李賢注："袁宏《漢紀》曰，永平中崇尚儒學，自皇太子、諸王侯及功臣子弟，莫不受經。又爲外戚樊氏、郭氏、陰氏、馬氏諸子弟立學，號四姓小侯，置五經師。以非列侯，故曰小侯，《禮記》曰'庶方小侯'，亦其義也。"《顔氏家訓》卷六《書證》云："明帝時，外戚有樊氏、郭氏、陰氏、馬氏爲四姓。謂之小侯者，或以年小獲封，故須立學耳。或以侍祠猥朝，侯非列侯，故曰小侯。《禮》云：'庶方小侯。'則其義也。"

［9］【李賢注】先公謂鄧禹。禹有子十三人，各使守一蓺，故曰文德也。

［10］【李賢注】言能自約束修整也。

［11］【今注】祖考：祖先。

康以大后久臨朝政，心懷畏懼，託病不朝。大后使内人問之。[1]時宫婢出入，多能有所毁譽，其耆宿者皆稱中大人，所使者乃康家先婢，亦自通中大人。康聞，詬之曰："汝我家出，亦敢爾邪！"[2]婢怒，還説康詐疾而言不遜。大后遂免康官，遣歸國，絶屬籍。

［1］【今注】内人：宫中女官。《周禮·天官·寺人》："掌王之内人及女宫之戒令。"鄭玄注："内人，女御也。"

［2］【今注】案，亦，紹興本、大德本作"爾"。

永寧二年二月，[1]寢病漸篤，乃乘輦於前殿，[2]見侍中、尚書，因北至太子新所繕宫。還，大赦天下，賜諸園貴人、王、主、群僚錢布各有差。詔曰："朕以無德，託母天下，而薄祐不天，早離大憂。延平之際，海内無主，元元戹運，危於累卵。[3]勤勤苦心，不敢以萬乘爲樂，[4]上欲不欺天愧先帝，下不違人負宿心，誠在濟度百姓，以安劉氏。自謂感徹天地，當蒙福祚，而喪禍内外，傷痛不絶。[5]頃以廢病沈滯，久不侍祠，[6]自力上原陵，加欬逆唾血，遂至不解。存亡大分，無可奈何。公卿百官，其勉盡忠恪，以輔朝廷。"三月崩。在位二十年，年四十一。合葬順陵。[7]

［1］【今注】永寧：東漢安帝劉祜年號。永寧元年（120）四月丙寅，立皇子劉保爲皇太子，始改元永寧，此前實爲元初七年。建光元年（121）七月己卯，始改元建光，此前實爲永寧二年。從帝王紀年的角度，永寧僅一年。但就實際史實而言，鄧太后崩於永寧二年。

［2］【今注】前殿：正殿。

［3］【李賢注】《説苑》曰："晉靈公驕奢，造九層之臺，國困人貧，恥功不成。令曰：'左右諫者斬也。'荀息乃求見。公曰：'諫邪？'息曰：'不敢。臣能累十二博棊，加九雞子其上。'公曰：'危哉！'息曰：'復有危於此者。公爲九層之臺，男女不得耕織，社稷一滅，君何所望！'君曰：'寡人之過。'乃壞臺焉。"

［4］【今注】萬乘：古代一輛兵車由四馬一車組成，稱爲一乘。戰國時，大諸侯國稱爲萬乘之國，小諸侯國稱爲千乘之國。據周制，天子地方千里可以出兵車萬乘，故萬乘亦是天子的代稱。千乘則代指割據一方的諸侯。

［5］【李賢注】内外謂新野君薨及和、殤二帝崩也。

［6］【今注】案，紹興本“不”後有“得”字。

［7］【今注】順陵：本書卷四《殤帝紀》載，延平元年（106），“三月甲申，葬孝和皇帝于慎陵，尊廟號曰穆宗”。李賢注：“在洛陽東南三十里。俗本作‘順’者，誤。”本書《禮儀志》劉昭注引《古今注》曰：“和帝慎陵，山方三百八十步，高十丈。無周垣，爲行馬，四出司馬門。石殿、鐘虡在行馬内。寢殿，園省在東。園寺吏舍在殿北。隄封田三十一頃二十畝二百步。《帝王世記》曰：‘在雒陽東南，去雒陽四十一里。’”然而《太平御覽》卷九一引《東觀記》、《後漢紀》卷一五、本書卷二五《魏霸傳》皆作“順陵”。劉攽《東漢刊誤》云：“按《皇后紀》，和熹皇后葬順陵，以爲《皇后紀》誤。而靈帝父孝仁皇稱慎陵，世數不遠，陵名必不相襲。參校前後，孝和實葬順陵，言慎乃更爲誤耳。”上海博物館藏有“順陵園丞”印，趙平安認爲：“此印爲和帝陵園官印，字作‘順陵’而不是‘慎陵’，反映了當時的真實情形。由此看來，和帝陵本當作順陵。順和慎字形相去懸遠，而語音關係密切，可以通假。”（趙平安：《秦西漢印章研究》，上海古籍出版社2012年版，第169頁）

論曰：鄧后稱制終身，號令自出，術謝前政之良，身闕明辟之義，[1]至使嗣主側目，斂衽於虚器，[2]直生懷懣，懸書於象魏。[3]借之儀者，殆其惑哉！[4]然而建光之後，王柄有歸，[5]遂乃名賢戮辱，便孽黨進，[6]衰斁之來，玆焉有徵。[7]故知持權引謗，所幸者非己；焦心卹患，自强者唯國。[8]是以班母一説，闔門辭事；[9]愛姪微愆，髡剔謝罪。[10]將杜根逢誅，未值其誠乎！[11]但蹊田之牛，奪之已甚。[12]

[1]【李賢注】前政謂周公也。辟，君也。《尚書》曰“朕復子明辟”，言周公攝位，復還成王。今大后不還，故曰闕也。

[2]【李賢注】器謂神器，諭帝位也。【今注】斂衽：整理衣襟，以示恭敬。

[3]【李賢注】象魏，闕也。直生，杜根等上書，請大后還政。【今注】象魏：古天子諸侯宫門外一對高建築，稱“闕”或“觀”。此借指朝廷。

[4]【李賢注】借猶假也。殆，近也。言大后不還政於安帝，近可惑也。

[5]【李賢注】太后建光之中崩，歸政安帝。【今注】建光：東漢安帝劉祜年號（121—122）。

[6]【李賢注】帝寵用乳母王聖及其女伯榮，出入宫掖，通傳姦賂，太尉楊震及鄧騭等皆被中官譖誅也。

[7]【李賢注】斁，敗也。安帝臨政，衰敗逾甚（逾，底本殘闕，據紹興本、大德本、殿本補），故曰有徵也（有，底本漶漫不清，據殿本補）。

[8]【李賢注】言執持朝權以招衆謗者，所幸不爲己身，唯憂國也。

[9]【李賢注】大后兄大將軍騭，以母憂上書乞身，大后不許，以問班昭，乃許之。語見《昭傳》也。

[10]【李賢注】大后兄騭子鳳受遺事洩，騭遂髡妻及鳳以謝天下。語見《騭傳》。

[11]【李賢注】誠，信也。言未爲太后所信（未，底本漶漫不清，據紹興本、大德本、殿本補）。【今注】杜根：字伯堅，潁

川定陵（今河南舞陽縣）人。傳見本書卷五七。

［12］【李賢注】《左傳》申叔時曰："牽牛以蹊人之用而奪之牛（用，大德本、殿本作'田'，底本誤），牽牛以蹊者信有罪矣，而奪之牛，罰已重矣。"此喻杜根。上書雖曰有罪，大后殺之爲過甚也。【今注】蹊田之牛奪之已甚：因牛踐踏了田而搶奪人家的牛。喻罪輕而罰重。蹊，踐踏。